国家社会科学基金项目(19XGL017)资助

U0798193

互联网信息服务业竞争秩序协同治理

卢安文　熊　峰　何洪阳　著

科学出版社
北　京

内 容 简 介

本书从治理互联网信息服务业不正当竞争行为，维护行业良好竞争秩序的目标出发，对互联网信息服务业竞争秩序多元协同治理模式进行研究。首先，通过案例分析和政策梳理，明确互联网信息服务业竞争秩序及治理现状，分析多元协同治理模式的构建基础；其次，运用演化博弈等科学研究方法，揭示互联网信息服务业竞争秩序多元协同治理模式的形成路径、作用条件；再次，系统分析大数据与多元协同治理过程的融合方式，设计互联网信息服务业竞争秩序多元协同治理信息连接框架，搭建基于大数据的多元协同治理信息交互平台；最后，构建基于大数据的互联网信息服务业竞争秩序多元协同治理模式，为促进行业竞争秩序的高效治理提供理论指导与对策建议。

本书可供互联网信息服务业监管理论、政策制定等的研究人员阅读，也可供政府相关监管部门人员、互联网信息服务业从业人员参考，亦可作为工商管理类高年级本科生与研究生的参考书。

图书在版编目（CIP）数据

互联网信息服务业竞争秩序协同治理 / 卢安文，熊峰，何洪阳著. 北京 : 科学出版社, 2025. 8. -- ISBN 978-7-03-083070-8

Ⅰ. F490.6

中国国家版本馆 CIP 数据核字第 2025AB0347 号

责任编辑：陈丽华　乔艳茹 / 责任校对：王晓茜

责任印制：罗　科 / 封面设计：墨创文化

科 学 出 版 社 出版

北京东黄城根北街 16 号

邮政编码：100717

http://www.sciencep.com

成都锦瑞印刷有限责任公司　印刷

科学出版社发行　各地新华书店经销

*

2025 年 8 月第　一　版　开本：720×1000　1/16

2025 年 8 月第一次印刷　印张：11 3/4

字数：211 000

定价：169.00 元

（如有印装质量问题，我社负责调换）

前　言

当前数字经济发展跃升至全面渗透、跨界融合新阶段，正在重塑生产函数并不断创造新业态，对我国经济结构、产业发展及社会生活产生深远影响。在此背景下，我国互联网信息服务业步入发展快车道，应用领域不断拓展、营商规模不断增加、业务收入持续增长。互联网信息服务业现已大量嵌入网络销售、生活服务、信息咨询以及金融服务等各类业务领域，用户规模呈现高速增长趋势。工业和信息化部相关数据显示，2022 年我国互联网信息服务领域企业收入同比增长 4.9%①，互联网信息服务业保持良好的发展态势。

伴随着互联网信息服务业的高速发展，企业间竞争呈现出对抗强度大、手段方式繁、影响范围广的态势，不正当竞争行为频发。企业间的不正当竞争行为不仅侵害经营者与消费者合法权益，也严重扰乱市场健康竞争秩序，威胁整个互联网信息服务行业系统的发展稳定性。为营造互联网信息服务业健康发展环境，政府部门进行一系列有益探索，出台多项法律法规以期规范互联网信息服务市场竞争秩序，如 2011 年 12 月工业和信息化部公布的《规范互联网信息服务市场秩序若干规定》，该规定对互联网信息服务提供者的行为进行明确约束；2015 年制定的《国务院办公厅关于运用大数据加强对市场主体服务和监管的若干意见》中提出政府部门要依托互联网、大数据技术构建大数据监管模型，以推动监管方式转变；2017 年与 2019 年先后两次修订的《中华人民共和国反不正当竞争法》补充对不正当竞争行为的判别界限和处理方式，对行业竞争秩序起到一定的规范作用；2022 年 6 月 24 日，第十三届全国人民代表大会常务委员会第三十五次会议表决通过关于修改《中华人民共和国反垄断法》（简称《反垄断法》）的决定，自 2022 年 8 月 1 日起施行，国家加强对企业不正当竞争行为的治理，维护互联网信息服务业的有序发展。然而，由于互联网信息服务业所具有的高虚拟性与强技术性，企业竞争行为呈现出高度的隐蔽性、复杂性特点，致使现阶段我国互联网信息服务业仍面临较大的治理难题，对我国如

① https://wap.miit.gov.cn/jgsj/yxj/xxfb/art/2023/art_74312e4175d848f7b1a93c8d0299fa67.html.

何探寻出一条科学、有效的实践路径，规范市场竞争秩序提出新的挑战和要求。

鉴于行业中存在的问题及政府长期治理实践，本书在国内外文献研究的基础上，基于互联网信息服务业竞争秩序及治理现状，分析多元协同治理模式的构建基础，并运用演化博弈等科学研究方法，全面探讨多元协同治理模式的形成路径、作用机制，以及大数据在治理过程中的应用方式等问题，旨在弥补当前互联网信息服务业竞争秩序与治理策略研究的不足，丰富并完善该领域的理论发展与应用，持续推进中国网络治理体系和治理能力现代化，为互联网信息服务业治理提供理论依据和决策参考。因此，本书在大数据背景下，以互联网信息服务业竞争秩序多元协同治理模式的现状总结与构建基础、形成路径与作用条件，以及大数据应用方式与关键政策制定等关键问题为核心考量，综合设计本书各章行文结构，具体内容如下。

全书分为四个部分，共七章。

第一部分为互联网信息服务业发展形势及竞争秩序治理演进历程，包括第一章和第二章。第一章系统总结互联网信息服务业发展新形势与竞争新维度，并梳理竞争秩序及治理、多元协同治理和大数据应用于治理中的研究。第二章挖掘企业间不正当竞争行为对行业内竞争秩序的影响，概括治理演进历程和特点。

第二部分为互联网信息服务业竞争秩序多元协同治理模式的构建及作用条件分析，包括第三章、第四章和第五章。第三章主要厘清互联网信息服务业竞争秩序多元协同治理的内在逻辑和外在驱动因素，以及多元协同治理的参与者和主体。第四章运用演化博弈理论构建政府监管部门与多个互联网信息服务企业间的演化博弈模型，探究参与主体的作用机理，以及不同主体对治理效果的影响。第五章在第四章研究的基础上，新增行业协会与公众发挥作用的条件参数——行业协会权力空间与公众举报公正程度，探讨行业协会权力空间与公众举报公正程度对多元协同治理效果的影响。

第三部分阐述大数据在互联网信息服务业竞争秩序多元协同治理中的应用，包括第六章。该部分将大数据技术应用于互联网信息服务业竞争秩序多元协同治理过程中，以互联网信息服务业竞争秩序多元协同治理信息连接框架为指导，搭建基于大数据的协同治理信息交互平台，优化互联网信息服务业竞争秩序多元协同治理模式的作用效果。

第四部分为互联网信息服务业竞争秩序多元协同治理对策建议，包括第七章。该部分构建基于大数据的互联网信息服务业竞争秩序多元协同治理模式，为政府部门提供技术及政策等相关建议，以保障行业良好的竞争秩序。

综上，本书首先梳理我国互联网信息服务业竞争秩序的治理演进历程，明确当前行业治理方式还需进一步优化；同时基于市场实际界定竞争秩序多元协同治理主体，并分析主体参与方式，为探究多元协同治理模式的形成路径与作用条件提供分析基础；其次运用演化博弈理论构建互联网信息服务业竞争秩序多元协同治理模型，分析各参与主体对治理效果的影响，以及主体作用发挥的条件，得出多元协同治理有效性的同时，进一步明确多元协同治理模式的作用条件；再次考虑信息在各主体间的流转情况，设计信息连接框架，搭建信息交互平台，探讨大数据技术在互联网信息服务业竞争秩序多元协同治理过程中的应用；最后构建基于大数据的互联网信息服务业竞争秩序多元协同治理模式，并提出相关治理对策建议，为政府部门提升治理效果提供理论依据和决策参考。

本书的写作分工如下：第一章由陈浪、徐雨滴、毛昕桐撰写；第二章由王晚晴、李缓缓、庞瀚生撰写；第三章由胡志明、吴梦财撰写；第四章由熊峰、彭心秒、吴彦峰撰写；第五章由何洪阳、胡志明、李貌撰写；第六章由吴梦财、吴彦峰、李貌撰写；第七章由胡志明、彭心秒撰写。全书由卢安文教授统稿。

本书的出版得到了国家社会科学基金项目“大数据背景下互联网信息服务业竞争秩序多元协同治理模式研究”（19XGL017）的经费资助，在此表示由衷的感谢。本书的写作也得益于重庆邮电大学社会科学处出版基金、重庆邮电大学经济管理学院、现代邮政学院各位领导和老师的大力支持，在此表示感谢。同时，本书的出版也得到科学出版社的大力支持，表示特别感谢！

由于互联网信息服务业的发展具有动态性，加之课题组成员水平有限，本书难免存在不足之处，敬请各位专家、读者批评指正。

作　者

2025 年 1 月

目　录

第一章 绪　论

第一节 研究背景

数字经济时代背景下，以大数据、人工智能、云计算等为代表的新兴信息技术快速迭代，并在社会生产、人民生活的各个领域广泛渗透，互联网信息服务业走上繁荣发展的快车道。同时，借助数字产业化和产业数字化转型的持续深化，我国互联网信息服务业不断迸发出新的创新活力，成为后疫情时代拉动经济增长的强大引擎。而伴随着技术、产业与业务的融合发展，市场环境中的业务界限不再明晰，加之电子商务、搜索引擎、即时通信等互联网业务市场趋近饱和，部分互联网信息服务企业选择不断拓宽自身业务范围，以寻求新的盈利点，企业间业务领域重叠度不断增加。

互联网信息服务企业为实现多元化经营战略，往往选择依托自身核心业务领域的用户基础，不断向相关业务领域渗透，使得市场竞争行为由单领域向跨领域转变。在此过程中，进入企业为谋求自身发展会与在位企业进行用户争夺，在位企业则会设法阻止进入企业对用户的争夺，行业竞争日趋激烈，部分企业为赢得竞争优势，获取更多利润，可能会采取不正当竞争行为来损害竞争对手利益。近年来互联网信息服务业出现许多不正当竞争案例，如 2010 年 10 月发生的“3Q 大战”、2012 年 4 月百度诉某网络安全公司插标案、2013 年 9 月百度诉某互联网公司流量劫持案、2013 年 11 月搜狗诉某网络安全公司不正当竞争案、2018 年 1 月今日头条诉某互联网公司不正当竞争案、2019 年 6 月百度文库不正当竞争纠纷案、2020 年 1 月阿里巴巴诉某互联网公司侵害作品信息网络传播权纠纷案、2021 年 4 月某互联网公司的强制二选一案。这些不正当竞争案涉及即时通信、搜索引擎、生活出行等诸多领域，且不正当竞争行为种类繁多，严重损害竞争对手正当利益，侵犯用户合法权益，扰乱互联网信息服务业市场的健康竞争秩序。

面对互联网信息服务业内愈演愈烈的不正当竞争现象，为促进企业间的正当竞争，规范市场竞争秩序，我国政府先后出台多项法律法规以期加强对互联网信息服务业竞争秩序的治理，如2011年12月工业和信息化部公布的《规范互联网信息服务市场秩序若干规定》对互联网信息服务提供者的行为进行明确约束；2012年12月，第十一届全国人民代表大会常务委员会第三十次会议通过了《全国人民代表大会常务委员会关于加强网络信息保护的决定》；2014年8月，国务院发布《国务院关于授权国家互联网信息办公室负责互联网信息内容管理工作的通知》（国发〔2014〕33号）；2019年4月，第十三届全国人民代表大会常务委员会第十次会议通过《中华人民共和国反不正当竞争法》（以下简称《反不正当竞争法》）的修正决定，此次修正集中于对商业秘密的保护，严厉打击不正当竞争行为；2021年1月，国家互联网信息办公室颁布《互联网用户公众账号信息服务管理规定》；2022年6月，第十三届全国人民代表大会常务委员会第三十五次会议通过《中华人民共和国反垄断法》的修正草案，新法案自2022年8月1日起施行，为进一步整治互联网信息服务业垄断现象，防止资本无序扩张提供法律保障。

尽管政府部门已采取相应措施来防范互联网信息服务业不正当竞争行为的发生，但是由于互联网信息服务企业行为所呈现的隐蔽性、复杂性特点，企业间不正当竞争行为仍时有发生，需进一步优化互联网信息服务业竞争秩序治理方式。当前互联网信息服务业面临的治理难题主要包括以下两点：一是治理主体界定模糊，主体权责不明确。当前参与互联网信息服务行业竞争秩序治理的主体有政府、企业及社会组织，而其他利益相关者在治理中的作用还未得到重视，且有关治理主体的参与方式、权责分配等尚不明确，这为治理竞争秩序带来了极大挑战。二是治理主体间信息不畅通。各主体自身优劣势不同，掌握与传递信息的能力也存在差异，造成主体间信息沟通不畅。同时，由于主体间缺乏信息交互的渠道，互联网信息服务业和各治理主体产生的数据信息难以被及时有效地收集、处理和共享，在一定程度上阻碍了主体间信息互通，加大了治理难度。

习近平总书记在党的二十大报告中指出，要健全网络综合治理体系，推动形成良好网络生态。可见，为实现对互联网信息服务业竞争秩序的有效治理，应积极引导多元主体协同参与，加强多元主体间的协同合作能力；同时，可借助大数据技术对促进多元主体间信息交互的强大作用，解决治理主体间的信息不对称、不畅通等问题，进而提高多元协同治理的效率和水平。

综上，在当前互联网信息服务业不正当竞争行为频发且治理策略效果不佳的现实背景下，梳理互联网信息服务业竞争秩序治理现状，继而探讨互联网信息服务业竞争秩序多元协同治理模式的构建基础、形成路径、作用条件以及大数据在多元协同治理过程中的应用方式，进而实现未来对行业竞争秩序的有效治理，成为持续推动互联网信息服务业健康繁荣发展的一项紧迫课题。

第二节　互联网信息服务业概述

一、互联网信息服务业发展新形势

近年来，我国互联网信息服务业发展迅猛，不断推动信息技术创新与产业模式变革，逐渐成为实施网络强国战略的中坚力量。互联网信息服务业主要指利用计算机和网络等现代信息技术从事信息的收集、生成、处理加工、存储、传递、检索和应用，向社会提供各种信息产品和服务，从而实现信息价值增益的行业集合体（卢安文等，2012）。除基础应用类型（即时通信、搜索引擎、网络新闻、在线办公）外，互联网信息服务业的应用范围还不断向商务交易类（网络支付、网络购物等）、网络娱乐类（网络视频、网络直播等）、公共服务类（在线教育、在线医疗等）等领域拓展，成为人们日常生活中不可或缺的重要组成部分。在此过程中，互联网信息服务业市场也呈现出新的发展形势，主要表现为以下三个方面。

（一）市场生产新要素

数据已成为重要的市场生产要素，在生产经营中发挥着重要作用。2017 年 12 月 8 日，习近平总书记在中共中央政治局就实施国家大数据战略进行集体学习时指出，要构建以数据为关键要素的数字经济；2019 年，党的十九届四中全会将数据作为生产要素，并与劳动、资本、土地、知识、技术、管理等并列；2020 年 3 月，中共中央、国务院发布《中共中央 国务院关于构建更加完善的要素市场化配置体制机制的意见》，进一步强调了数据的价值，并提出不断提高数据资源价值，加快培育数据要素市场；2021 年 5 月，中国信息通信研究院在《数据价值化与数据要素市场发展报告（2021 年）》中强调加快数据价值化进程、发展数据要素市场；2022 年 12 月，《中共中央 国务院关于构建数据基础制度更好发挥数据要素作用的意见》中对构建数据要素市场作出详细部署。在农业经济时代，土地和劳动力是生产力发展的关键要素；进入互联网时代后，数据驱动经济的增长，有助于打破实体经济与数字经济间的界限，推动两者深度融合，日益成为重要的战略资源和生产要素。数据成为互联网行业关键生产要素后，精准挖掘数据潜在价值、有效发挥数据实际价值必定是需要重点考虑的关键问题，同时也是促进互联网信息服务行业持续发展的重要路径。

（二）企业发展新推力

互联网信息服务企业在数字技术的驱动下持续创新，数字技术成为企业发展新推力。2022 年 1 月 1 日起经第二次修订实施的《中华人民共和国科学技术进步法》中强调建立健全促进科技创新的机制，引导和扶持企业技术创新活动，支持企业牵头国家科技攻关任务，发挥企业在技术创新中的主体作用。数字技术在经济市场各业务领域广泛应用的基础上，助力企业突破原有发展边界，实现数据要素价值的深入挖掘，进而提升在竞争中的优势，即数字技术成为企业创新产品、流程以及商业模式领域的新推力。百度地图自 2018 年起，通过语音、图像等人工智能技术，陆续推出多个创新功能，发挥数字技术在企业产品创新中的作用。淘宝和京东等电商平台，利用大数据算法技术，简化用户退换货流程，实现“极速退款”功能以及电商平台与物流平台的信息互通，发挥数字技术在生产经营流程中的作用。而企业利用数字技术实现商业模式的创新则相对复杂，互联网信息服务企业的商业模式各要素之间形成一个相互依赖的活动系统，在该系统内用户之间的交互借助于信息和技术，利用网络效应，在获取数据价值的同时也在创造数据价值（Teece，2010）。此外，以商业模式构成要素为依据（郭鑫鑫和王海燕，2019），数字技术可被应用于企业的多个生产运营过程中，保障企业运行。

（三）行业竞争新特征

互联网信息服务行业竞争呈现出的新特征为跨领域竞争。传统企业的核心销售点是商品或者服务，如果一个企业所出售的商品在质量和价格上优于其他竞争产品，或者一个企业所提供的服务质量能够满足甚至超过消费者、员工等的期望，那么这个企业则会占据优势地位。然而，在互联网信息服务业中，企业销售的核心转变为用户，开启了以用户为核心的商业模式。企业提高技术水平、培养核心竞争力、创新营销方式等都是为了吸引用户，因此这一阶段中，用户数量呈现上升趋势。但是，当互联网信息服务业中某一领域内所拥有的用户数量趋于饱和，同时仅在某一领域内获取新客户变得艰难的时候，企业业务领域便开始向四周扩散，找寻新的领域，获取新的用户群体，在新的领域内开始新一轮的用户争夺战，实施跨领域竞争，市场从“用户增量竞争”转向“用户存量竞争”。

跨领域竞争是处于两个不同领域的企业之间的竞争，即指互联网企业通过技术创新来打破平台之间的界限、连接不同领域，利用核心产品及已有用户量进军其他领域，从而拓展自身业务（朱战威，2016）。例如，拼多多开通“多多钱包”业务，进入支付领域；京东成立“京东物流”，自建物流体系；阿里巴巴创立“盒马鲜生”，以数据和技术驱动的零售平台对标线下传统超市。上述案例均体现出互联网信息服务企业跨领域竞争的特点，而从表面上看，原本从事不同领域的多个企业能产生竞争关系的原因是它们都跨入了同一领域，而在这一领域中它们所拥有的理论知识、所应用的技术以及所争夺的用户都是相似或等同的。

互联网信息服务业在快速发展的同时，数据成为新的生产要素，企业借助数字技术挖掘已积累的用户数据价值，并据此向其他业务领域渗透，实施跨领域竞争，从而使得互联网信息服务业表现出新的发展形势。同时，也正是在此新发展形势的影响下，互联网信息服务企业间竞争强度持续增大，为谋求自身更好的发展，部分企业采取不正当竞争行为，破坏市场竞争秩序。

二、互联网信息服务业竞争新维度

企业的竞争是包含多个企业的生态系统内的竞争（侯赟慧和杨琛珠，2015），在这个生态系统中并不是只有一个市场，单个企业可能涉足多个市场，不同企业之间的交叉重叠变得更加繁杂，呈现出一种特殊的竞争形式，即在某些交叉范围内是竞争关系，却在另一些交叉范围内是合作关系，这也使得互联网信息服务业内的竞争愈加激烈、复杂。任何一个企业早期所拥有的资源数量都可能不足以持续地获取竞争优势，因此企业会致力于强化自身的核心竞争力，不断进行技术和商业模式的创新。与传统行业相比，互联网信息服务企业间的竞争重点、竞争方式、竞争关系都发生了重大改变，主要表现为以下三个方面。

（一）竞争新重点

数字经济时代，数据的生产要素属性逐步被人们接受并认可，数据的价值促使其成为各企业之间的竞争重点。由于用户数量的剧增，企业竞争模式转向以用户为中心，用户在企业经营活动中产生的数据能够精确描述其本身，由此可见，数据竞争的典型模式是用户竞争（郑翔和山茂峰，2021）。双边市场理论认为，互联网信息服务业市场中的网络效应是间接的，这就使得企业面对的是不同类型的用户，扩大了用户群体，而用户群体数量的增加能够使得平台更好地利用网络外部性，提升自身的价值。针对入驻平台的品牌商家，有些企业采取“强制二选一”策略，这表面上是一种合理的商业手段，但是实际上就是为了排挤竞争对手，得到更多的用户数据。

从相关法律法规中也可以看出数据逐渐成为竞争的重点。《中华人民共和国网络安全法》（2016）中指出网络数据的安全需要得到有效保障，同时也需要促进公共数据资源的开放；《禁止滥用市场支配地位行为暂行规定》（2019）规定经营者所拥有的市场支配地位与其处理数据的能力密不可分；《信息安全技术——个人信息安全规范》（2020）规定了处理个人信息时应遵守的多个原则，并提出了相应的安全要求；《中共中央 国务院关于构建更加完善的要素市场化配置体制机制的意见》（2020）中确认了数据的生产要素属性；《中华人民共和国个人信息保护法》（2021）强调核心数据需要加密存储，善于使用数据库安全技术。以上政策对数据的保护从侧面体现出数据对互联网信息服务企业以及整个行业的重要性，数据成为企业竞争的重点。

（二）竞争新方式

随着数据逐渐成为各互联网信息服务企业竞争的新重点，为争夺更多的数据，企业开始采取新的竞争方式——附随扩散。互联网与多产业融合的过程中，互联网信息服务业的业务界限逐渐模糊，企业呈现出跨领域竞争的趋势，决定了其发展的常用方式为附随扩散。附随扩散指一个企业首先借助核心产品形成规模用户，进而向别的领域扩散。如微信向电商领域扩散，微信推出的微店服务与众多电商平台展开竞争；阿里巴巴向餐饮行业扩散，收购饿了么，与美团外卖展开竞争；美团向打车领域扩散，与滴滴等展开竞争；京东钱包与支付宝业务展开竞争；等等。从以上案例可以看出一定的共同点，即企业拓展业务的基础是已有的核心产品及用户。由于竞争重点变成了用户产生的海量数据，拥有更多用户也就意味着拥有更强的竞争优势。企业通过附随扩散的方式，将已拥有的用户群体带到一个新的领域，并在该领域内吸引更多的用户。

（三）竞争新关系

企业采取附随扩散的方式进行跨领域业务渗透后得到了显著的发展，规模不断扩大，业务范围交叉化，企业间并不是简单的竞争关系，而是一种不断演化的竞合关系。竞争关系与合作关系是取得经营资格的平等市场主体之间在生产经营过程中形成的社会关系。在传统市场中，经营者之间的关系呈现出相对性，即不是竞争关系就是合作关系。与传统行业相比，互联网信息服务行业发展与竞争的环境更加复杂多样，对于不同的情况，在一种情况下，不同企业之间可能是合作关系，但在另一种情况下，两者可能又是竞争关系。同时，企业的跨领域发展促使竞争生态圈不断扩张，企业间的关系也随之复杂化，传统的单领域竞争被跨领域竞争取代，在采用附随扩散方式实施竞争的同时也促使竞合关系不断演化。良好的竞合关系有助于整个行业的发展，然而实际情况中，企业为追逐利益的最大化，有时采取不正当竞争行为，产生恶劣的竞合关系，损害市场秩序。

随着互联网信息服务业的快速发展，在新发展形势的背景下，互联网信息服务企业间竞争强度加大，竞争重点、竞争方式、竞争关系发生变化。互联网信息服务业在竞争数据要素时，采用附随扩散方式，企业间竞合关系不断演化。合作与竞争在互联网信息服务业市场中是一种常见的现象，企业想要谋求自身的发展，争夺市场势力的程度逐渐白热化。2016年，美国联邦贸易委员会在《共享经济——平台、参与者及监管者面临的问题》中强调企业拥有的市场势力大部分来源于双边网络效应和封锁效应。互联网信息服务业的强网络外部性，加之跨领域竞争和范围经济的特点，使得其能快速拥有市场势力，形成竞争优势，占据市场地位。市场势力与竞争效应呈现出反比关系，竞争效应越强，市场势力越弱，因此企业通过加剧竞争来抑制竞争对手的市场势力（罗超平等，2021）。市场竞争激烈程度的加强也就代表着可替代某一产品的竞争性产品增多，对应的低生产率企业的市场份额便会减少（Willig，1987），面临着退出市场的威胁。为了规避该类风险，企业就会选择加大创新力度，开始新一轮的竞争。竞争加剧就会使得竞争的表现形式变得多样化，市场中会出现正当竞争行为和不正当竞争行为。近年来，企业间竞争程度愈加激烈，不正当竞争行为增多，破坏市场竞争秩序，竞争秩序治理面临新的挑战。

三、互联网信息服务业政策梳理

当前正处于互联网信息服务业的高速发展阶段，企业间竞争激烈程度日益提升，在谋求更高利益的驱使下，企业间不正当竞争行为频发，出现一系列有损市场竞争秩序的行为。自"3Q大战"以来，互联网信息服务企业之间不正当竞争案件数量呈现出增长趋势，且不正当竞争现象涉及诸多领域、不正当竞争行为种类繁多，如"大数据杀熟"、"强制二选一"等，不仅严重损害了竞争对手的正当利益，侵犯用户的合法权益，更是扰乱了互联网信息服务业市场的健康竞争秩序。面对互联网信息服务业愈发激烈的不正当竞争现象，为促进企业间正当竞争，规范市场竞争秩序，我国不断加强对反不正当竞争的执法，先后出台了针对个人信息保护、反不正当竞争以及反垄断等的多项法律法规，以加强对互联网信息服务业竞争秩序的治理。表1-1列举出我国从1993年至2022年主要的监管法律法规。

表1-1　1993年至2022年主要的监管法律法规

立法层级	法律法规	颁布机构	发布日期	实施日期
法律	《中华人民共和国反不正当竞争法》	全国人民代表大会常务委员会	1993.09.02	1993.12.01
	《中华人民共和国反垄断法》	全国人民代表大会常务委员会	2007.08.30	2008.08.01
	《中华人民共和国网络安全法》	全国人民代表大会常务委员会	2016.11.07	2017.06.01
	《中华人民共和国反不正当竞争法》（修订）	全国人民代表大会常务委员会	2017.11.04	2018.01.01
	《中华人民共和国电子商务法》	全国人民代表大会常务委员会	2018.08.31	2019.01.01
	《中华人民共和国反不正当竞争法》（修正）	全国人民代表大会常务委员会	2019.04.23	2019.04.23
	《中华人民共和国数据安全法》	全国人民代表大会常务委员会	2021.06.10	2021.09.01
	《中华人民共和国个人信息保护法》	全国人民代表大会常务委员会	2021.08.20	2021.11.01
	《中华人民共和国反垄断法》（修正）	全国人民代表大会常务委员会	2022.06.24	2022.08.01
行政法规	《中华人民共和国计算机信息系统安全保护条例》	国务院	1994.02.18	1994.02.18
	《中华人民共和国计算机信息网络国际联网管理暂行规定》	国务院	1996.02.01	1996.02.01
	《中华人民共和国计算机信息网络国际联网管理暂行规定》	国务院	1997.05.20	1997.05.20

续表

立法层级	法律法规	颁布机构	发布日期	实施日期
行政法规	《互联网信息服务管理办法》	国务院	2000.09.25	2000.09.25
	《中华人民共和国计算机信息系统安全保护条例》（修订）	国务院	2011.01.08	2011.01.08
	《互联网信息服务管理办法》	国务院	2011.01.08	2011.01.08
	《关键信息基础设施安全保护条例》	国务院	2021.07.30	2021.09.01
	《网络数据安全管理条例》	国务院	2024.09.30	2025.01.01
部门规章	《网上证券委托暂行管理办法》	中国证券监督管理委员会	2000.03.30	2000.03.30
	《互联网站从事登载新闻业务管理暂行规定》	国务院新闻办公室、信息产业部	2000.11.06	2000.11.06
	《互联网药品信息服务管理暂行规定》	国家药品监督管理局	2001.01.11	2001.02.01
	《网上银行业务管理暂行办法》	中国人民银行	2001.06.29	2001.06.29
	《互联网文化管理暂行规定》	文化部	2003.05.10	2003.07.01
	《铁路计算机信息系统安全保护办法》	中华人民共和国铁道部	2003.07.15	2003.09.01
	《网络商品交易及有关服务行为管理暂行办法》	国家工商行政管理总局	2010.05.31	2010.07.01
	《非金融机构支付服务管理办法》	中国人民银行	2010.06.14	2010.09.01
	《规范互联网信息服务市场秩序若干规定》	工业和信息化部	2011.12.29	2012.03.15
	《网络交易管理办法》	国家工商行政管理总局	2014.01.26	2014.03.15
	《互联网新闻信息服务管理规定》	国家互联网信息办公室	2017.05.02	2017.06.01
	《互联网用户公众账号信息服务管理规定》	国家互联网信息办公室	2017.09.07	2017.10.08
	《微博客信息服务管理规定》	国家互联网信息办公室	2018.02.02	2018.03.20
	《网络交易监督管理办法》	国家市场监督管理总局	2021.03.15	2021.05.01
	《网络安全审查办法》	国家互联网信息办公室等	2021.12.28	2022.02.15
	《互联网信息服务算法推荐管理规定》	国家互联网信息办公室等	2021.12.31	2022.03.01
	《互联网信息服务深度合成管理规定》	国家互联网信息办公室等	2022.11.25	2023.01.10
规范性文件	《关于开展电子游戏经营场所专项治理的意见》	文化部等	2000.06.12	2000.06.12
	《文化部关于加强网络文化市场管理的通知》	文化部	2002.05.10	2002.05.10
	《文化部关于加强和改进网络音乐内容审查工作的通知》	文化部	2009.08.18	2009.08.18
	《国务院办公厅关于运用大数据加强对市场主体服务和监管的若干意见》	国务院办公厅	2015.07.01	2015.07.01
	《互联网信息搜索服务管理规定》	国家互联网信息办公室	2016.06.25	2016.08.01

续表

立法层级	法律法规	颁布机构	发布日期	实施日期
规范性文件	《国务院办公厅关于促进平台经济规范健康发展的指导意见》	国务院办公厅	2019.08.01	2019.08.01
	《教育部等八部门关于引导规范教育移动互联网应用有序健康发展的意见》	教育部等八部门	2019.08.10	2019.08.10
	《国务院办公厅关于同意调整完善网络市场监管部际联席会议制度的函》	国务院办公厅	2020.07.21	2020.07.21
	《互联网用户公众账号信息服务管理规定》修订	国家互联网信息办公室	2021.01.22	2021.02.22
	《国务院反垄断委员会关于平台经济领域的反垄断指南》	国务院反垄断委员会	2021.02.07	2021.02.07
	《关于强化反垄断深入推进公平竞争政策实施的意见》	中央全面深化改革委员会	2021.08.30	2021.08.30
	《关于加强互联网信息服务算法综合治理的指导意见》	国家互联网信息办公室等	2021.09.17	2021.09.17
	《国家发展改革委等部门关于推动平台经济规范健康持续发展的若干意见》	国家发展改革委等	2021.12.24	2021.12.24
	《移动互联网应用程序信息服务管理规定》（修订）	国家互联网信息办公室	2022.06.14	2022.08.01
	《工业和信息化领域数据安全管理办法（试行）》	工业和信息化部	2022.12.08	2023.01.01

资料来源：根据中国信息通信研究院 2021 年发布的《互联网法律白皮书》以及 2022 年发布的《网络立法白皮书》等相关资料整理而得

从表 1-1 可知，国家不断完善竞争秩序治理相关法律法规，彰显了颁布机构治理竞争秩序的坚定决心。但行业中仍然存在诸多不正当竞争行为，如何对互联网信息服务企业行为进行有效监管，规范行业内竞争秩序，维护稳定的互联网生态环境，促进行业健康发展，仍然是社会各界需要关注的重点问题。

第三节　互联网信息服务业竞争秩序治理相关研究

一、竞争秩序相关研究

随着信息技术的不断更新，互联网企业为了牟取更高的市场份额，各类有损于竞争秩序的行为频发。有平台对内部商家提出“二选一”要求，不仅损害了商家和消费者利益，还试图以该手段滥用市场支配力量，集中资源，达到占据市场的目的。电商平台所实施的“大数据杀熟”对消费者进行区分，采用价格歧视，扰乱正常的生产经营秩序。大型平台企业实施的“杀手并购”行为指不断收购中小型企业，并在收购后将其关闭，以消灭未来竞争者为手段、垄断市场为目标，干预市场投资和创新进程。这些不正当竞争行为已严重损害互联网信息服务业市场竞争秩序，成为竞争秩序治理的重点。2021 年 4 月 14 日，《依法合规经营承诺》由国家市场监督管理总局与 34 家互联网平台企业一同签署，针对以上类似不正当竞争行为，构建与维护公平竞争的市场环境和良好的竞争秩序。在此背景下，有必要重新审视市场竞争秩序及其变化趋势，维护良好的竞争秩序。

生产经营活动中一种常见的资源整合方式为经营者集中，但该种方式也会带来一些负面影响，如相关市场结构的剧烈变化、引发竞争失序（张晨颖，2021）。竞争秩序是市场经济秩序的核心，其稳定性直接决定竞争是否有效，进而决定市场机制是否有效（金碚，2008）。竞争秩序的要点至少包括三点：一是准确且公平的规则；二是规则必须被服从；三是当市场经济的需求发生变化时，规则也要及时做出适应性的改变（冀玮，2020）。龚维斌（2020）指出若人们普遍遵守道德原则和市场规则，市场交易过程中的行为将会较规范有序。黄少卿和郭洪宇（2017）从政府与市场互补的角度分析，强调了实施反垄断政策等规则有利于建立公平竞争的市场秩序。谢兰芳和黄细江（2018）强调具有指导性的行为规则规范对竞争秩序的重要性。

市场有效的关键在于市场秩序规范（洪银兴，2020）。竞争秩序作为市场秩序中重要的一部分，受市场结构、市场行为和市场势力的影响。与传统行业相比，互联网信息服务业以其双边市场和网络外部性等特性呈现出新的市场结构特征。傅瑜等（2014）指出垄断在竞争中产生，又在竞争中被打破，根据市场的竞争秩序，互联网企业呈现出单寡头竞争性垄断。姜琪和王璐（2019）指出功能型平台和内容型平台的市场结构分别趋于垄断和竞争，但都体现出竞争秩序的变化。芝加哥学派一直以来都强调，在双边市场中，相对于市场结构，社会总体福利与市场中各主体的行为更加密切。陈兵（2018）指出随着互联网经济的高速发展，新型不正当竞争行为出现后，对其的不恰当认定、放纵皆会破坏市场竞争秩序。其中，以滥用相对优势地位、互联网视频广告屏蔽、数据抓取、强制商家“二选一”、流量劫持和软件干扰等为代表的不正当竞争行为已严重影响市场竞争秩序。谭袁（2021）指出为形成公平竞争、规范有序的市场体系，需保障各类市场主体依法使用资源要素，获取合理的市场份额。对于此，郭传凯（2021）表示任何垄断行为的本质都是滥用市场力量阻碍自由竞争的过程；叶明和黎业明（2021）表示数据可以作为互联网平台将市场势力在多个市场间转移的重要媒介工具，破坏多个市场公平的竞争秩序；刘戒骄（2022）表示数字平台仍可能通过技术限制和法律合同排除竞争者使用其数据，保护其免受竞争挑战；张文魁（2022）表示企业可以利用已有的数据优势，展开排除竞争和限制竞争等不正当竞争行为。

学者们从市场结构、市场行为和市场势力等角度分析市场竞争秩序的变化，指出互联网技术的发展及应用使企业间的竞争频率提高、竞争方式更加多样化，并认为我国应及时制定适合经济发展的治理方案。

二、竞争秩序治理相关研究

有序的市场秩序可以在合理且有效的制度安排中自发产生（王勇和陈美瑛，2020）。结构性和行为性救济是对扰乱市场竞争秩序的行为的主要干预方式，但两者变得越来越稀缺的原因：一是成本巨大；二是结构性拆分与其背后的理论分歧（白让让，2021）。因此，学界开始寻求新的市场竞争治理模式。在“市场秩序”与“市场环境”的具体指向下，对互联网市场竞争秩序的有效治理就是使之符合基本的法治秩序。而为了确保使之符合这一秩序，需要引入互联网平台协同监管理念（杨学敏等，2023），充分发挥行业协会自律监管作用，在此基础上还应引入外部力量如社会公众、媒体等主体。

服务型平台的兴起以及数字技术的快速发展均对数字平台监管提出了新的要求，传统行业中的监管理念已不适用于互联网信息服务业。欧美国家对互联网平台竞争监管的态度均发生重大转变，王磊（2020）和梁正（2021）指出欧盟不断加强对互联网平台的治理，平台垄断问题的治理一直是其治理的重点，美国的治理态度由宽松逐步走向审慎，英国、德国等国家高度警惕互联网平台的垄断滥用。这些都表明现有监管理念需要转变的迫切性，监管理念应兼顾平台经济中“效率”与“规范”的平衡（荆文君等，2022），适应规制市场竞争秩序。董淳锷（2021）指出我国的监管理念已由事前监管转向了事中事后监管，并且事中事后监管在实践中涵盖了大数据监管等工具类型（卢超，2020）。我国政府工作报告中也明确指出需要坚持包容审慎的监管理念。余宇新（2021）

强调在互联网信息服务业中，有效监管的前提是协调监管的三要素（理念、方式、力度）与企业创新发展和社会进步间的关系。由此可见，现阶段治理重点在于治理的转型，实质在于治理的创新。钱贵明等（2022）和王勇等（2022）均认为在包容审慎的监管理念的指导下，不同社会主体包括平台自身均对良性竞争秩序的建立承担着一定的治理责任和义务。但是，各个治理主体的治理理念并没有在治理主体间有效体现，反而呈现出弥散的状态（韦彬和林丽玲，2020），为保护社会整体利益，就需要设计出衡量不同利益冲突的思路，在此基础上需要提前明确主体利益类别、判断与识别主体利益（陈耿华，2017）。

平台治理的核心在于分层次治理与跨层次治理以及网络化共治（张兴刚和肖旭，2021）。互联网平台有着明显的双重身份，即治理的主体和被治理的客体，在治理规则、治理程序、治理程度方面表现出明显的治理困境（叶明和贾海玲，2021）。王勇等（2020）认为政府与平台对竞争秩序的治理并非简单的互补或替代，并且这两者之间存在明显的协调失灵。同时，来自社会的监督势单力薄、若有若无，共同造成了社会监督的困局（刘家明和耿长娟，2020）。若能努力调和平台私人性与公共性、自主经营与公共责任之间的价值冲突，将会有利于维护公平的市场竞争秩序（刘乃梁和吕豪杰，2022）。市场主体自发形成的协议可以成为其行业的行为准则或规范，但是在达成协议之前必定需要各主体之间协调合作，对于整个系统有透明的认识。精细化治理需要考虑的方面需要进一步划分，涉及的知识技能也会随之增多，因此需要治理者拥有更高的专业能力（胡滨等，2021），这就与传统监管完全不同，由于涉及多个主体，如果各主体没有符合其身份的监管知识或者能力，对于整个监管过程则是有害的。

各治理主体之间还存在诸如信息不对称、信息不畅通以及信息不安全等问题，制度安排还需进一步完善，如何平衡各主体之间的信息将成为后续研究的重点。目前环境下相关政策强调治理主体的多元化以及各主体之间的协调性，力图找到合适的治理模式。

三、多元协同治理相关研究

随着治理问题愈加错综复杂，传统的单一治理范式已无法满足治理的需要，治理理念与模式亟须转型，而经济社会不断发展、国民素质的进一步提升、社会组织作用的凸显、数字经济时代的技术变革等条件，为治理向多元化、协同化方向迈进提供了基础。学者们普遍认为，治理理论的核心观点是去中心化与多中心化，在众多理论研究中，多元协同治理脱颖而出，受到热议。

在传统的社会治理领域中，学者探讨运用多元协同治理的有效性。环境治理方面，陈润羊（2022）指出区域环境治理中，多元协同治理的应用有助于提高治理效率。王涵等（2022）研究表明多元共治模式能有效促进减污降碳治理体系的构建。民生方面，卢伟涛等（2022）认为先进的管理服务系统在提高“独居老人”民生福祉中起着积极作用，提高“独居老人”民生福祉水平离不开多元主体的协同作用。孙莹（2022）通过实践研究，发现构建党政统合下的多元协同治理路径是破解乡村治理困局的关键，这一研究为推进乡村振兴战略、实现乡村现代化提供了借鉴。危机处理方面，山少男和段霞（2022）基于元分析与模糊集 QCA 的双重分析，厘清多元主体协同参与公共危机治理的影响因素与行动路径，为选择合适路径实现公共危机多元主体协同治理提供了参考。崔尧（2020）以上海财经大学危机处理事件为例，认为多元协同治理在督促高校又快又好处理危机事件，维护良好校园环境中发挥重要作用。综上，多元协同治理模式在传统的社会公共领域与社会公共事务等方面发挥着有效作用，为维护社会稳定、切实改善人民生活提供了治理思路。

在互联网行业，面对该行业出现的错综复杂的治理难题，学者们尝试将多元协同治理的理念引入其中，Nonnecke（2016）基于不同领域和地区的互联网协同治理问题，为互联网协同治理提出建议。通过对治理现象的深入分析，有学者认为治理中应重点关注政府与网民之间的关系，如许凤和戚湧（2017）重点分析主体之间协同度的影响，研究得出，政府与网民之间的高协同度，对促进互联网整体治理具有重要意义。孙高慧（2022）研究指出实现政府与社会公众、网络媒体等主体之间的良性互动，有助于更好地解决网络谣言等治理难题。有学者则提出治理中应重视多元主体的作用，如张元钊和李鸿阶（2021）分析当前互联网平台垄断现象、机理和危害，指出应加快形成新发展理念，在此基础上构建多元主体高效协同运转的新型平台经济治理体系。魏小雨（2021）指出为顺利实现互联网行业的生态化治理目标，需打造信息管理共同体，而这又需要多主体跨生态位协同共治的有效参与。梁正（2021）指出构建多利益主体协同参与的治理体系，是数字经济时代互联网平台治理实现“良治”之道。由上述分析可知，互联网领域的有效治理仅靠政府单一力量难以实现，需重视多元主体协同治理的作用。

虽然多元协同治理受到学界的关注与认可，但该模式在实施过程中仍面临一些考验。贺奕静和杨智勇（2022）对档案治理中政府、市场和主体三者的角色进行分析，并探讨三者之间关系和机制的协同，是对档案治理范式的一种新探索，以实现较高的协同效应，提高档案治理水平。周建青和刘航（2021）在界定网络空间协同治理概念的基础上，指出各主体实际地位不平等、信息沟通不畅等问题，严重阻碍网络空间命运共同体的构建进度与实际效果。从学者对多元协同治理失灵原因的分析，可以看出该模式实施效果受到政府和企业外其他参与主体作用的影响。

多元协同重视主体间协同合作，顺应治理理论发展规律，为有效实现社会治理提供理论指导，但多元协同在实际运用中存在主体间信息沟通不畅等问题，影响主体间有效协同，如何解决这些问题是充分发挥多元协同治理作用的关键。应考虑实际治理需要，结合现代化技术手段，不断优化多元协同治理模式。

四、大数据在治理过程中应用的相关研究

随着信息技术的飞速发展，以及互联网、大数据、云计算等领域的卓著进步，大数据技术快速迭代发展，大数据算法在社会各行业被广泛应用，在提高信息处理能力方面发挥了重要作用（彭丽，2022）。

在国家治理层面，大数据作为一种数据处理工具，发挥着推进国家治理现代化的重要作用。段盛华等（2022）认为，政府治理的内涵包括两个层面：一是基于数据的治理，二是关于数据的治理。在具体实施层面，许阳和王程程（2018）指出大数据中的数据挖掘技术，对政府精准把握个体需求有重要影响，助力政府实现对社会的精准治理。在医疗领域的疾病预防方面，Willems 等（2019）认为通过将基因组学与环境数据的大型数据集相结合，可预测个人或群体发生疾病或癌症的风险，从而引发旨在针对影响目标群体健康风险的环境因素和行为的特定政策制定与行动。在疾病治疗方面，Hopp 等（2018）提出通过分析患者的生物遗传信息和组学数据，结合临床诊疗与生活环境数据，可制定面向患者的个体化疾病治疗方案，同时监测特定疗法的治疗效果。在供应链领域，通过大数据的分析能力，供应链成员企业可以创造新的产品和服务，提供更好的客户服务（陆杉和陈宇斌，2018），再利用大数据技术对供应链中各成员企业的需求、生产以及采购等信息的精准把控，能减少供应链中不必要的损失（文艳娇等，2019）。在企业运作层面，何梅（2019）认为，大数据时代的

到来改变了企业的运作方式、运行结构，给企业带来了信息的升级，而企业的管理决策也应当随之改变，顺应时代且科学合理。在智慧农业中，贾战晓（2020）提出可以通过应用通信技术、大数据技术等，对农作物生长状态进行监测，并准确判断施肥时间、除虫时间等，实现智能化的管理目标，让农业生产更为精确、高效和科学。

许欢和孟庆国（2017）指出大数据有助于驱动政府部门建立统一的云平台和数据中心，实现内部协同的整体运作，提升政府管理效能。母睿和王玉婷（2021）则认为大数据应用为政府部门解决棘手问题、提升治理能力、应对外部挑战提供了新思路。在技术革命引发时代变迁的视域下，大数据被视为一种积极的治理资源，李锋和周舟（2021）认为海量的数据不仅为政府提供了全面提升公共治理能力的契机，还驱动了治理体系、治理结构和治理形态的改革和完善。当前，大数据所蕴含的战略价值已经引起多数发达国家重视，各国相继出台大数据战略规划和配套法规以促进其应用与发展（朱孔村，2019）。

互联网信息服务业中，多元协同治理主体的协同度不足，其中最大的瓶颈来源于无法实现不同渠道的数据协同以及如何构建开放、公平的数据治理生态以吸引和增强社会主体的参与，公众面临“数字鸿沟”与“数字不平等”的困境。为有效解决多元协同治理存在的主体间协同效果欠佳等问题，学者们积极探索，提出新的治理思路——将大数据与多元协同治理相融合，从而创新政府统筹治理水平，密切各参与主体间的有效协作，提高治理效率与治理水平。陈潭和杨孟著（2016）指出为实现有效推动权力结构重组和优化，推动国家治理工作顺利进行的目标，应采用网络化思维模式，并强调大数据在其中的积极作用，换言之，“互联网+”与“大数据×”相结合的治理模式，对开展治理工作具有重要参考价值。冉连和曾天飏（2023）探讨了“互联网+大数据”背景下的网络集群行为，并提出“互联网+大数据”背景下网络集群行为的治理策略。马海韵和杨晶鸿（2018）认为在不断推进治理能力现代化的进程中，大数据参与其中是现实需要，将大数据融入治理机制与具体治理措施中，有利于实现治理现代化。周林兴和韩永继（2021）研究个人信息保护方面的相关问题，指出有效保护个人信息需要多方主体协同发力，并针对大数据在其中的作用以及多主体在大数据的技术支撑下如何进行个人信息保护等问题进行深入探究。魏钦恭（2022）认为数字时代社会治理的方向是正视主体间异质性并实现主体间协同共生。

大数据能整合各类数据资源，解决信息不对称、信息流转问题，还可以促进资源共享和业务协同，实现治理职能和资源的优化配置。在多元协同治理中，大数据能助力治理主体各司其职、协同共治，满足多元主体的治理需求，形成多方参与的有效互动，推动多元协同治理发展进程，打造互联网信息服务业竞争秩序多元协同治理新格局，为提升多元协同治理效果提供思路与参考。

通过归纳总结上述研究，发现现有研究仍存在一些不足，主要表现在以下五个方面。

（1）鲜有文献分析互联网信息服务企业不正当竞争行为对行业竞争秩序的影响。企业不正当竞争行为损害经营者利益和消费者利益，严重破坏了行业竞争秩序，使其呈现出不自由、不公平的状态。分析不正当竞争行为是治理行业竞争秩序的切入点，该类行为对竞争秩序的影响值得深入研究。

（2）对于互联网信息服务业竞争秩序的治理，鲜有学者分析多元协同治理中的主体选择及各主体参与方式等问题。虽然多元主体协同治理行业难题，成为研究者的共识，但具体到互联网信息服务业竞争秩序多元协同治理中，参与主体类型、各主体权力和责任以及各主体参与方式等问题，还有待进一步研究。

（3）当前较少有学者利用演化博弈理论开展多元协同治理的形成路径、作用条件等方面的研究。而演化博弈理论能够被较好地应用在明晰多元协同治理的形成路径、作用条件等方面，对该内容的探究，有利于更好发挥多元协同治理作用。

（4）鲜有学者将大数据等新兴技术应用到互联网信息服务业竞争秩序多元协同治理模式中。大数据可以有效解决主体间信息不对称、信息不畅通等问题，优化多元主体间协同效果，更好发挥多元协同治理模式的优势。而如何将大数据与多元协同治理模式相融合，提高治理现代化水平和治理效率，这个问题还需进一步深入研究。

（5）现今对互联网信息服务业竞争秩序的治理，缺乏信息传递中较为完善的治理模式，需要在当前大数据高速发展的现实背景下，从整个信息流传递的角度，设计一个动态、高效的行业竞争秩序多元协同治理模式，从而维护我国互联网信息服务业的健康稳定发展。

综上所述，当前学术界对于互联网信息服务业竞争秩序多元协同治理问题的研究尚不够深入和具体，且在实践应用中还存在一些问题。具体而言，针对互联网信息服务业不正当竞争行为对于竞争秩序的影响、多元协同治理中的主体选择及其参与方式明晰、如何利用演化博弈理论分析多元协同治理模式的形成路径和作用条件、如何利用大数据促进多元主体间更好协同等问题，仍有待进一步研究，以求不断丰富和完善该领域的研究成果，为政府部门提供决策建议。

第四节　技术路线及贡献

一、技术路线

（一）本书设计

本书在大数据背景下，以互联网信息服务业竞争秩序多元协同治理模式的现状总结与构建基础、形成路径与作用条件、大数据应用方式及政策制定为核心问题，从以下四个层面展开研究：第一，通过文献研究和探索性案例研究当前市场竞争及治理现状，同时分析多元协同治理模式的构建基础；第二，构建政府部门与互联网信息服务企业间的演化博弈模型，阐述各参与主体对治理效果的影响，研究多元协同治理模式的形成路径，并讨论行业协会权力空间与公众举报公正程度等条件参数对治理效果的影响，明晰多元协同治理模式的作用条件；第三，分析如何利用大数据技术加强各参与主体间的数据传递，降低信息不对称程度，使各条件参数更易达到理想状态，并设计互联网信息服务业竞争秩序多元协同治理信息连接框架；第四，在理论研究的基础上，构建基于大数据的互联网信息服务业竞争秩序多元协同治理模式，提出有效实现多元协同治理的对策建议，为政府部门更好地治理互联网信息服务业竞争秩序提供参考。本书总体研究技术路线如图 1-1 所示。

（二）研究方法

（1）案例分析与调研访谈。通过梳理近年来互联网信息服务企业不正当竞争行为的典型案例，并对企业进行访谈，分析不正当竞争行为对行业竞争秩序的影响，明确互联网信息服务业竞争秩序及治理现状。

（2）归纳与演绎。搜集国内外关于互联网产业竞争秩序、治理策略等方面的文献，归纳当前行业治理经验，并分析治理效果不佳的原因，总结行业治理策略的优化方向。

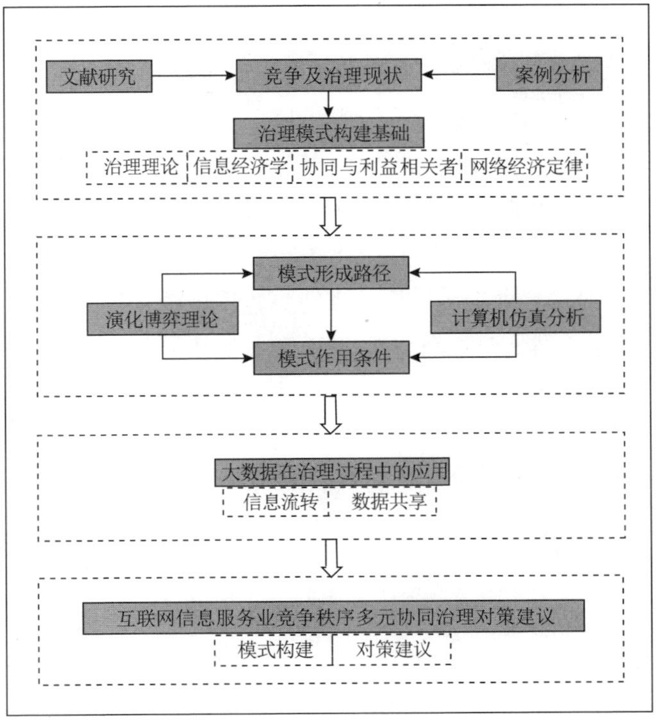

图 1-1　技术路线图

（3）演化博弈。在分析多元主体间的相互关系以及互联网信息服务企业间跨领域行为与不正当竞争关系的基础上，构建多元主体间的演化博弈模型，为明晰互联网信息服务业竞争秩序多元协同治理模式的形成路径提供依据。

（4）计算机仿真。对模型求解结果进行仿真分析，从演化趋势过程的角度验证模型求解结果，且通过仿真探讨参与主体作用发挥的条件参数对多元协同监管发挥有效作用的影响，为监管部门准确把握不同主体的作用条件提供理论依据和决策参考。

二、主要贡献

本书的目的是研究大数据背景下互联网信息服务业竞争秩序多元协同治理模式，为监管企业不正当竞争现象，维护行业良好竞争秩序提供新思路，为竞争秩序治理提供相对全面的制度设计思路和解决办法。本书重点从互联网信息服务业竞争秩序多元协同治理模式的形成路径、作用条件以及大数据与多元协同治理的融合等方面进行了创新，主要表现为以下三个方面。

（1）揭示了互联网信息服务业竞争秩序多元协同治理模式的形成路径。当前行业竞争秩序治理中，多元主体的角色定位与参与路径有待明确。本书运用演化博弈理论构建互联网信息服务业竞争秩序多元协同治理形成路径的演化博弈模型，剖析政府监管部门与互联网信息服务企业等相关主体在治理过程中的作用，明确各参与主体的角色定位，从而分析行业市场竞争秩序多元协同治理的形成路径，帮助政府正确引导行业协会、公众等主体参与治理，有助于政府部门治理策略的制定与实施，丰富了演化博弈理论的应用范畴。

（2）刻画了互联网信息服务业竞争秩序多元协同治理模式的作用条件。参与主体作用发挥的条件是影响多元协同有效治理的重要因素，而当前关于这方面的研究稍显不足。本书构建行业协会作用受权力空间、公众作用受举报公正程度影响现实情境下的竞争秩序治理博弈模型，分析各参与主体作用发挥的条件参数，并利用计算机仿真软件探讨条件参数对多元协同监管发挥有效作用的影响，深化了对多元协同治理模式的研究。

（3）提出了大数据与多元协同治理的融合方式。治理主体间信息不畅通影响主体间信息共享，进而影响多元主体协同效果。本书将大数据技术应用于互联网信息服务业竞争秩序多元协同治理中，设计互联网信息服务业竞争秩序多元协同治理信息连接框架，在此基础上，搭建基于大数据的多元协同治理信息交互平台，对平台数据层、技术层、应用层三层次组成部分、数据流转情况、运行机制进行详细分析；构建基于大数据的互联网信息服务业竞争秩序多元协同治理模式，助力多元治理主体间的有效协同，通过探讨大数据技术在多元协同治理过程中的应用，使治理政策更具时代性、针对性，拓宽了大数据的应用范畴。

第二章　互联网信息服务业竞争秩序及治理演进

快速发展的互联网信息服务业中，企业间竞争不断加剧，不正当竞争行为频发，影响竞争秩序，增大了治理难度。本章基于互联网信息服务业的典型不正当竞争现实案例，提取不正当竞争行为类型，分析各类不正当竞争行为对经营者利益、消费者利益的影响，进而发现不正当竞争行为对竞争秩序的影响，并梳理我国竞争秩序治理演进历程，总结治理演进特点，进一步分析治理难题，为优化治理提供基础。

第一节　不正当竞争行为与竞争秩序

竞争是市场秩序最重要的塑造力量，秩序依赖于各物质要素之间的结构关系和运行规律，互联网信息服务业的竞争秩序表现为竞争产生和进行过程中相关要素之间的关系，以及在这些关系下呈现出来的系统状态（江小涓和黄颖轩，2021）。《国务院关于促进市场公平竞争维护市场正常秩序的若干意见》（国发〔2014〕20 号）指出，要强化市场行为监管，维护市场竞争秩序，包括强化生产经营者主体责任、严厉惩处不正当竞争行为等。随着不正当竞争行为类型与数量的增多，对不正当竞争行为认识模糊，不利于对竞争秩序的治理，有必要明晰不正当竞争行为类别，为分析竞争秩序与不正当竞争行为的关系提供基础。

一、不正当竞争行为类型

互联网信息服务业不正当竞争行为手段多样，跨界竞争、平台竞争日趋激烈，不正当竞争呈现出更多的类型，导致对不正当竞争行为的界定较为模糊，影响其对竞争秩序影响的判断准确性。本节运用多案例研究方法，通过分析典型的不正当竞争案件，提取不正当竞争行为类型，便于分析不正当竞争行为对竞争秩序的影响。

（一）研究方法

运用多案例研究方法开展研究，解释互联网信息服务业不正当竞争行为“怎样”判定的问题（毛基业和李高勇，2014）。同时，多案例更具有说服力，通过反复验证有助于提高案例研究的可靠性。因此，采用多案例研究方法进行研究是合理且合适的。

（二）案例选择与分析

本书选择 23 个互联网信息服务业不正当竞争大事件作为案例进行研究，案例的选择标准有：①不正当竞争行为符合互联网信息服务业不正当竞争行为的定义；②选取为案例的大事件具有一定程度的影响力；③所选的案例均被相关媒体报道，并且法院目前已公布相关不正当竞争纠纷判决书，同时已有相关文献引用以保证研究人员获取更多的数据和信息。

在案例收集过程中，本研究通过文献、法院裁决书、新闻报道等渠道收集案例信息。文献主要来源于国内领先水平的网络出版平台——中国知网；新闻报道主要来源于中国法院网，筛选从 2010 年 1 月到 2022 年 7 月的互联网信息服务业的不正当竞争大事件报道，报道的来源包括《人民法院报》、《新华网》、《北京青年报》、《央广网》、《法制日报》（2020 年 8 月 1 日，经中共中央政法委员会同意，《法制日报》正式更名为《法治日报》）、中国新闻网等国内知名媒体机构；从新闻报道中筛选出案例，并在中国裁判文书网上收集相关法院裁决书。由于法院处理不正当竞争案件需要较长的审理、查证时间，法院裁决书发布时间与案例发生时间之间普遍存在较长的时间间隔，同时也考虑到资料间的内容相互印证的要求，在搜集和整理资料时必须确保每一份文件的真实性和可靠性，以确保后续的分析和判断能够建立在坚实的事实基础之上。

（三）案例介绍

（1）百度诉某公司插标案：2012 年 4 月，某公司在百度搜索引擎部分搜索结果中添加警示图标，即“插标”，以及在其网址导航站的百度搜索框中设置直接指向其公司网页内容的下拉词汇等，即“流量劫持”，构成不正当竞争。

（2）金山诉某网络视频公司歧视对待案：某公司歧视性对待猎豹安全浏览

器，要求其用户使用猎豹安全浏览器以外的其他浏览器，否则拒绝向用户提供视频播放服务，构成不正当竞争。

（3）百度诉某科技有限公司屏蔽广告案：某互联网安全服务提供商通过相关插件，恶意诱导用户屏蔽百度广告，违反《反不正当竞争法》，构成不正当竞争。

（4）金山诉某科技有限公司阻碍安装案：某公司故意夸大“金山网盾”的漏洞，通过公司旗下软件阻碍安装、强行卸载“金山网盾”，构成不正当竞争。

（5）搜狗诉某互联网安全服务提供商不正当竞争案：某网络安全软件阻碍搜狗浏览器正常安装，并阻止用户将搜狗浏览器设为默认浏览器，构成不正当竞争。

（6）金山诉某科技公司商业诋毁案：某互联网安全服务公司通过旗下软件诱导用户卸载“金山毒霸”软件，并阻碍干扰该软件的正常安装和运行，还通过操纵用户评分、恶意弹窗提示等方式损害金山商业信誉和声誉，构成不正当竞争。

（7）百度诉某互联网公司劫持流量案：某公司利用其输入法客户端软件，当用户在百度搜索框中使用其输入法输入时，会自动弹出相关词汇的下拉菜单，点击下拉菜单中的任意词会自动跳转到其公司搜索结果页面，构成不正当竞争。

（8）某社区平台非法抓取新浪微博信息案：某商业社交软件在与微梦公司合作期间非法抓取、使用新浪微博用户职业信息、教育信息。在双方合作结束之后，该商业社交软件仍然非法使用新浪微博的用户信息，构成不正当竞争。

（9）大众点评诉某科技公司搭便车案：某科技公司未经许可在其旗下地图软件、知识问答分享平台中大量抄袭、复制大众点评网的用户点评信息，直接替代大众点评网向用户提供内容，构成不正当竞争。

（10）奇虎诉某互联网公司虚假宣传案：某互联网公司在宣传旗下高速浏览器时，使用“上网最快的浏览器”这种最高级宣传用语，在现有证据尚不足以证明该浏览器确实上网最快的情况下，构成不正当竞争。

（11）大型互联网公司互诉案：互联网公司A控诉互联网公司B通过其自有新闻媒体平台等渠道大量发布、传播贬损诋毁A公司的言论、文章或视频；互联网公司B也控诉互联网公司A，其部分链接分享到A平台仅用户自己可见，无法正常播放，构成不正当竞争。

（12）百度诉某互联网公司搭便车案：某互联网公司采取与百度相似的搜索候选呈现形式。该公司旗下的输入法在用户事先选定百度搜索的情况下，用下拉列表提供搜索候选词，诱导用户在不知情的情况下点击候选词进入该公司的搜索结果页面，导致用户混淆搜索服务来源，构成不正当竞争。

（13）今日头条诉某互联网公司不正当竞争案：某搜索引擎平台干预搜索结果、在搜索页面诋毁今日头条，诱导用户放弃使用今日头条软件，构成不正当竞争。

（14）QQ 音乐诉某音乐平台侵犯版权案：某音乐平台持有的周杰伦歌曲版权授权期限到期后并未下架歌曲，还制作了包含 200 首周杰伦歌曲的音乐合辑进行销售，侵犯了 QQ 音乐的版权，构成不正当竞争。

（15）阿里巴巴诉某平台旗下互联网公司侵害作品网络传播权纠纷案：某平台旗下互联网公司未经阿里巴巴授权许可，通过分开合作的方式擅自利用手机客户端向用户提供录音制品的网络传播服务，构成不正当竞争。

（16）爱奇艺诉某视频类平台侵害作品信息网络传播权案：某视频类平台侵害爱奇艺作品信息网络传播权，擅自播出爱奇艺独家版权节目《中国有嘻哈》，构成不正当竞争。

（17）北京金山诉某网络科技有限公司不正当竞争案：用户安装某软件后再安装金山毒霸软件，某软件会诱导用户选择“阻止安装”金山毒霸，构成不正当竞争。

（18）某平台大数据杀熟案：某平台会员用户在相同情况下配送价格高于非会员用户，此类针对不同用户群体进行不同定价的行为属于“大数据杀熟”，构成不正当竞争。

（19）某互联网公司强制二选一案：针对某互联网公司强制二选一案，国家市场监督管理总局在 2021 年 4 月 10 日公布处罚决定书，责令该公司停止滥用市场支配地位行为，并处以其 2019 年度中国境内销售额 4557.12 亿元 4%的罚款，计 182.28 亿元。

（20）饿了么诉某平台“二选一”不正当竞争案：国家市场监督管理总局公布依法对某外卖平台在中国境内网络餐饮外卖平台服务市场实施“二选一”垄断行为作出行政处罚的决定，责令其停止违法行为，全额退还独家合作保证金 12.89 亿元，并处以其 2020 年中国境内销售额 1147.48 亿元 3%的罚款，计 34.42 亿元。

（21）支付宝与某科技公司不正当竞争纠纷行为保全案：某科技公司通过设定与支付宝相同的 APP 唤醒策略以增加用户访问量，构成不正当竞争。

（22）百度诉某网络科技公司不正当竞争纠纷案：某网络科技公司利用管理系统短时间内自动生成、发布大量关键词和推广网页，利用百度搜索引擎漏洞，在百度搜索上推广虚假网页，构成不正当竞争。

（23）百度文库文档下载服务不正当竞争纠纷案：某电商平台上某店铺通过提供百度文库上需用下载券或付费的文档下载服务进行盈利，构成不正当竞争。

（四）类型提取

运用多案例研究方法，提取出互联网信息服务业不正当竞争行为类型，如表 2-1 所示。

表 2-1　互联网信息服务业不正当竞争行为类型

序号	时间	案例名称	不正当竞争行为类型
1	2012 年 4 月	百度诉某公司插标案	流量劫持； 诱导用户放弃使用他人软件
2	2013 年 3 月	金山诉某网络视频公司歧视对待案	妨碍其他经营者提供产品或服务的正常运行
3	2013 年 3 月	百度诉某科技有限公司屏蔽广告案	恶意广告屏蔽
4	2013 年 12 月	金山诉某科技有限公司阻碍安装案	商业诋毁； 妨碍其他经营者提供产品或服务的正常运行
5	2013 年 11 月	搜狗诉某互联网安全服务提供商不正当竞争案	诱导用户放弃使用他人软件； 妨碍其他经营者提供产品或服务的正常运行
6	2013 年 12 月	金山诉某科技公司商业诋毁案	商业诋毁； 诱导用户放弃使用他人软件； 妨碍其他经营者提供产品或服务的正常运行
7	2013 年 9 月	百度诉某互联网公司劫持流量案	流量劫持； 利用他人信息发展自身用户
8	2014 年 5 月	某社区平台非法抓取新浪微博信息案	商业诋毁； 爬取他人数据； 利用他人信息发展自身用户
9	2013 年 4 月	大众点评诉某科技公司搭便车案	利用虚假信息误导用户； 利用他人点评信息形成市场替代
10	2016 年 3 月	奇虎诉某互联网公司虚假宣传案	虚假宣传
11	2016 年 3 月	大型互联网公司互诉案	商业诋毁
12	2018 年 6 月	百度诉某互联网公司搭便车案	利用他人信息拓展自身用户 仿冒他人界面 爬取他人数据

续表

序号	时间	案例名称	不正当竞争行为类型
13	2018 年 1 月	今日头条诉某互联网公司不正当竞争案	商业诋毁； 诱导用户放弃使用他人软件
14	2018 年 3 月	QQ 音乐诉某音乐平台侵犯版权案	侵犯版权
15	2020 年 1 月	阿里巴巴诉某平台旗下互联网公司侵害作品网络传播权纠纷案	侵犯版权
16	2017 年 6 月	爱奇艺诉某视频类平台侵害作品信息网络传播权案	侵犯版权； 利用他人数据产品牟利
17	2014 年 10 月	北京金山诉某网络科技有限公司不正当竞争案	强制二选一； 妨碍其他经营者提供产品或服务的正常运行
18	2020 年 12 月	某平台大数据杀熟案	滥用市场支配地位；大数据杀熟
19	2015 年 11 月	某互联网公司强制二选一案	强制二选一；滥用市场支配地位
20	2018 年 12 月	饿了么诉某平台“二选一”不正当竞争案	强制二选一； 阻碍、限制商户与竞争对手发生正常交易
21	2020 年 10 月	支付宝与某科技公司不正当竞争纠纷行为保全案	利用虚假信息误导用户； 妨碍其他经营者提供产品或服务的正常运行； 阻碍、限制用户与竞争对手发生正常交易
22	2021 年 3 月	百度诉某网络科技公司不正当竞争纠纷案	虚假宣传； 利用他人信息发展自身用户； 妨碍其他经营者提供产品或服务的正常运行
23	2019 年 6 月	百度文库文档下载服务不正当竞争纠纷案	爬取他人数据； 利用他人数据产品牟利； 阻碍、限制用户与竞争对手发生正常交易

二、不正当竞争行为对竞争秩序的影响分析

市场竞争秩序主要包含自由竞争和公平竞争（焦海涛，2017），但互联网信息服务业内不正当竞争行为愈演愈烈，损害市场竞争秩序。不正当竞争行为与经营者利益和消费者利益息息相关，既可通过针对竞争对手的方式表现出来，也可通过针对消费者的方式表现出来。竞争的目的是对利益的追逐，不正当竞争即以不正当手段获取利益，损害竞争企业利益，提升经营者自身优势；竞争是争夺消费者的过程，为赢得更多消费者，不惜采取损害消费者权益的方式来获取利益。我国现行《反不正当竞争法》是维护市场竞争秩序之法，其中指出应有效保护经营者和消费者的权益，维护市场竞争秩序。因此，本书从经营者

利益和消费者利益角度出发，探讨不正当竞争行为对自由、公平的竞争秩序的影响，找寻治理竞争秩序的突破口。

（一）经营者利益角度

对各个案例的判决书及相关新闻报道中关于不正当竞争行为对经营者利益影响描述的内容进行归纳和分析，结果如表 2-2 所示。

表 2-2　不同类型互联网信息服务业不正当竞争行为对经营者利益的影响

类型	经营者利益	影响范围
滥用市场支配地位	损害经营者的商业信誉； 其他经营者收益减少	商誉受损 经营收益
妨碍其他经营者提供产品或服务的正常运行	其他经营者收益减少； 其他经营者付费用户或潜在付费用户减少	经营收益 用户数量
市场替代	经营者的用户减少； 劳动成果被窃取	用户数量 经营收益
流量劫持	减少经营者平台用户消费数量	用户数量 经营收益
侵犯版权	损害经营者独家版权； 侵害经营者商誉及经济利益	权益受损 商誉受损 经营收益
利用他人信息发展自身用户	危害经营者平台信息安全	产品质量 用户数量
利用他人产品牟利	经营者交易机会流失，客户量减少； 损害经营者商业利益与商业模式	用户数量 经营收益
爬取他人数据	损害经营者的合法竞争优势	用户数量 经营收益
商业诋毁	损害经营者的商业信誉	商誉受损
利用虚假信息误导用户	破坏经营者营造的公平、透明、诚信的网络购物环境； 损害经营者商誉和竞争力	用户数量 商誉受损
诱导用户放弃使用他人软件	经营者用户减少； 阻碍经营者软件的正常运行	用户数量
仿冒他人界面	经营者平台数据误差增加； 损害经营者商业信誉	产品质量 商誉受损

续表

类型	经营者利益	影响范围
虚假宣传	经营者商誉受损； 破坏经营者的竞争优势； 干扰经营者的经营策略	商誉受损 用户数量 产品质量
恶意广告屏蔽	广告收益减少； 广告屏蔽使经营者 付费用户减少	经营收益 用户数量
强制二选一	弱势平台内的用户减少	用户数量
大数据杀熟	经营者老用户收益下降； 经营者的用户黏性下降； 经营者商誉受损	经营收益 用户数量 商誉受损

由表 2-2 分析可知，互联网信息服务业不正当竞争对经营者利益的影响主要体现在经营收益减少、用户数量减少、商誉受损、产品质量下降、权益受损等方面。不正当竞争对经营者的影响主要在经济利益、用户数量方面，然而，不正当竞争行为的不正当性更体现在其负外部性，因此还包括对商誉、产品、权益等方面的影响，而这些影响也会进一步导致经济利益损失或用户流失。

互联网信息服务业不正当竞争行为对经营者企业成本与收入的影响直接导致经营者经营收益受损。流量劫持、侵犯版权、利用他人产品牟利、爬取他人数据、大数据杀熟等行为导致经营者企业流量减少，而流量的本质是交易机会，用户产生交易行为的前提是用户先访问网络主体，因此经营者的服务、产品等收入减少。利用虚假信息误导用户导致平台的管理成本增加从而影响平台经营者的经营收益。

诱导用户放弃使用他人软件、虚假宣传影响消费者选择，妨碍其他经营者提供产品或服务的正常运行、恶意广告屏蔽、大数据杀熟、强制二选一会导致经营者用户数量减少。无论何种方式的诱导、误导，其主要特点在于降低消费者对经营者产品或服务的期望，从而使消费者放弃购买、使用经营者产品或服务，达到其争夺经营者用户的目的。滥用市场支配地位、强制二选一的特点在于依靠平台自身在行业的影响力，使消费者或平台经营者为达到利益最大化只能选择强势的一方，其目的也是争夺弱势平台的用户。而爬取他人数据、利用他人产品牟利或者利用他人信息发展自身用户的行为是在没有经过经营者允许的情况下将经营者的竞争优势转化为自身的竞争优势，使得本该属于经营者的用户流失。

利用虚假信息误导用户、大数据杀熟以及仿冒他人界面行为间接地破坏了经营者商誉，商业诋毁和侵犯版权的行为会直接损害经营者的商誉。商业诋毁会引导消费者对经营者产生误解，经营者业内商誉受损，未来的合作机会也因此减少，会对经营者的发展前景产生一定影响。

市场替代、利用他人信息发展自身用户、利用他人数据牟利等行为会造成经营者产品或服务信息安全受到威胁，降低产品与服务质量；虚假宣传、仿冒他人界面等行为导致经营者得到的消费者信息反馈与实际情况偏差过大，从而影响经营者策略和未来产品或服务的质量。

从以上分析可以看出，不正当竞争行为会减少经营者收益和用户数量、损害经营者的商誉和合法权益，进而损害自由和公平的市场竞争秩序。

（二）消费者利益角度

对各个案例的判决书及相关新闻报道中关于不正当竞争行为对消费者利益影响描述的内容进行归纳和分析，结果如表 2-3 所示。

表 2-3　不同类型互联网信息服务业不正当竞争行为对消费者利益的影响

类型	消费者利益	影响范围
滥用市场支配地位	侵害消费者选择权	消费者权益
妨碍其他经营者提供产品或服务的正常运行	增加消费者的时间成本； 消费者的消费渠道变少	消费成本 消费渠道
市场替代	短期来看，使用过程中提升用户体验、丰富消费者选择； 长期来看，会使获取信息投入者数量减少，消费者未来能获知信息的渠道和数量减少	消费者效用 消费渠道
流量劫持	消费者容易混淆服务来源	消费成本
侵犯版权	消费者获取资源的渠道变多了，但作者和其他经营者权益会受损	消费渠道
利用他人信息发展自身用户	侵害知情权； 侵害选择权； 侵害隐私权	消费者权益
利用他人产品牟利	挫伤产品开发者的积极性， 消费者获取产品的机会减少	消费渠道 消费成本
爬取他人数据	侵害知情权； 侵害选择权； 侵害隐私权	消费者权益

续表

类型	消费者利益	影响范围
商业诋毁	造成消费者被不实信息误导	消费成本
利用虚假信息误导用户	影响消费者的购物选择； 使消费者购物风险增大； 侵害知情权； 侵害选择权	消费成本 消费风险 消费者权益
诱导用户放弃使用他人软件	侵害知情权	消费者权益
仿冒他人界面	影响用户体验； 影响用户办理业务的效率	消费者效用
虚假宣传	容易误导消费者， 影响消费者和用户选择	消费成本
恶意广告屏蔽	短期来看，减少消费者的时间成本； 长期来看，消费者将只能支付经济成本获取视频内容，同时获取视频内容的机会减少	消费成本 消费渠道
强制二选一	消费者可选择的平台减少； 消费者选择更加受制于强势平台	消费渠道 消费者权益
大数据杀熟	损害消费者知情权； 额外增加老用户的消费成本； 影响用户体验 侵害选择权	消费者权益 消费成本 消费者效用

如表 2-3 所示，通过对消费者消费过程的分析，发现互联网信息服务业不正当竞争行为对消费者的影响体现在消费者权益、消费成本、消费渠道、消费者效用及消费风险等方面。

互联网信息服务业不正当竞争行为对消费者权益的影响主要体现在消费者知情权、选择权、隐私权三个方面。强制二选一、滥用市场支配地位使消费者的消费渠道减少，损害了消费者的选择权。诱导用户放弃使用他人软件的行为是通过模糊事实的方式影响消费者选择，侵犯的是消费者的知情权，而大数据杀熟、利用虚假信息误导用户是企业利用信息不对等的优势地位驱使消费者做出有利于企业的消费行为，从而增加企业利润，影响了消费者的选择权和知情权。此外，利用他人信息发展自身用户和爬取他人数据均是在消费者不知情的情况下，企业通过技术手段获取到消费者个人信息，导致消费者信息未经本人同意暴露在其他平台，侵犯了消费者的知情权、选择权、隐私权。

一些不正当竞争行为会提高消费者的消费成本，另一些不正当竞争行为短期内会降低消费成本提高消费者效用，但与之对应的是减少未来的可消费渠道。利用虚假信息误导用户、流量劫持、利用他人产品牟利、大数据杀熟以及传统不正当竞争行为在互联网领域的应用会提高消费成本。如果无法成功辨别，消费者可能花费更多的资金去购买能满足期望效用的产品或服务，无疑增加额外的时间成本和资金成本。恶意广告屏蔽、市场替代、侵犯版权的行为在短期内能降低消费者搜寻信息的成本，但是从长期来看，这几类行为均会导致产品或服务的提供商利益受损进而影响提供商数量，最终结果是消费者的消费渠道减少。

利用虚假信息误导用户、诱导用户放弃使用他人软件、利用他人产品牟利等行为会增加消费者的消费风险。虚假信息侵犯消费者知情权的同时会使消费者花同样的钱买到更劣质的产品或服务，被虚假信息欺骗的消费者更容易泄露自己的个人信息，消费者面临的不确定性增大，消费风险增加。

从以上分析可以看出，不正当竞争行为会提高消费者的消费成本和消费风险，减少消费渠道，同时会侵害消费者的知情权、选择权和隐私权，损害了自由和公平的市场竞争秩序。

第二节　竞争秩序治理演进历程

从经营者利益、消费者利益角度分析不正当竞争行为对竞争秩序的影响得知，互联网信息服务企业间的不正当竞争行为会破坏自由和公平的竞争秩序，损害稳定的市场竞争关系。良好的竞争秩序是多方利益因协调而形成的持续、稳定的状态（蒋悟真和李晟，2005）。然而，现阶段不正当竞争行为频发，竞争秩序被破坏。接下来，本书基于不正当竞争行为对竞争秩序的影响，以“3Q大战”和“大数据杀熟”为分界点，将我国信息服务业竞争秩序治理历程划分为以下三个阶段。

一、初步治理阶段

我国引入互联网之初，其目的是促进经济发展、加快电子政务建设（李彦和曾润喜，2019）。在此期间，互联网信息服务企业间竞争较弱，不正当竞争行为较少。因此，保障互联网快速发展、规范市场环境成为塑造稳定市场秩序的重要基础。就互联网信息服务业自身发展层面而言，此阶段陆续建设我国四大骨干网以及网络域名等基础设施建设，为互联网的发展提供了良好的硬件基础。政策方面，我国相继出台《中华人民共和国计算机信息系统安全保护条例》（1994 年）、《中华人民共和国计算机信息网络国际联网管理暂行规定》（1996 年）、《全国人民代表大会常务委员会关于维护互联网安全的决定》（2000 年），为互联网发展和应用提供了坚实的保障，用以协调互联网治理工作。借助于政策支持以及互联网自身发展，互联网开始应用于信息服务业，互联网信息服务企业相继成立，政府部门开始逐渐重视对互联网信息服务市场环境的规范。

为规范互联网信息服务市场环境，首先要解决“谁监管”的问题。在早期出台的法律法规中，已经对此问题进行了初步的探索。1995 年通过的《中华人民共和国人民警察法》第六条规定，公安机关的人民警察按照职责分工，依法履行监督管理计算机信息系统的安全保护工作。1997 年 4 月，全国信息化工作会议中提出建立国家互联网信息中心和互联网交换中心。同年 6 月，中国互联网络信息中心（China Internet Network Information Center，CNNIC）经国家主管部门批准成立，与其相应的工作委员会也在同年 5 月成立。1998 年，第九届全国人民代表大会第一次会议批准组建信息产业部，主管全国电子信息产品制造业、通信业和软件业，推进国民经济和社会服务信息化。1998 年，公共信息网络安全监察局在公安部成立，其职能是打击网上犯罪，对计算机信息系统安全保护情况进行监督管理，维护计算机网络安全。1998 年，中国信息安全测评中心正式运行。1999 年，国家信息化工作领导小组成立，并将国家信息化办公室改名为国家信息化推进工作办公室。

在确定“谁监管”的问题后，就来到了如何规范市场活动和维护市场环境的问题。2000 年发布《互联网信息服务管理办法》，规范互联网信息服务活动，促进互联网信息服务有序发展。随后，以该管理办法为参照基础，相继出台了一系列互联网信息服务政策。如 2004 年实施的《互联网等信息网络传播视听节目管理办法》，规范互联网等信息网络传播视听节目秩序；2005 年施行《互联网新闻信息服务管理规定》，进一步加强信息内容管理。此外，针对互联网新闻信息服务、互联网游戏信息服务、网络文化信息服务、互联网金融信息服务等相关市场出台的规范政策如表 2-4 所示。正是因为这些政策的实施，形成了不同类型互联网信息服务的治理底层框架，为后续治理的完善提供了依据。

表 2-4　初步治理阶段的部分政策

规范市场	政策	发布时间
互联网新闻信息服务	《互联网站从事登载新闻业务管理暂行规定》	2000 年
	《互联网新闻信息服务管理规定》	2005 年
互联网游戏信息服务	《关于开展电子游戏经营场所专项治理的意见》	2000 年
	《全国青少年网络文明公约》	2001 年
网络文化信息服务	《文化部关于加强网络文化市场管理的通知》	2002 年
	《互联网文化管理暂行规定》	2003 年
	《文化部关于加强和改进网络音乐内容审查工作的通知》	2009 年
互联网金融信息服务	《网上证券委托暂行管理办法》	2000 年
	《网上银行业务管理暂行办法》	2001 年
	《网络商品交易及有关服务行为管理暂行办法》	2010 年
	《非金融机构支付服务管理办法》	2010 年
其他互联网信息服务	《互联网药品信息服务管理暂行规定》	2001 年
	《铁路计算机信息系统安全保护办法》	2003 年

从这一阶段的治理策略能够看出，我国尝试性地找到了一条治理道路，即注重互联网发展与应用的治理之路。但随着互联网信息服务企业间的竞争激烈化，有的企业采用不正当竞争方式，拓展市场份额、获取更多利益。而由于成熟、有效的治理策略尚未形成，一旦不正当竞争行为频发，将会对整个竞争环境造成严重负面影响，“3Q 大战”就是一个典型案例。

二、持续治理阶段

2010 年，“3Q 大战”成为我国互联网反不正当竞争首案。从“3Q 大战”的裁决书中可以看出，法院在审理不正当竞争行为案件时并没有针对性的参照规范。在“3Q 大战”发生后 5 年内，由北京市海淀区人民法院受理的网络不正当竞争行为案件就高达 450 余起，互联网信息服务企业间不正当竞争案例数量呈递增趋势。尽管我国于 1993 年施行了针对市场不正当竞争的《反不正当竞争法》，但该法并没有对互联网领域的不正当竞争做出详细规定。另外，互联网技术的发展带动整个互联网行业的加速发展，对传统行业的冲击加大，传统行业中的恶性竞争行为也在向互联网行业延伸，这成为互联网领域不正当竞争行为频发的又一原因。

随着互联网信息服务业不正当竞争行为频发，开启了竞争秩序持续治理阶段，这一时期出台并修订了大量互联网信息服务业治理政策。《规范互联网信息服务市场秩序若干规定》（2012 年）中明确指出了多条企业应该制止的不正当竞争行为，意在规范互联网信息服务市场秩序。中国互联网协会先后于 2011 年和 2012 年分别发布《互联网终端软件服务行业自律公约》和《互联网搜索引擎服务自律公约》，规范互联网终端软件服务和互联网搜索引擎服务；2014 年实施的《网络交易管理办法》的第十九条中列举了 6 条不正当竞争行为；为防止互联网信息服务企业不正当获取公民个人信息，2012 年第十一届全国人民代表大会常务委员会第三十次会议通过了《全国人民代表大会常务委员会关于加强网络信息保护的决定》；2014 年国务院发布《国务院关于授权国家互联网信息办公室负责互联网信息内容管理工作的通知》（国发〔2014〕33 号）；2017 年国家互联网信息办公室发布《互联网用户公众账号信息服务管理规定》；2018 年国家互联网信息办公室发布《微博客信息服务管理规定》。

自“3Q 大战”开始，经过多年的努力，能够对互联网信息服务业不正当竞争行为起到规制约束作用的法律法规逐渐增多，但是多部法律之间的协调性还有待完善。尽管并没有一部专门针对互联网信息服务业竞争领域的法律，但 2017 年修订的《反不正当竞争法》已经迈出巨大一步。与 1993 年版《反不正当竞争法》相比，2017 年新修订的《反不正当竞争法》有两个突出点。第一，2017 年的修订进一步明确了不正当竞争行为的界定条件。规定“扰乱市场竞争秩序”和“损害其他经营者或者消费者的合法权益”作为不正当竞争行为判定的重要依据。第二，2017 年的修订新增了对从事互联网经营的规制。在新增的第十二条中，规定了一系列互联网企业利用信息技术手段实施的不正当竞争行为，因此该条也被称为“互联网专条”。在此之前，针对互联网信息服务业不正当竞争纠纷主要是沿用传统领域不正当竞争行为的规制方法，无法对互联网领域竞争行为的正当性做出准确界定。

三、强化治理阶段

“大数据杀熟”行为早在 2018 年就被列入“2018 年十大消费侵权事件”。“大数据杀熟”成为新型不正当竞争行为典型代表。与之前的不正当竞争行为的不同之处在于，新型不正当竞争行为更加依托于数字、算法等新兴技术，对数据信息的依赖程度更高。然而，数据具有可垄断性，加之算法等技术本身具有非价值中性，普遍存在算法歧视、算法黑箱以及算法合谋等问题，新型不正当竞争行为的界定以及规制存在漏洞，互联网信息服务业竞争秩序面临挑战。随之，对互联网信息服务业竞争秩序的治理也在不断完善。

2019 年，《反不正当竞争法》修正，强调对商业秘密的保护。2019 年实施的《中华人民共和国电子商务法》（简称《电子商务法》）中第十八条与“大数据杀熟”联系紧密，尽管此条款明确规定了“大数据杀熟”行为的非法性，但对于其中所规定的“搜索结果”并未做详细阐述。其实，早在 2008 年实施的《反垄断法》中就有对大数据杀熟行为作一个相对模糊的界定，其第十七条第六项规定禁止具有市场支配地位的经营者没有正当理由，对条件相同的交易相对人在交易价格等交易条件上实行差别待遇，尽管本条规定与现实大数据杀熟行为存在一定的适用偏差，但还是用于规制针对互联网领域的价格歧视问题。但随着互联网信息服务行业相互融合，市场范围以及市场行为界定愈加艰难，《反垄断法》的规制力度逐渐变弱。为更好地适应互联网时代发展的需要，提高对“大数据杀熟”行为的规制与预防效果，同时补充完善针对数据、算法等引发的同类问题的解决办法，2020 年，国家市场监督管理总局公布了《〈中华人民共和国反垄断法〉修订草案（公开征求意见稿）》。2022 年，十三届全国人大常委会第三十五次会议通过《全国人民代表大会常务委员会关于修改〈中华人民共和国反垄断法〉的决定》，经修正的《中华人民共和国反垄断法》于 2022 年 8 月 1 日起施行，其就数字经济背景下新出现的“利用数据和算法、技术以及平台规则等设置障碍”等新问题作出回应，完善了互联网信息服务业的治理策略。2021 年，国务院反垄断委员会针对平台经济领域的垄断行为和促进市场秩序规范有序制定《国务院反垄断委员会关于平台经济领域的反垄断指南》（国反垄发〔2021〕1 号）。该项指南依据《反垄断法》制定，专门针对平台经济领域，弥补对平台经济领域治理的空白。同年，国家市场监督管理总局发布的《禁止网络不正当竞争行为规定（公开征求意见稿）》，经过几轮征求各方面的意见和建议，形成《网络反不正当竞争暂行规定》，为制止和预防网络不正当竞争行为作出了进一步的补充。

同时，数字经济背景下存在着互联网信息服务企业滥用用户数据信息问题，2021 年施行的《中华人民共和国数据安全法》以及《中华人民共和国个人信息保护法》对治理这一类问题进行了补充。进一步地，为落实以上两部法律等对数据安全的管理规定，国务院信息办公室会同有关部门起草《网络数据安全管理条例（征求意见稿）》。另外，数字经济背景下还存在算法安全问题。

《关于加强互联网信息服务算法综合治理的指导意见》提出健全算法安全治理机制，构建算法安全监管体系，为现实算法安全问题提供总体治理方向，在此意见的指导下，2022 年实施的《互联网信息服务算法推荐管理规定》专门规范推荐类算法。除去以上对算法的直接治理，2021 年，国家市场监督管理总局发布的《互联网平台分类分级指南（征求意见稿）》以及《互联网平台落实主体责任指南（征求意见稿）》，提出对互联网平台分类治理的思路，对准确划分平台类别和算法治理起到了间接促进作用。

新型不正当竞争行为在互联网信息服务业中的负面影响逐渐扩大，对该类行为的规制也成为本阶段维护正常竞争秩序的重要突破口，同时也对治理模式与治理效果提出了更高的要求。

我国互联网信息服务业竞争秩序治理经历了初步治理阶段、持续治理阶段，正处于强化治理阶段。现阶段，互联网信息服务业发展迅猛，企业规模不断扩张，竞争强度增大，治理方式与治理体系还需进一步改进与完善。

第三节　竞争秩序治理演进特点与治理难题

一、竞争秩序治理演进特点

从治理内容和治理主体两个角度将互联网信息服务业竞争秩序治理演进的特点概括为由重“发展市场”到重“治理竞争”的转变，以及治理主体由单一到多元的转变两方面，具体如下。

（一）重“发展市场”到重“治理竞争”的转变

互联网信息服务业早期发展阶段，为了使其能够尽快适应我国市场发展现状，促进市场经济的发展，政府部门较多采取宽松的态度对其进行治理，这一阶段以普及互联网为主要目的。政府部门建设基础设施，保障信息安全，鼓励互联网在多领域中的融合发展，互联网信息服务业发展迅速。根据中国互联网络信息中心《中国互联网络发展状况统计报告》，从 2007 年开始，我国互联网基础资源呈爆炸式增长，包括互联网基础应用在内，互联网还广泛应用于网络媒体、数字娱乐、电子商务、网络社区等领域，进一步促进了互联网信息服务业的发展。

互联网信息服务企业依托于快速发展的互联网技术，企业迅速扩张，企业间为利益展开激烈追逐。在互联网信息服务企业的“利益争夺战”中，不正当竞争成为重要手段，这损害了经营者和消费者权益，阻碍了整个互联网信息服务业稳定发展。整理我国对竞争行为的重要治理法律政策发现，每次法律的修订以及政策的出台推动力均来源于现实案例。从图 2-1 中可以看出，在不正当竞争行为“3Q 大战”发生之后，我国对《反不正当竞争法》修订了两次，在新型不正当竞争行为——“大数据杀熟”发生之后，我国加快了对《反垄断法》的修正进程，除此之外，还出台针对数据、算法等的规制。在惩罚力度方面也能看出国家对竞争治理的严格态度。互联网信息服务业不正当竞争行为治理的法律制定和修订历程如图 2-1 所示。除此之外，2021 年 4 月 10 日，国家市场监督管理总局就阿里巴巴集团控股有限公司在中国境内网络零售平台服务市场实施“二选一”垄断行为罚款 182.28 亿元。同年 10 月，国家市场监督管理总局就美团实施“二选一”垄断行为罚款 34.42 亿元。通过这些案例，企业与社会对反垄断形成了更加成熟的认识，揭示出政府对竞争行为治理态度强硬化。

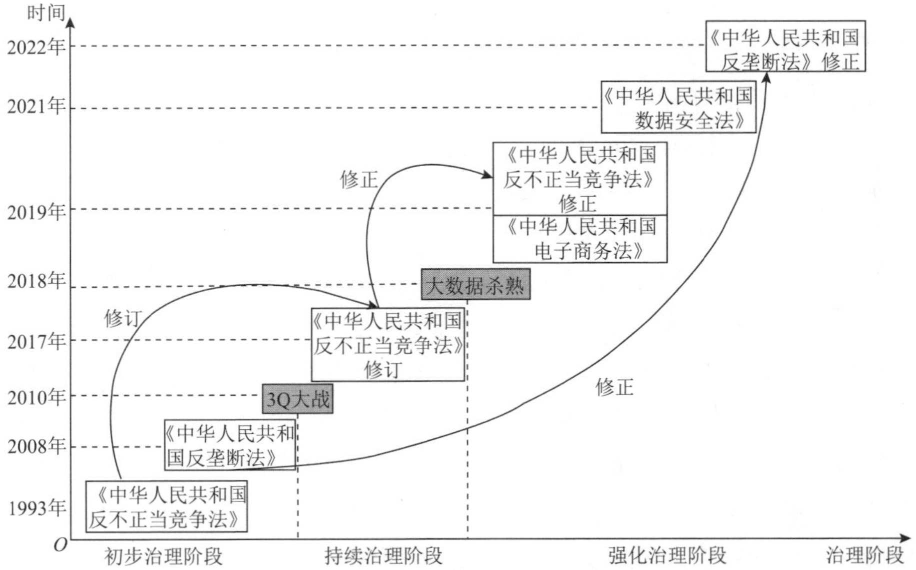

图 2-1　互联网信息服务业不正当竞争行为治理的法律制定与修订历程

资料来源：根据中国信息通信研究院 2021 年发布的《互联网法律白皮书》等相关资料整理而得

以“3Q 大战”和“大数据杀熟”作为分界点，明显可以看出我国互联网信息服务业竞争秩序治理策略演进线路：由注重互联网发展与应用到注重对竞争行为的治理。

（二）治理主体由单一到多元的转变

互联网信息服务业竞争秩序治理演进历程表明单一的治理主体无法满足市场环境的变化要求，需要吸收多元主体的力量，协同完成对竞争秩序的治理。起初，政府对互联网信息服务业的治理还是沿用传统公共事务的治理部门，如公安机关、工业和信息化事务行政管理部门等。随着互联网商业化和产业化，影响到社会多个领域，治理主体开始向社会化、多元化转变。

对治理主体政府而言，不再仅限于传统的部门统筹监管整个互联网信息服务业内所有事务，取而代之的治理方式为细化政府部门、细化治理范畴。如文化和旅游部对互联网信息服务业文化产品实施监管；国家互联网信息办公室主管互联网信息服务的内容规制；工业和信息化部主管互联网信息服务行业的发展；公安部主管互联网信息服务业内违法犯罪事件等。政府主体的内部细化，精准落实了各政府部门的治理职责，有效提高了治理决策的执行力。互联网专项治理就是整合政府内部监管体系的资源，综合发挥各级政府治理机构作用的有效行动。2016 年，公安部开展网络服务平台专项整治行动。2019 年，国家互联网信息办公室启动网络生态治理专项行动；2021 年，工业和信息化部启动互联网行业专项整治行动；2022 年，国家互联网信息办公室部署开展“清朗”系列专项行动。政府治理部门的分散化针对性治理与整体协调性治理的结合，最大化发挥了政府主体的治理作用。

除政府之外的其他主体对互联网信息服务业竞争秩序的治理作用也逐渐凸显出来，并参与到治理过程中。虽然互联网信息服务企业一直都是治理的客体，但企业同时也拥有自治的能力，应当承担起治理主体的社会责任。对政府部门的治理起到又一有效补充的是行业协会的参与，中国互联网协会、中国网络视听节目服务协会等相继参与进互联网信息服务业治理体系中。自 2002 年 3 月 26 日，《中国互联网行业自律公约》发布后，逐渐形成行业自律的治理体系。2003 年，第二届中国互联网大会上指出加强行业协会自律作用。2017 年，《反不正当竞争法》（修订）中肯定了行业协会对加强行业自律，维护市场竞争秩序的重要作用。公众参与治理并不是巧合，而是国家与社会关系的重构和互联网信息服务业快速发展的双重影响结果。实践经验证明，政府干预程度与治理效果并不是简单的正比例关系，为实现“国家治理体系和治理能力现代化”目标，需要合理的国家与社会关系，实现国家与社会合作共治的局面，这就为社会公众力量的崛起奠定了基础。如图 2-2 所示，数据表明我国互联网普及率在逐年增加，截至 2021 年 12 月，互联网普及率达 73.0%。《国务院关于积极推进“互联网+”行动的指导意见》（国发〔2015〕40 号）中指出积极探索公众参与的网络化社会管理服务新模式，提高公众参与度。2020 年实施的《网络信息内容生态治理规定》中也强调保障公民和其他组织的合法权益，建立政府、企业、社会、网民等主体共同参与的监督评价机制。2022 年，《网络市场监管与服务示范区创建管理办法（试行）》提出创建网络市场监管与服务示范区，为社会公众参与治理提供了新思路。在实际治理案例中也可看到公众参与治理的身影。公众诉求通过媒体进行传播，而随着公众力量的增强，间接促进了媒体参与的进程。

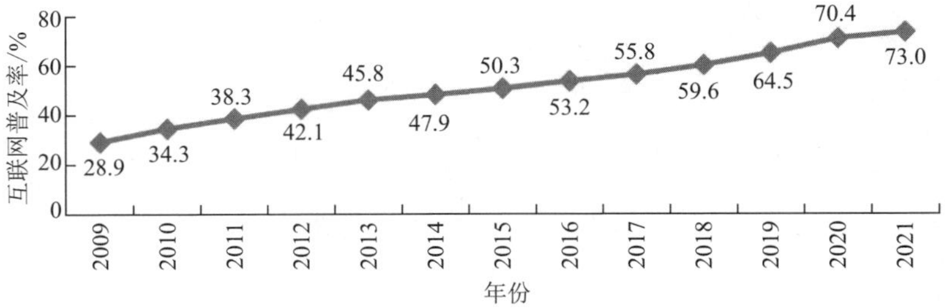

图 2-2　2009～2021 年我国互联网普及率

资料来源：根据 CNNIC 第 25-48 次《中国互联网络发展状况统计报告》整理

我国互联网信息服务业竞争秩序治理的重点从重视市场发展转变为重视治理竞争行为，治理主体从单一化向多元化转变，互联网信息服务业治理主体的多元化，符合现实发展需要，是传统治理模式的突破式创新，推动互联网信息服务业协同治理格局的形成。

二、竞争秩序治理难题

从互联网信息服务业竞争秩序治理演进历程和演进特点可以看出，治理主体趋向多元化，然而由于多元治理主体间沟通受阻，相关治理信息无法及时传达，影响竞争秩序治理效果。本书总结现阶段治理难题包括：治理主体界定模糊，主体权责不明确；治理主体间信息不对称，主体间信息不畅通。具体内容如下。

（一）治理主体界定模糊，主体权责不明确

由于互联网信息服务业并不只涉及单一领域，而是多个领域之间的相互交叉，所以其竞争秩序治理表现出碎片化以及多方利益主体冲突的特点。从互联网信息服务业竞争秩序治理演进历程中发现，对竞争秩序治理参与主体的识别与划分还有待完善。同时，各参与主体所需履行的责任并不明确，导致在实际治理过程中实际治理主体单一，缺乏相关治理主体的有效参与。在互联网嵌入社会的程度逐渐加深的过程中，最初的促进发展、融合应用的宽松治理方式不再适合现实治理需求。相较于以往重视互联网发展与应用，现阶段对不正当竞争行为治理更加重视，治理态度更加强硬，奖惩力度加大。相较于政府和互联网信息服务企业，社会组织的模糊度更高，而随着社会组织逐渐凸显出的治理作用，有必要对其进一步界定和明确权责。

（二）治理主体间信息不对称，主体间信息不畅通

随着互联网信息服务业竞争秩序治理参与主体范围的扩大，主体间信息不对称和信息不畅通问题凸显。由于治理主体自身优劣势不同，掌握与传递信息的能力也存在差异，加之信息来源多样、数量增多，并且主体间缺乏信息交互的渠道，互联网信息服务业和各治理主体产生的数据信息难以被及时有效地收集、处理和共享，在一定程度上阻碍了主体间信息互通，加大了信息流通的难度，主体间难以实现协调配合。另外，互联网信息服务业内每天会产生大量的数据信息，数据信息还需进一步加工处理才能发挥其作用。但目前的治理体系尚待完善，导致信息在治理主体间流通受阻，并未达到理想治理效果。

总之，就互联网信息服务业竞争秩序治理演进历程而言，目前正处于强化治理阶段，治理主体多元化，但治理主体界定模糊与主体权责不明确、治理主体间信息不对称与信息不畅通难题尚未解决，对此还需进一步探讨。

本章小结

本章运用多案例研究方法，以互联网信息服务业不正当竞争行为为研究对

象，通过对不正当竞争案例的深入分析，将现阶段不正当竞争行为划分为 16 个类别，从经营者利益和消费者利益的角度分析不正当竞争行为对竞争秩序的影响，明确治理竞争秩序的切入点与突破口；并将我国互联网信息服务业竞争秩序治理历程划分为初步治理阶段、持续治理阶段、强化治理阶段；总结竞争秩序治理演进特点为重发展市场到重治理竞争的转变以及治理主体由单一到多元的转变；分析现阶段治理难题为治理主体界定模糊，主体权责不明确，以及治理主体间信息不对称，主体间信息不畅通，为后续优化行业竞争秩序治理策略做好铺垫。

第三章　互联网信息服务业竞争秩序多元协同治理模式构建基础

互联网信息服务企业不正当竞争行为频发，严重扰乱了行业竞争秩序，而当前行业竞争秩序治理面临治理主体界定模糊，主体权责不明确的难题，影响行业竞争秩序治理效能的发挥，需进一步优化治理方式。本章将厘清互联网信息服务业竞争秩序多元协同治理的内在逻辑和外在驱动因素，在此基础上，明晰行业竞争秩序多元协同治理过程中的参与主体选择及其参与方式，为构建互联网信息服务业竞争秩序多元协同治理模式提供分析基础。

第一节　多元协同治理的内在逻辑与外在驱动因素

当前互联网信息服务业竞争秩序治理效果欠佳，为实现对行业竞争秩序的有效治理，促进行业健康发展，多元主体应优势互补、各展所长、协同治理。本节从内在逻辑与外在驱动因素两个方面分析进行多元协同在互联网信息服务业竞争秩序治理中的适用性，为行业竞争秩序多元协同治理提供依据。

一、内在逻辑

多元协同治理的内在逻辑指的是多元主体协同参与治理行业竞争秩序的必然性。本书从“政府治理理论”“自主治理理论”“多中心治理理论”的理论演变视角，分析行业竞争秩序多元协同治理的内在逻辑，厘清该内在逻辑，有利于彰显多元协同治理的价值，为优化行业竞争秩序治理提供参考。

（一）从政府治理到自主治理

在新中国成立之初，为有效统筹社会有限资源，实现国家及社会的稳定，政府的“自上而下”式治理成为社会治理的主要模式。而随着社会发展，越来越多的治理问题不断显现，如“公地悲剧”“集体行动困境”等公共资源治理问题，学界提出利用政府集权制或市场私有制加以解决，但政府集权制的特征是权威和规则，市场私有制的特征是价格和竞争，政府集权容易出现信息不对称、治理精力有限等问题，市场逐利的本性也无法解决一切问题，因此，亟须寻求新的治理模式，弥补原有治理模式的不足。20 世纪 80 年代左右，埃莉诺·奥斯特罗姆教授研究发现自主治理的方式可有效解决公共资源治理问题，由此找到了政府与市场之外的第三条道路，即自主治理的道路，提倡公共资源的“自主式”治理。自主治理理论强调以自主组织进行自主治理，缓解由政府集权带来的不良影响，同时在一定程度上避免了市场逐利的本性，有助于解决公共资源治理的困境，如 Stern（2011）认为在治理全球环境变迁问题中，地方社群管理公共资源的思路设计，具有极强的借鉴性。毛寿龙和杨志云（2010）重点探讨自主治理模式在灌溉问题中的作用，其中以湖北高阳镇村组的灌溉供给模式为研究对象，指出即便村民在灌溉合作方面存在一定困境，但通过村民自主治理从而建立良好灌溉制度仍具有可能性。此外，自主治理理论的优势还体现在其突破了对理论模型的崇拜，证明了实地考察研究的重要性。并且该理论将非正式的规制纳入制度分析框架（周菲和鲍文涵，2016），拓宽了传统制度理论的制度视野，激发了后续制度构建的活力。

自主治理路径作为政府与市场之外的第三条路，在解决公共资源治理难题时可发挥积极作用，但自主治理模式的成功实践面临三大难题：制度供给、可信承诺和相互监督（埃莉诺·奥斯特罗姆，2000）。制度供给难题是指自主治理的成功实践需要相应的制度保障，而新制度的形成并非一蹴而就，而是一个循序渐进、自主转化的过程。可信承诺难题是指在制度或规则形成之后，如何保证人们都能很好地遵守制度或规则。奥斯特罗姆认为运用外部强制手段无法很好地解决此类问题，需从资源使用者内在的自我激励入手，让使用者愿意监督他人活动，并有权实施制裁，从而使所有人遵守规则。相互监督难题是指让人们有主动监督他人的意愿，从而使公共资源的使用者们处于监督与被监督的环境中，相互监督至关重要，监督效果在某种程度上决定实施效果。由这三个相互关联的难题可知，自主治理的有效实现面临诸多挑战。

学者从对自主治理理论的研究中发现，该理论存在如下几个方面的不足。首先，该理论的应用范围和条件严苛。埃莉诺·奥斯特罗姆团队为研究自主治理而选取的研究案例具有一定的局限性，对于新事物的出现始料不及（鲍文涵和张明，2016）。其次，该理论对政府的假设过于理想化。自主治理的有效实施需要一定制度环境的保障，如完善的法律法规和正常运转的政府治理，但同时，该理论又对政府部门不得干扰或阻碍自治主体自主设计地区制度方面提出严苛要求，对政府的假设要求过高，在一定程度上削弱了该理论在实践中的适用性。最后，该理论构建在对社会资本认同的基础上（李宾和周向阳，2013），但因经济发展水平、风俗习惯等现实差异，不同地区能够被共同认可的社会资本也不同，会在一定程度上增加自主治理模式运作的难度与不确定性。而且，由于该理论对社会资本依赖性较强，极易造成利益分配的公平性缺乏保障，Kumar（2002）的研究直指自主治理模式的受益对象问题，通过真实的案例分析，指出实施自主治理模式后，并非所有参与者均受益，尤其是不利于贫困群体的利益，只有一部分特定群体在该模式中获益，即自主治理模式无法保证最终收益分配的公平性。

自主治理并非完全替代政府治理，而是有效弥补政府治理的不足，为解决公共资源治理难题提供理论指导，发挥积极作用。但随着社会不断发展，不同群体的不同需求日益增多，社会治理的复杂性不断提升，仅依靠政府或自主组织的单一力量难以有效解决治理问题，治理模式需向多元化治理转变。

（二）从多中心治理到多元协同治理

多中心治理是在自主治理的基础上演变而来的。迈克尔·博兰尼在《自由的逻辑》一书中首先提出“多中心”的话语，用多中心理论分析事物，随后，埃莉诺·奥斯特罗姆夫妇以自主治理理论为基础，借助迈克尔·博兰尼的多中心思想，实证了多中心治理在社会公共治理中的适用性。埃莉诺·奥斯特罗姆学派认为竞争会导致相互毁灭，而合作、协调才是战略互动的本质，多中心治理想要达到预期的效果，也要依靠主体间的合作（Ostrom，1999）。多中心治理理论强调在公共事务治理过程中，为实现更佳的治理效果、提高治理的科学性与治理效率，不应仅重视单一治理主体的地位与作用，而是要调动多个主体参与治理的积极性，允许存在多个权力中心或服务中心，扩展治理的公共性，进而实现有效治理。该理论为解决实际治理困境提供指引，如刘昊璇等（2022）通过实地调研，提出为破解高标准农田建设的现实困境，应构建以多中心治理为依托的监督管理体系。刘俊英（2021）以多中心治理理论为研究视角，剖析区块链技术应用于社会治理的可行性与适配性，并分析区块链技术对社会治理创新的影响。

多中心治理强调治理主体的多中心化，解决了自主治理面临的三大难题，有利于持续开发与利用多元主体的优势，提高治理效率，但受作用条件、构成基础等因素的影响，多中心治理的成功实践面临如下考验。一是实施有效的多中心治理应具备三个条件：政府单位与公共物品效应的规模相匹配；政府内部应采取互利互信的共同行动；当政府单位之间发生冲突时，另有决策安排帮助处理冲突（王兴伦，2005）。在这三个条件无法得到保证的情况下，采用多中心治理模式只会引起更多的治理问题。二是该理论在具体实施层面对参与者提出限制条件，譬如要求不同治理主体拥有一致的治理目标、不同治理主体具有高度的相似性、治理主体间有互惠互信的共识并坚信这种共识可作为初始的社会成本等，导致该理论在实践层面操作难度较大，多中心容易陷入“无中心”的倾向（李平原，2014）。

尽管多中心治理理论存在不足，但依旧要承认其所蕴含的巨大价值，它存在的某些弊端，是孕育更加完善的治理理念的摇篮。治理理论的范式变迁是一个渐进完善的过程，不存在哪种理论能够彻底取代其他理论，理论渐进演变更多的是理论间的相互补充与学习。

多元协同治理的出现，是治理理论不断演进的又一结果，虽然它与多中心治理名称相近，但两种理论并不相同（杨志军，2012）。以二者的理论基础为例，多中心治理以自主治理为基础，强调将多元竞争机制引入到公共物品供给中。多元协同治理则以多元治理、网络治理和协同治理为支撑（李静，2013），重视主体间优势互补，协同合作，而非通过竞争提高治理效率。由此可以看出，多元协同治理不同于多中心治理，多元协同更加重视多元主体间的协同治理，不同主体为实现相同的治理目标，优势互补，各展所长，形成治理合力，有效解决多中心陷入“无中心”倾向的问题。

多元协同治理可以更好满足互联网信息服务业竞争秩序治理的需求，用该理论指导实际治理具有理论层面的内在逻辑性。首先，互联网信息服务业竞争秩序的好坏影响到众多利益相关者，因此利益相关者具有参与治理的主动性，治理主体呈现多元化特点。其次，治理主体为实现维护良好竞争秩序的共同目标会选择协同治理，主体之间并非通过竞争来提高效率，而是追求通过权责明确的协同合作来达成目标，可有效避免陷入“无中心”的倾向。最后，互联网信息服务业竞争秩序的治理是互联网行业蓬勃发展后出现的治理需求，出现时间较晚，同样，多元协同治理也是一种新兴的治理理论，二者在时间上存在适配性。从经典治理理论的演变可知，利用多元协同治理互联网信息服务业市场竞争秩序具有内在逻辑。

二、外在驱动因素

外在驱动主要是分析经济、科技、文化、法律因素对互联网信息服务业竞争秩序多元协同治理的驱动作用。这些方面涵盖社会生活的诸多领域，与互联网信息服务业的发展息息相关，剖析这几方面的驱动作用，有利于为互联网信息服务业运用多元协同治理竞争秩序提供依据。

（一）经济发展的驱使

随着“互联网+”与社会各领域的融合不断深化，当前互联网经济已进入繁荣发展阶段，互联网行业市场范围进一步拓展（荆文君等，2020），互联网信息服务企业为谋求发展，通过跨领域竞争开展多元化经营，企业间业务重叠度加剧，竞争日趋激烈，不正当竞争现象也随之频发，破坏行业竞争秩序。据第 50 次《中国互联网络发展状况统计报告》，截至 2022 年 6 月，我国网民规模达 10.51 亿，互联网普及率达 74.4%，互联网信息服务业作为与网民日常密不可分的行业，其竞争秩序的发展状况关系到众多参与者的切身利益，这为多元主体主动参与治理竞争秩序提供了利益层面的有力驱使。

（二）科技发展的支撑

数字技术的革新以及新媒体的发展为多元协同治理竞争秩序提供了强有力的技术支撑。数字技术支撑方面，作为第四次工业革命的标志，数字技术加快了公共信息的流通与获取，也促使政府治理迈入电子政务阶段，政府愈发重视数字化转型，注重社会管理和服务职能的整合。另外，数字技术的革新发展使得公众参与互联网行业的治理成为可能，有利于加强在互联网大环境中政府、市场与社会公众之间的依存关系。而且，数字技术的应用便于治理主体间信息的归集整合、统一处理与交互共享，密切多元主体的交流与合作，为多元主体协同治理市场竞争秩序提供技术支持。新媒体支撑方面，自 2020 年以来，我国新媒体事业蓬勃发展，显现出巨大的生机与活力，媒体融合与深度改革迎来战略机遇期（唐绪军等，2021），新媒体平台因易操作、易传播、受众群体广泛等特点，成为网络治理工作中不可或缺的重要一环，新媒体的不断发展与完善，为互联网信息服务业多元主体协同参与治理提供了平台及渠道，使得社会组织、普通公众的治理意见与信息反馈可以得到及时的输出与传播。技术的发展为多元主体实现协同共治提供技术支撑，有利于实现主体间的信息传递，提高治理效率。

（三）文化环境的推动

文化对人具有潜移默化的影响，中华文明历经数千年延绵不绝，其中有众多优秀的传统文化经过时间的酝酿和打磨，熠熠生辉，产生深远影响，和合理念就是其中极具代表性的存在，该理念强调尊重与包容、多赢和求同存异。多元协同治理模式的理念，在尊重主体多元化的基础上，又重视发挥治理主体间的协同效应，与我国传统文化中的和合理念一脉相承，“和”即“加”，强调多元协同治理理论中的“多元”，参与治理的不同主体拥有各自的治理优势与不可或缺性，将多元主体的力量汇聚在一起，形成治理效果多赢的局面；“合”可理解为合力、协同，强调多元协同治理中的“协同”，多元主体之间协同合作，形成合力，以此发挥多元协同治理模式的积极作用。可见，多元协同治理是对中华优秀传统文化的汲取与转换，也正由于中华优秀传统文化对参与主体的长期滋养，多元协同更容易被各参与主体理解、认同和接受。此外，随着经济的不断发展，公众愈加重视精神层面的进步，文化素养不断提升，对社会公共事务的认知水平也不断提高，为多元主体参与社会治理提供助力。文化因素有力推动了多元协同在互联网信息服务业市场竞争秩序治理中的应用。

（四）法律法规的保障

互联网信息服务企业的不正当竞争行为，严重扰乱市场竞争秩序，威胁行业健康发展，对此，国家不断出台相关法律法规，为解决行业不正当竞争问题提供法律保障。以《反不正当竞争法》和《反垄断法》为例，近年来，两部法律均进行了修改。1993 年 12 月我国开始实施《反不正当竞争法》，2017 年 11 月第十二届全国人民代表大会常务委员会第三十次会议通过该法案的第一次修订，明确网络经营服务者的四类不正当竞争行为，并提高处罚力度，2019 年 4 月第十三届全国人民代表大会常务委员会第十次会议通过该法案的修正，此次修正集中于商业秘密的保护，且进一步提高惩处力度；2008 年 8 月我国开始实施《反垄断法》，2022 年 6 月第十三届全国人民代表大会常务委员会第三十五次会议通过该法案的修正草案，并于 2022 年 8 月 1 日起施行，修正案致力于更好治理行业垄断现象，防止资本无序扩张。此外，两部法律均提到支持多元主体进行社会监督，愈发重视多元力量对治理行业不正当竞争现象的积极作用。不断完善的法律法规为多元主体协同参与市场竞争秩序治理提供保障，也为治理行业不正当竞争行为提供了法律依据。

综上所述，经典治理理论的演变表明多元协同治理更符合当前互联网信息服务业竞争秩序治理的需求，体现了多元协同适用于市场竞争秩序治理的内在逻辑；分析经济发展、科技进步、文化熏陶、法律保障等方面对多元协同治理竞争秩序的推动作用，体现多元协同适用于市场竞争秩序治理的外在驱动。分析互联网信息服务业竞争秩序多元协同治理的内在逻辑与外在驱动因素，表明多元协同适用于治理行业竞争秩序，为多元协同在互联网信息服务业竞争秩序治理中的应用提供了依据。

第二节　多元协同治理参与者

在厘清互联网信息服务业竞争秩序多元协同治理的内在逻辑与外在驱动因素后，为实现多元协同在该行业竞争秩序治理中的有效运用，应解决当前行业竞争秩序治理存在的主体界定模糊，主体权责不明确等问题（卢安文和毛昕桐，2021）。本书从我国互联网治理模式演变视角识别出互联网治理参与者，从利益相关者角度对参与者进行分类，并结合协同理论分析各参与者的治理作用与影响力，为界定多元协同治理主体提供依据。

一、参与者识别

自从互联网接入中国以来，我国政府积极探索互联网行业治理路径，寻求最适合我国国情的互联网治理道路，互联网治理模式由最初的政府领导的一元治理模式向多元协同治理模式发展。

（一）政府领导的一元治理模式

从互联网正式接入开始，我国形成政府主导的传统管理方式（钱瑛和张恒山，2014），政府成为互联网管制和治理的中坚力量。国务院于 1994 年发布《中华人民共和国计算机信息系统安全保护条例》，1996 年颁布《中华人民共和国计算机信息网络国际联网管理暂行规定》；全国人大常委会在 2000 年出台第一部以互联网治理为主题的有关法律问题和重大问题的决定——《全国人民代表大会常务委员会关于维护互联网安全的决定》。互联网治理由国务院新闻办公室等政府部门联合管理向国家信息化领导小组的专项治理转型升级。一元治理模式依托政府的权威性和强制性，由单个政府部门领导，多个部门配合，围绕主要政府部门对互联网展开治理，而其他社会主体和互联网参与者则不被赋予网络治理的权力与义务（李彦，2015）。

然而，随着网络侵权、网络诈骗、计算机病毒传播等问题出现，政府一元治理模式的弊端随之暴露。首先，由于政府缺乏互联网行业治理的专业知识和经验，其参与互联网治理的人力和物力具有较大局限性。其次，政府部门之间存在职责重叠和空白的情况。政府开始认识到仅依靠自身力量无法解决治理所存在的所有问题，而与市场和社会组织相互合作、互动解决互联网治理问题是互联网治理的新方向。

（二）政企合作、社会组织参与的共同治理模式

随着互联网产业领域拓展，知识产权、网络安全、内容监管以及对互联网资源控制（Milton，2010）等方面的问题开始频繁出现。同时，信息技术进步使互联网单向结构治理模式被逐渐打破（Castells，1997），互联网企业、社会组织参与到互联网治理之中。政府部门在治理中占据领导地位，由权力机关、行政机关和司法机关协作开展互联网基础建设、制度体系建设、法律法规制定以及健康网络环境搭建，互联网治理政策体系初步形成。互联网企业也逐渐意识到市场秩序和行为规范的重要性，积极维护网络环境健康。与此同时，市场的有序发展促进了社会组织的诞生。1997—2015 年先后成立了 CNNIC、中国互联网协会、中国互联网金融协会等。互联网社会组织的自治功能逐渐增强，使其在加强行业自律方面开始发挥积极的作用，政府机构与企业展开合作，政企合作、社会组织共同参与的治理模式逐渐形成。

互联网行业规模迅速扩大以及网民向网络消费者转变使更多社会成员意识到市场秩序的重要性，并自觉加入到互联网秩序的维护中。但在治理主体逐渐多元的过程中，政府部门和社会组织缺乏互联网治理管理、技术、观念等方面的知识，治理成员间存在信息孤岛、各自行事的治理问题不断凸显。

（三）各方力量共同参与的多元协同治理模式

在互联网技术成熟化、市场多样化和客户需求具体化的时代，互联网治理模式也趋于细分化。多元协同治理模式是网络使用者在平等的基础上主动参与到治理过程之中，基于各自的角色和定位，兼顾各主体的利益和需求，激发主体间协同作用，形成多元治理协同效应，共同推进互联网信息服务业的改革和决策进程，营造健康、安全、科学的网络环境（熊光清和熊健坤，2018）。多元协同治理模式是从党和政府领导监管发展而来的，是一条更具科学性、全面性的治理途径。

我国互联网信息服务业治理参与者极为丰富。国务院成立专门部门参与到治理之中，并开始注重多元主体的融合，重视与市场、公民的互动与沟通。互联网信息服务企业开始积极履行网络市场治理责任，其供应方（服务提供商和产品生产商）、需求方（互联网企业、网络平台、消费者、网络商业用户）以及投资方（投资企业、金融机构、个人投资者）也为打造有序的网络商业环境贡献力量。此时社会组织（互联网行业协会和其他社会组织）、学界（高校和科研院所）在互联网管理中的主体作用日益显现。消费者和网民公民意识的觉醒、维权意识的增强使其治理责任感不断提高。同时，媒体行业的发展，让传统媒体和新媒体成为互联网信息服务业治理的重要力量。社会个人或群体改被动为主动，积极参与到治理之中，并运用互联网等工具加强合作和信息互通，逐渐形成多元协同的治理新局面。

政府、互联网企业、社会组织等各方社会力量共同参与的多元协同治理模式，不仅有助于充分发挥各治理参与者的优势，高效利用各方资源，促进经济发展和社会稳定，同时也对网络文化的建设发挥着积极的作用。随着治理理论的发展，网络治理意识和责任感的增强，治理模式也有了突破性发展，治理范围不断扩大，治理参与者不断增多（图 3-1）。

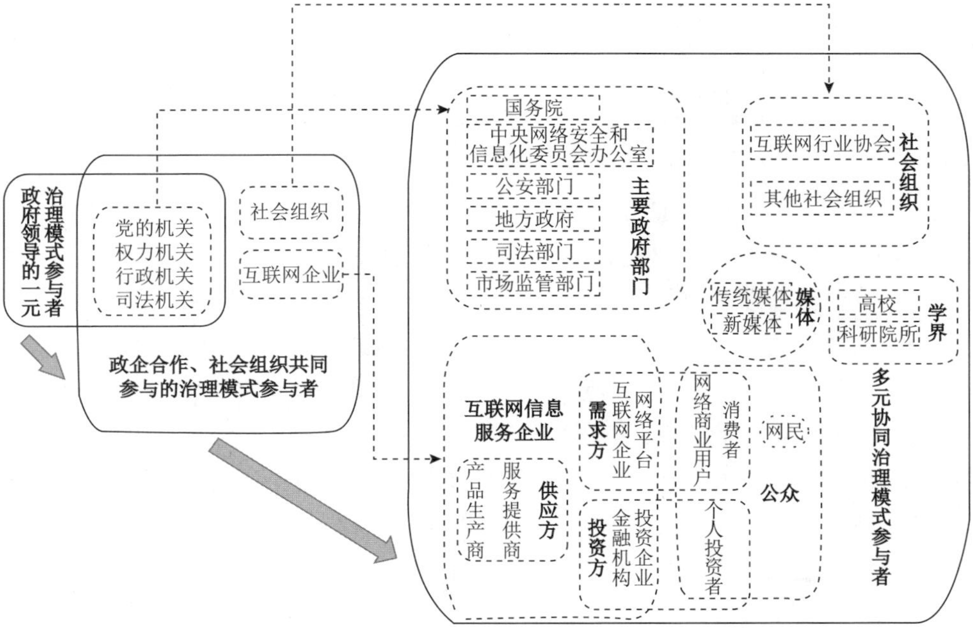

图 3-1　我国各阶段互联网信息服务业治理参与者构成

二、参与者分类

美国学者爱德华·弗里曼（2006）将“利益相关者”定义为“能够影响组织目标实现或受其实现目标影响的所有个人或群体”。利益相关者理论认为利益相关者的整体利益和发展与每个成员息息相关，利益相关者的关系网络使得信息和资源在不同主体间流动从而影响主体间的信息、资源和认知互动。同时，利益相关者理论强调识别具体情境下的利益主体和利益诉求，考虑主体个人属性和关系属性，最终形成一个具有包容性、共同愿景、良好能力和前景的共同体。

根据现有研究对利益相关者的定义，本书将利益相关者定义为在互联网信息服务业治理中能够影响治理效果实现进程或受到治理结果影响的个体或群体。本书设计“利益-权力-影响范围”三维矩阵研究工具，对互联网信息服务业治理参与者进行分类，深入探讨各利益相关者所构成的关系网络及其治理中的信息和资源互动情况。

（一）参与者划分依据

从 20 世纪 80 年代开始，众多学者致力于将利益相关者理论作为研究工具，从多维视角对利益相关方进行分类，权力-利益矩阵工具（Freeman，1984）、惠勒模型（Wheeler and Sillanpaa，1997）、米切尔评分法（Mitchell et al.，1997）等都成为利益相关者理论的重要研究工具。也有众多学者在此基础上对研究模型进行拓展，将相关性、紧急性、影响力、风险承担纳入利益相关者研究维度，拓宽了利益相关者理论的实践应用深度和广度。

本书结合互联网信息服务业特征，以利益相关者理论为理论基础，设计“利益-权力-影响范围”三维矩阵研究工具，从利益、权力、影响范围三维度，经济、社会、政治三方面对互联网信息服务业治理参与者进行分类，将治理参与者划分为经济利益相关者、政治利益相关者、社会利益相关者和信息传播利益相关者，如图 3-2 所示。由于各利益相关者在不同方面具有其特性和代表性，各利益相关者会在治理过程中做出代表其利益的行为和实施代表其利益的措施，对治理成果和治理效用产生直接影响。

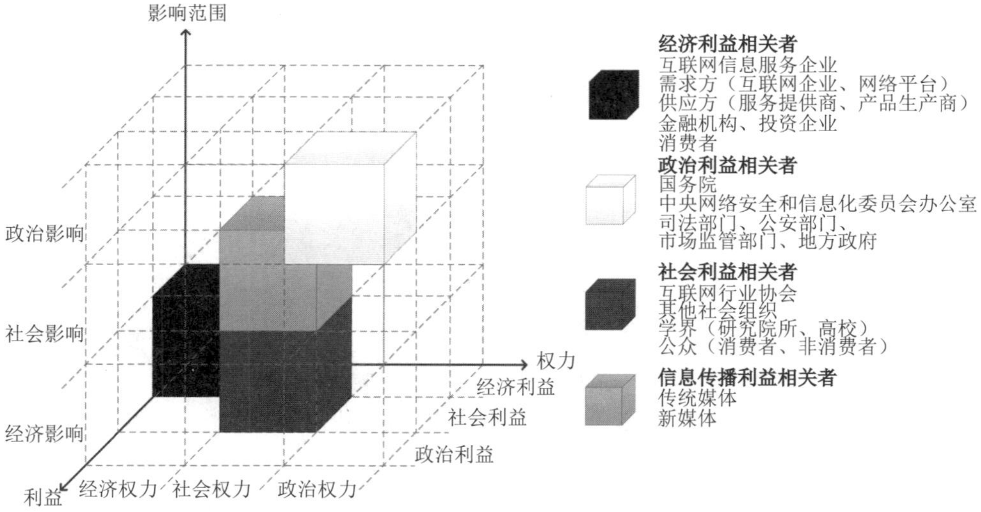

图 3-2　互联网治理主体“利益-权力-影响范围”三维矩阵

在此特别指出：第一，由于消费者和非消费者在此矩阵中所拥有的利益、权力和影响范围具有特殊性，故本书将消费者划分至经济利益相关者中，同时将消费者和非消费者统称为公众，划分到社会利益相关者之中。第二，考虑到各互联网行业协会、其他社会组织的职责主要是促进行业内部企业规范经营和维护行业可持续发展，且社会组织和学界的组成人员同时是消费者的双重身份，故认为社会利益相关者产生的经济影响大于其产生的社会影响。

（二）参与者类别

1. 经济利益相关者

经济利益相关者是指在互联网信息服务业治理过程中涉及经济利益和权利的角色，例如互联网信息服务企业、供应方（服务提供商、产品生产商）、需求方（互联网企业、网络平台）、投资企业、金融机构及消费者等。其中，互联网信息服务企业是网络发展和技术创新的主要推动力，是互联网治理中的主体，也是承担维护市场秩序责任、实现行业有序发展的关键利益相关者。

互联网信息服务业治理中，经济利益相关者形成以互联网信息服务企业为中心的协作影响机制，如图 3-3 所示。互联网信息服务企业与各自所在供应链的其他企业围绕产品、技术、服务等展开合作，互利共赢。互联网信息服务企业寻求投资企业，进行资金和技术支持。银行、证券机构、保险公司等金融机构利用自身业务优势为互联网信息服务企业提供周转资金。而由于市场经济一体化，其他企业对互联网市场及其治理具有潜在影响。经济利益相关者以经济利益为核心，以共赢获利为目标，以相互竞争合作为手段，在互联网信息服务业市场和协同治理中发挥重要作用。

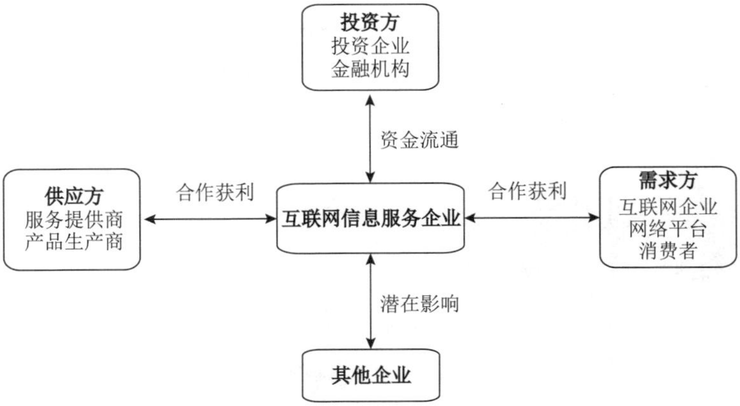

图 3-3　经济利益相关者关系图

2. 政治利益相关者

政治利益相关者是指在互联网信息服务业治理过程中拥有政治利益和政治权力的参与者，由 n 个上级政府部门和下级政府部门组成。政府运用其政治权威对治理中所需要的资源和公共物品进行整合，并采取政策、法律等手段为治理创建必要的环境和条件，对互联网市场进行管理并施加影响（郎平，2017）。

治理的有效成果给政府带来声誉效益的同时也能提高政府的公众支持度。

政府利益相关者之间存在一个上下协同、平级协作的合作机制，如图 3-4 所示。上级政府部门一般指国务院、中央网络安全和信息化委员会办公室等部门，其从宏观角度对下级政府部门就行业中扰乱市场秩序的行为进行治理引导，并定期考察、监督。下级政府部门一般指地方政府及其司法局、市场监督管理局等，其接受上级部门指令并及时反馈治理进展和问题，对市场治理采取落地措施。同级部门是指处于同一层级的政府部门。不同部门对市场不同的模块进行独立管理和管辖，同时部门间共享信息、相互协作，共同影响治理的实际效果，提升政府的公信力。各政治利益相关者以国家秩序稳定为核心，以人民安乐为目标，以科学引导为手段，成为互联网信息服务业竞争秩序多元协同治理的风向标。

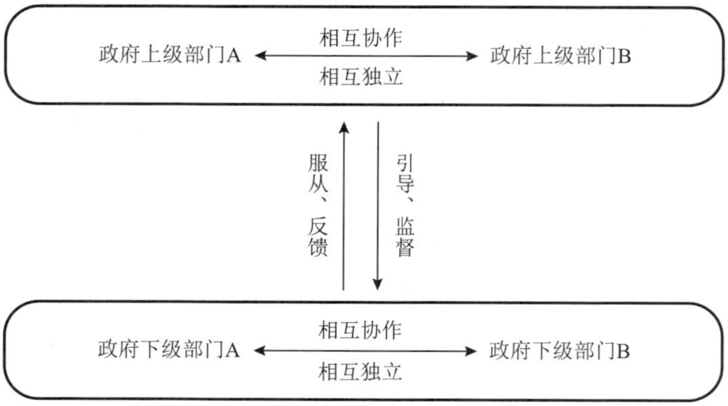

图 3-4　政治利益相关者关系图

3. 社会利益相关者

社会利益相关者是指在互联网信息服务业治理过程中拥有社会权利并获取社会利益的参与者，主要由互联网行业协会、学界、公众和其他社会组织组成。社会利益相关者在互联网信息服务业治理中，从自身的社会责任和义务出发，发挥自己独特的作用，如图 3-5 所示。

互联网行业协会是政府与企业沟通的桥梁，对政府和企业负责的同时努力维护公众（即消费者和非消费者）和社会的权益。互联网行业协会和其他社会团体运用管理资源和信息资源，通过公布企业资讯、行业情况、监管信息等措施对公众展开引导，对学界进行反馈，激励社会成员理性参与到治理之中，从而提高社会声誉和支持度。公众是互联网信息服务业治理效果好与坏的最直接感受者，然而由于公众在治理中往往处于弱势地位，其个体利益有可能得不到充分表达和满足。通过书信、电话、网络等渠道，公众可直接或间接地向社会进行信息反馈，突出自身在治理中的重要性，为治理效果科学化、公开化奠定基础。学界包括学术界和教育界。学界将最新科学成果通过各种途径公布于社会，对其他治理参与者进行理论指导。各社会利益相关者以市场有序竞争为核心，以市场可持续发展为目标，以信息流通为手段，成为互联网信息服务业竞争秩序多元协同治理中不可或缺的重要角色。

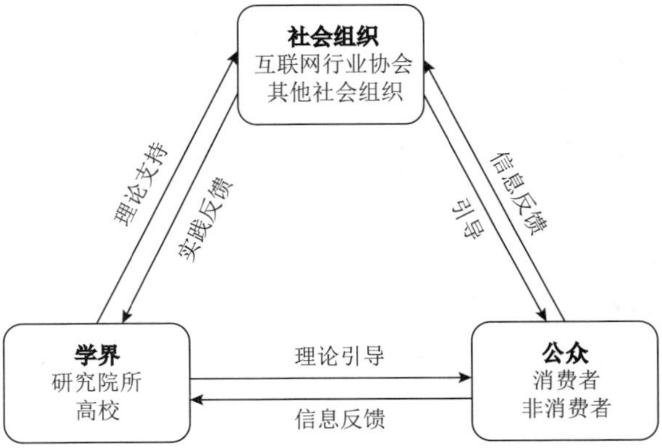

图 3-5 社会利益相关者关系图

4. 信息传播利益相关者

信息传播利益相关者是指在互联网信息服务业治理中拥有信息传播权力和职责，并通过信息传播获取收益的参与主体，由传统媒体和新媒体组成。传统媒体主要包括报刊、通信、广播、电视媒体。新媒体则是除了传统媒体以外，运用互联网技术通过电脑、手机、数字电视等向用户传播信息的媒体（刘泾，2018）。借助现代信息传播工具，媒体可以把互联网信息服务业治理信息及时地传播给其他治理参与者，增强互联网问题透明度、公开度，加强治理主体之间联系，形成市场环境良性监督。

传统媒体和新媒体在治理中协助政府政策、企业行为信息、公众反馈信息、行业协会信息的流通传播，扩大信息的覆盖范围，减少治理中信息不对称现象。治理中传统媒体和新媒体都发挥着信息传播的作用，彼此间互相依存、相互补充，既竞争又合作，如图 3-6 所示。不同媒体拥有不同的内容偏向、客户群体、使用情境、传播需求，传统媒体和新媒体之间的合作有助于提升媒体的声誉（高贵武，2017），对治理参与者的认知和态度发挥重要的导向作用。但新媒体借助网络技术，其传播效率高、时效性强且具有较好的经济效益，使用户从传统媒体向新媒体大量转移，传统媒体和新媒体之间存在用户和信息资源的竞争。

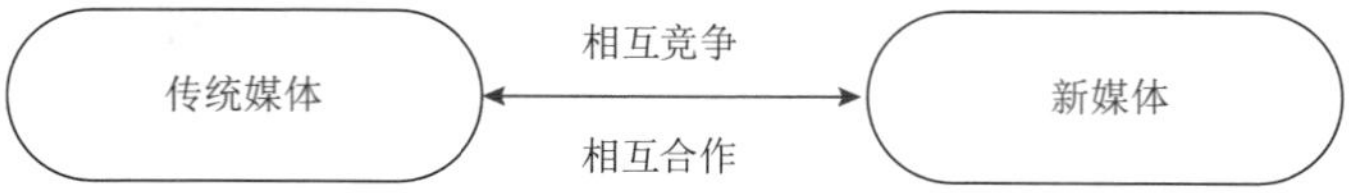

图 3-6　信息传播利益相关者关系图

三、参与者分析

协同关系在确定和执行重大事件方面日益发挥重要作用（Huxham et al., 2000）。20 世纪 60 年代，Haken（1997）着重研究系统与系统之间的相互作用变化规律并提出协同理论，其目的是使用系统角度的方法处理复杂的问题。协同理论包括协同效应、伺服原理和自组织原理。协同理论将所有研究对象划分为多个独立运作、互不干扰、功能各异并处于不同层级的子系统，其拥有独特的管理运作模式并不受外来因素的影响（余力和左美云，2006）。子系统之间发生物质、信息等交换，相互影响与合作，形成由多个子系统构成且具有秩序性和整体性的新协同系统。

协同理论自组织原理认为，内部子系统之间能在无外部条件干扰下按照某种规则自动形成一定的结构或功能，具有内在性和自生性特点。同时，在管理活动中根据协同过程随时间的变化可将其分为先后协同和同步协同。先后协同要求协同要素发挥作用过程中的时间衔接和能量积累，而同步协同重点强调结构性功能较强要素的协同作用（白列湖，2007）。依据协同理论，互联网信息服务业治理是参与者逐渐丰富、治理范围逐渐扩大、治理力度逐渐加深的先后协同过程。由于各参与者的信息和资源互动情况不同，因此在不同协同阶段，依据各参与者在治理中的作用和影响力，组成不同功能的治理系统。

（一）管控治理系统

在协同治理初期形成管控治理系统。管控治理系统是指在互联网信息服务业治理过程中对不正当竞争或扰乱市场秩序的行为有直接管理和控制作用的参与者相互合作所形成的治理网络，主要由经济利益相关者中的互联网信息服务企业和政治利益相关者组成，如图 3-7 所示。在互联网治理初期，政府部门和互联网信息服务企业出于自身利益考虑，其治理需求最为迫切。从协同目标来看，政府以实现互联网公共利益最大化为治理目标，以追求互联网信息服务业和谐稳定发展为最终目标；互联网信息服务企业以实现企业可持续发展为治理目标，以创造良好发展环境和树立良好社会形象为最终目标。

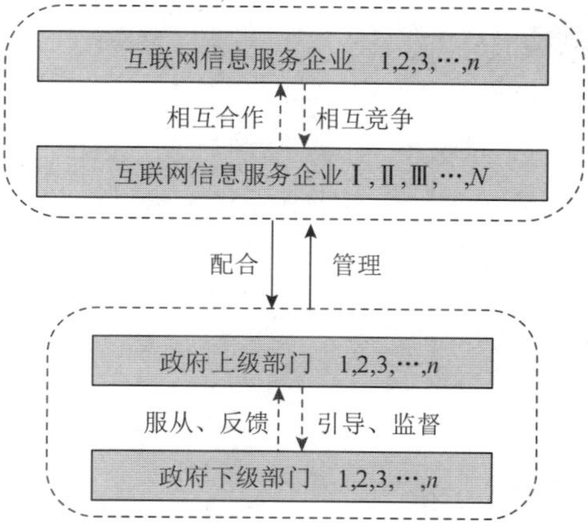

图 3-7　管控治理系统

在管控治理系统中，政府上级部门和下级部门需要积极干预和有效介入，主动搭建互联网管理统合平台，运用政策、法律等手段推进互联网信息服务业依法治理进程，构建完善的网络治理体系，与互联网信息服务企业进行直接沟通和配合，并利用线上、线下等渠道收集治理建议并实现信息互通，促进参与渠道的多样性和有效性。互联网信息服务企业需主动协同治理，积极响应政府号召，努力配合并落实政府部门治理工作，增强治理责任感和使命感，加强自律，发挥信息优势、主体优势和技术优势，有序参与到治理之中，产生社会效益，打造良好的社会形象。总而言之，在管控治理系统中，政府上下级部门联通，互联网信息服务企业竞合有序，形成政府部门与企业内外协同的和谐治理新局面。

（二）协助治理系统

协助治理系统是指在互联网信息服务业治理过程中对不正当竞争行为或扰乱市场竞争秩序行为的治理发挥协助作用的参与者之间合作所产生的协同治理网络。协助治理系统由社会利益相关者和信息传播利益相关者组成，具体包括互联网行业协会、学界、传统媒体、新媒体、消费者和非消费者，如图 3-8 所示。

利益与治理需求关联使成员在互联网信息服务业治理中相互协作成为必然。互联网行业协会加快制定行业规章制度，出台企业社会责任标准；学界积极培养政府和企业所需的治理人才，共同营造良好行业竞争环境；传统媒体和新媒体发挥正向信息传播作用，利用网络等媒介引导消费者有序参与治理，营造良好的社会环境；消费者和非消费者不断提升自身法律意识，利用科学、正确的途径维护社会和自身的利益，同时明确公民社会责任，积极响应政府治理政策，配合企业进行服务信息反馈。

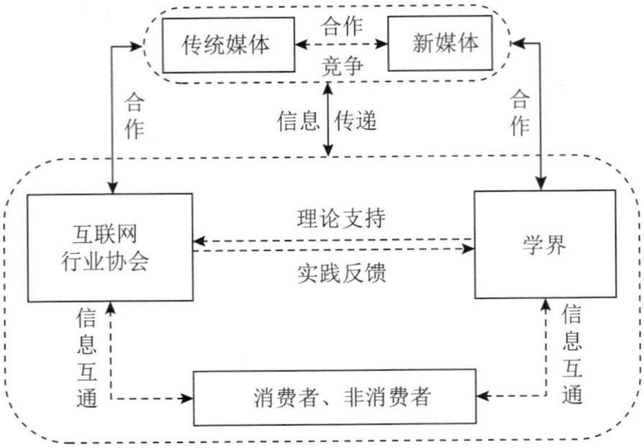

图 3-8　协助治理系统

（三）监督治理系统

监督治理系统是指在互联网信息服务业治理过程中对不正当竞争行为或扰乱市场秩序行为的治理发挥监督作用的参与者所产生的协同治理网络。监督治理系统由经济利益相关者中的非互联网信息服务企业和社会利益相关者中的其他社会组织组成，具体包括供应方、需求方、投资企业、金融机构、其他企业和其他社会组织，如图 3-9 所示。由于市场是一个整体，在不正当竞争发生时，所有成员的利益都会受到影响，从而产生治理需求。

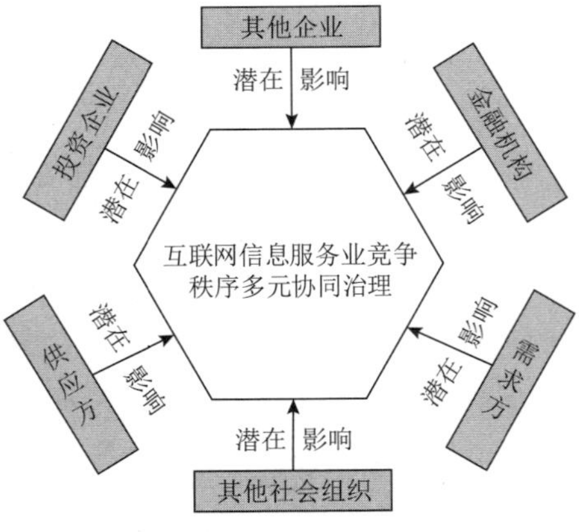

图 3-9　监督治理系统

供应方和需求方需理性选择合作伙伴；投资企业积极利用信用资源平台寻

求可靠合作伙伴；金融机构构建科学合作机制；其他社会组织开展活动促进政、企、民交流，打造良好的行业氛围和竞争秩序，有效预防和制止不正当竞争行为的发生，降低其对行业发展的消极影响。在各参与者目标利益和治理需求驱使下，供应方、需求方、投资企业、金融机构、其他企业和其他社会组织对行业治理具有潜在交互影响。

协同理论中，伺服原理认为子系统总是同时受到来自自身无规则运动和来自外部其他子系统对它的共同作用的影响。当系统靠近不稳定点或临界点时，子系统之间会不断增强关联性，由少数几个起着主导作用的参数决定子系统之间的协同运动方向和结构，并支配和规定系统其他变量的行为。

在外界或内部因素的触发下系统可以通过突变进化到新的更有序的结构（李建军，2013）。协同理论认为，协同效应是由于系统协同进化而产生的结果，是复杂开放系统中大量子系统相互作用而产生的整体效应或集体效应（Gerard and Prabhu，2000）。此外，由于各要素或个体在系统中能力和地位的独特性，其对整体起着至关重要的作用，在协同作用下各子系统功能耦合而成为全新的整体，这种耦合协同效应使系统从无序变为有序，并使系统整体效用倍增（李忱和田杨萌，2001）。

对互联网信息服务业的治理呈开放态势，治理范围逐渐扩大，参与主体逐渐多元化，如图 3-10 所示。管控治理系统、协助治理系统和监督治理系统各自独立，但在治理需求迫切性增加和各参与者自身利益的驱使下，各治理系统打破原本相互独立的状态开始进行系统间的相互连接和协同，从而形成了具有协同性、层次性、有序性的复杂系统。

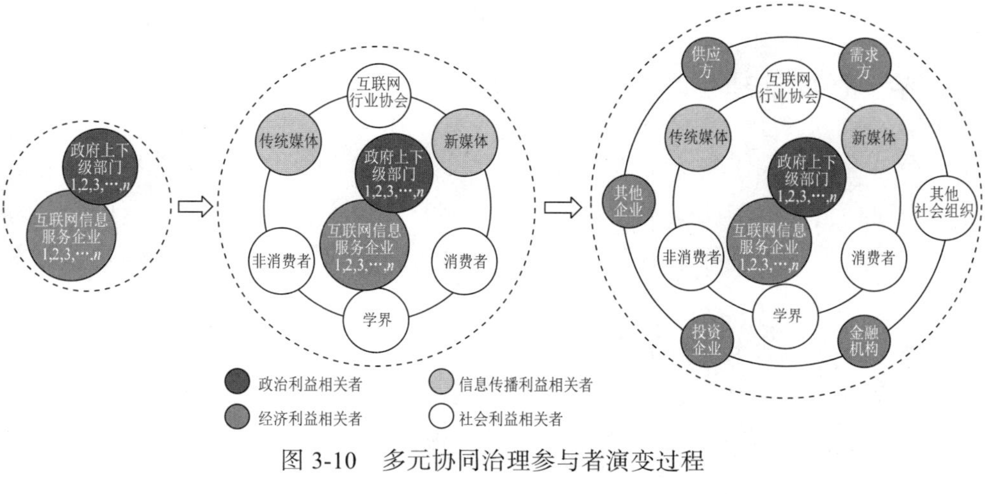

图 3-10　多元协同治理参与者演变过程

协同治理强调通过协商合作，发挥各治理参与者的优势，共同治理日益复杂的社会事务（张兆国等，2012）。在我国互联网信息服务业治理过程中，各相关治理参与者虽在资源和能力方面存在不同优势，在各自擅长领域中充分发挥作用，但是其在治理体系中的地位、影响力、发挥空间各不相同，且存在不均衡现象（刘鹏和刘嘉，2019；孙锐和吴江，2020）。因此，协同治理系统中的每个参与者会由于其作用、影响力的不同而处于不同的地位。在互联网信息服务业竞争秩序多元协同治理系统中，管控治理系统成员是治理协同的关键力量，作用最为突出，影响力最为深远，占据主导地位。协助治理系统成员围绕着管控治理系统中的成员参与治理，两系统间的关联性不断增强，形成协同的有序局面。协助治理系统作用的有效发挥不断拓宽互联网信息服务业竞争秩序多元协同治理的深度和宽度。同时，监督治理系统也围绕着管控治理系统和协助治理系统对治理效果发挥着潜在影响。

第三节　多元协同治理参与主体

明晰互联网信息服务业竞争秩序多元协同治理中的参与主体及其作用方式，有利于为构建多元协同治理模式奠定基础。本节在前文分析参与者治理作用和影响力的基础上，从治理需求、治理参与度和治理影响力三个维度对参与主体进行界定，并探讨各主体的参与方式，明确各主体的权力与责任，有利于解决当前治理面临的治理主体界定模糊，主体权责不明确等难题，且为多元协同治理模式的形成路径与作用条件提供分析基础。

一、多元协同治理参与主体划分

参与者不等同于参与主体。参与主体是充分参与到事件中并对事件发展进程和方向有重要影响或受事件发展结果影响巨大的主要群体或个人，而参与者是所有参与到事件进程中的个人或群体。曾有学者研究提出要准确界定参与主体，首先需要划分参与者类型模式，而后根据不同类型模式明确界定参与主体的标准，从而界定出参与主体（苑雪芳，2016）。本书在前文研究的基础上提炼出三大标准，从而界定出互联网信息服务业竞争秩序多元协同治理五大参与主体。20 世纪末，美国学者米切尔等提出一种评分法，即米切尔评分法（Mitchell et al.，1997），是指以利益相关者为视角对潜在利益相关者进行评分并依据分数高低判断其是否为利益相关者。国内学者以此方法为基础，展开丰富的研究。本书引用米切尔评分法的思路，并采取沙勇忠和刘红芹（2009）、邓三鸿等（2015）以相关性、紧急性和影响力三个维度为基准制作的矩阵表为原型研究工具，结合互联网信息服务业竞争秩序多元协同治理特点以及协同进程，从治理需求、治理参与度和治理影响力三个维度对参与主体进行界定。

治理需求是指个人或组织对互联网信息服务业竞争秩序多元协同治理的需求程度。不同参与者由于在治理中涉及自身利益和所处的地位不同会产生不同的治理需求，参与者在治理中所涉及的利益越多或地位越高，其治理需求便越高。治理参与度是指发生扰乱行业秩序的行为时，参与者投入到协同治理行动中的自觉程度和积极程度。治理参与度与参与者在治理中涉及的自身利益和地位息息相关。治理影响力是指治理参与者对治理范围和治理效果的影响能力。其中，能够决定治理发展方向的参与者影响力大，其他参与者影响力小。

多元协同治理随时间动态发展，治理参与者的治理需求、治理参与度、治理影响力是动态变化的，同一个参与者在不同治理阶段的治理需求、治理参与度、治理影响力也不同。本部分以对参与者治理利益及协同关系的分析为基础，从治理需求、治理参与度、治理影响力三个方面对参与主体进行界定，如表 3-1 所示。

表 3-1　互联网信息服务业参与主体界定表

利益相关者	治理参与者	治理需求	治理参与度	治理影响力	参与主体
政治利益相关者	上级政府部门	高	高	高	政府
	下级政府部门	高	高	高	
经济利益相关者	互联网信息服务企业	高	中→高	高	互联网信息服务企业
	供应方	中→高	低→中	低	
	需求方	中→高	低→中	低	
	投资企业	中→高	低	低	
	金融机构	低→中	低→中	低	
	消费者	低→中	低	低	
社会利益相关者	互联网行业协会	中→高	低→高	中→高	互联网行业协会
	学界	低	低	低	
	其他社会组织	低	低	低	
	消费者	高	低→高	中→高	公众
	非消费者	低→中	低→高	低→高	

续表

利益相关者	治理参与者	治理需求	治理参与度	治理影响力	参与主体
信息传播利益相关者	传统媒体	低→高	低→高	中→高	媒体
	新媒体	低→高	低→高	中→高	

由于上级和下级政府部门、传统媒体和新媒体在互联网信息服务业治理中，治理需求、治理参与度和治理影响力指标均为高，故将上级和下级政府部门统称为政府，传统媒体和新媒体统称为媒体作为治理参与主体之一。通过对治理需求、治理参与度和治理影响力指标的分析，互联网信息服务企业在企业主体类型中最具代表性，互联网行业协会在社会组织主体类型中最具代表性，所以将互联网信息服务企业和互联网行业协会归纳为治理参与主体。根据上述协同分析，结合消费者和非消费者的指标衡量以及相关文献，将消费者和非消费者统称为公众作为参与主体之一。综上，本书总结出五大互联网信息服务业竞争秩序多元协同治理参与主体，分别为政府、互联网信息服务企业、互联网行业协会、媒体和公众。

二、多元协同治理主体参与方式分析

在界定出互联网信息服务业竞争秩序多元协同治理参与主体的基础上，结合网络经济规律，研究治理过程中不同主体的参与方式，有利于为多元协同治理模式的形成路径与作用条件提供分析基础。

（一）政府参与方式

在互联网信息服务业竞争秩序多元协同治理中，政府扮演引导者与监管者的角色，在治理中发挥主要作用。具体而言，政府的参与方式有两种：一是政府通过为多元主体协同参与治理提供适宜的宏观环境的方式参与治理。互联网信息服务业竞争秩序多元协同治理的实现，需要有力的制度保障和完善的服务管理体系做支撑，而这些条件是除政府以外的其他治理主体无法提供的，因此，政府部门应积极承担主要责任，进一步完善相关制度、体系建设，为营造良好的行业治理氛围保驾护航。二是政府通过监管各参与主体行为的方式参与治理。在我国，党和政府具有总揽全局、协调各方的领导核心作用，在竞争秩序的治理中，政府需发挥其监督、协调各参与主体的作用，在将治理权分散给其他参与主体的同时，也扮演好监督者的角色，确保多元协同治理取得良好成效。以政府对互联网信息服务企业的治理为例，在互联网信息服务行业，龙头企业与中小企业并存，若不加强对龙头企业的监管与约束，则可能加剧马太效应造成的行业垄断现象，造成企业强者愈强，弱者愈弱的两极局面。为有效避免垄断现象的加剧，政府需加大对企业不正当行为的治理力度，对企业的评价方法与管控指标也应具备多元化、多维度的特点，分级分类治理互联网信息服务企业。政府在多元协同治理中，应结合自身能力与优势，积极引导与监督各参与主体，在治理过程中发挥主要作用。

（二）互联网信息服务企业参与方式

少数互联网信息服务企业是不正当竞争行为的实施者，因此，在多元协同治理行业竞争秩序时，互联网信息服务企业作为治理的对象，其参与方式主要表现为以下三种：第一，企业通过加强自我监督的方式参与治理。企业作为直接参与市场竞争的主体，最为了解市场发展规律与变化趋势，若企业加强自我监督，坚持正当竞争，将从源头预防不正当竞争行为的发生，有效推动行业竞争秩序的不断优化。第二，企业通过监督其他企业的竞争行为参与治理。与其他参与主体相比，企业更加了解同行企业的竞争策略与行为，且同行企业的不正当竞争行为对该企业自身的影响更为直接，因此，企业具备监督其他企业的能力与动力。第三，企业通过主动接受各方监督，与各方协同合作，营造有序竞争的行业氛围参与治理。企业主动接受其他主体监督，既利于以外部监督强化企业的自我监督，也利于企业赢得社会各界的信任与好感，提高企业声誉，且企业是行业有序竞争的受益者，但有序竞争仅凭企业自身力量难以实现，因此需与社会各界协同合作，实现共赢。企业参与多元协同治理，也应以网络经济规律为指导，以此提高参与治理的效率和水平，例如网络具有极强的外部性和正反馈性，网络用户越多，网络的价值就越大，这种现象被称为网络经济中的梅特卡夫法则：网络价值以用户数量的平方的速度增长。这对互联网信息服务企业的启示是：企业拥有的用户流量越多，赚取的经济利润就会相应增加，企业竞争力也越强。当下，互联网行业竞争加剧，若企业严格遵守市场竞争秩序，规范经营，自觉接受社会监督等，将有效提高企业自身声誉，获取用户好感与信任，最终实现企业盈利目标，促进企业长足发展。

（三）互联网行业协会参与方式

自 2015 年 7 月中共中央办公厅、国务院办公厅印发《行业协会商会与行政机关脱钩总体方案》以来，行业协会与行政机关脱钩改革工作不断深化，互联网行业协会不断承担政府部门让渡的管理权，应在多元协同治理中发挥重要作用。本书从内外两方面阐述互联网行业协会在治理中的参与方式。对内的参与方式体现为两点：一是行业协会通过制定行业准则，完善行业规范的方式参与治理。以中国互联网协会为例，其基本任务中包括制定并实施互联网行业自律规范及公约、组织制定协会团体标准等，这表明行业协会可以在政府有关部门的授权下，制定行业发展准则与规范，用以规范企业行为，促进行业自律。二是行业协会通过维护会员企业正当利益，加强对会员企业监督的方式参与治理。此处依然以具有代表性的中国互联网协会为例，该协会的基本任务中提到协会需向政府反映业界诉求，维护会员合法权益，也需要规范会员行为，引导会员单位增强社会责任等。当前互联网信息服务企业不正当竞争现象频发，严重破坏行业正常竞争秩序，行业协会需要承担应有责任，监督企业行为，引导企业朝着有序竞争方向发展，不断提高行业自律水平。对外的参与方式主要体现为行业协会通过自觉主动接受社会监督，与政府保持良好互动的方式参与治理。行业协会可通过依法依规向社会各界披露相关行业信息，积极搭建可供社会监督和反馈的平台，积极受理关于行业内不良行为与不良信息的投诉和举报等方式与社会各界协同合作，实现治理信息的交互；此外，行业协会在保持自身独立性的同时需与政府部门展开良性互动，协助政府部门治理工作，努力发挥好政府与企业间的桥梁作用。与大多数参与主体相比，行业协会更加了解行业治理现状，具备治理企业不正当竞争行为的能力与权力，因此，行业协会应在多元协同治理中发挥重要作用，积极协助政府治理好行业竞争秩序，促进行业健康发展。

（四）媒体参与方式

媒体作为信息公开的渠道和政府与社会沟通的媒介，是互联网信息服务业竞争秩序多元协同治理中必不可少的主体。媒体参与方式主要是通过作为其他治理主体的信息媒介参与竞争秩序的治理，政府、互联网行业协会、互联网信息服务企业、社会公众参与竞争秩序治理，离不开媒体的媒介作用，各主体或是通过媒体获取信息，或是通过媒体反馈利益诉求。接下来分别说明各主体如何借助媒体的作用参与治理。政府既需要借助媒体手段将相关治理信息传播至各参与主体，让其了解政府治理理念和进展等，也需要通过媒体了解其他主体的诉求、建议、参与意愿等，以此加强政府与社会之间的交流与合作；互联网行业协会借助媒体将行业相关信息披露给社会各界，并通过媒体倾听社会公众的反馈与意见；社会公众从媒体平台上获取相关治理信息，并借助媒体表达自身的诉求与想法；企业从媒体平台上了解大众心声与行业治理趋势，且借助媒体这一有效传播渠道输出自身经营理念，打造企业良好形象等。媒体在传播信息的同时，也可通过自身价值导向和目标定位影响及推动竞争秩序治理，媒体具有自身的立场和利益需求，作为一个治理主体，其在多元协同治理中，积极发挥协助政府部门、引导舆论走向的作用，促进治理效果不断优化。

（五）公众参与方式

公众自身素质的提升及互联网的不断发展，为公众参与多元协同治理创造了条件，公众作为参与治理的主体，可结合自身优势，积极配合政府部门的治理政策，协助政府进行有效治理。具体而言，公众的参与方式分为两种：一是公众通过维护自身合法权益参与治理。公众作为互联网产品或服务的使用者，在自身合法权益受到损害时，可以通过正确的途径反馈诉求，维护自身合法权益。二是公众通过维护社会权益参与治理。随着网民人数增加、网民素质提高、投诉举报渠道畅通等因素的影响，公众的反馈参与作用受到进一步重视，利用公众力量促进企业规范经营，实现行业的健康发展是多元协同治理的重要手段。公民应承担自身社会责任，积极响应政府治理政策，协助政府参与治理，并与其他主体协同合作，推动治理取得新成效。

在界定出行业竞争秩序多元协同治理参与主体的基础上，结合网络经济规律以及各主体自身特点，分析多元主体的参与方式，有利于明晰多元主体参与治理的作用和价值，为多元协同治理竞争秩序提供依据，也为构建多元协同治理模式提供一定的分析基础。

本章小结

本章首先分析“政府治理理论”“自主治理理论”“多中心治理理论”的

治理效果与不足，指出多元协同应用于互联网信息服务业竞争秩序治理的内在逻辑，并分析经济、科技、文化、法律方面对互联网信息服务业竞争秩序多元协同治理的外在驱动作用。然后从互联网治理模式演变的视角对多元协同治理参与者进行识别，从利益相关者角度对参与者进行分类，并利用协同理论对各参与者的治理作用与影响力进行研究，界定出多元协同治理主体，结合网络经济规律分析各主体参与方式，为多元协同治理模式的形成路径与作用条件提供分析基础。

第四章　互联网信息服务业竞争秩序多元协同治理模式形成路径

互联网信息服务业不正当竞争的频繁发生给维护行业竞争秩序的政府监管部门带来挑战。多元协同治理顺应时代发展，更能满足当下互联网信息服务业的治理需求，研究行业协会与公众等相关主体的参与对互联网信息服务业竞争秩序治理效果的影响，有助于政府监管部门更好地引导多元主体参与治理。因此，本章首先明晰不同博弈主体间的相互关系，运用演化博弈理论构建政府监管部门与两个互联网信息服务企业间的演化博弈模型，分析系统达到不同演化稳定点所需的条件，并在此基础上对参与主体的作用机理以及对治理效果的影响进行研究，进而对行业竞争秩序多元协同治理发挥作用的形成路径进行深度剖析，帮助政府制定政策加强治理主体的协同参与，提升多元协同治理效果，维护良好的市场竞争秩序。

第一节　多元协同治理模式形成路径的模型选择

在互联网信息服务业竞争秩序多元协同治理网络中，政府部门与互联网信息服务企业构成的管控治理系统为多元协同治理网络的核心。政府监管部门作为多元协同治理中的主导者，制定的监管制度规则对互联网信息服务企业而言具有极大的约束力；同时，政府又扮演引导者的角色，引导公众、行业协会、媒体等主体积极参与到互联网信息服务业竞争秩序的治理当中。互联网信息服务企业作为被治理的对象，其市场行为对互联网信息服务业市场竞争秩序有直接影响。公众、行业协会、媒体构成多元协同治理网络中的协助治理主体，发挥监督企业、传递信息、协助政府等作用（卢安文和何洪阳，2021）。由此可见，在多元协同治理网络中存在两方主体，即作为主导者、引导者的政府监管部门，以及作为被治理者的互联网信息服务企业，二者的策略行为对互联网信息服务业的市场竞争秩序具有重要影响。

本节介绍互联网信息服务企业跨领域发展与不正当竞争、政府监管部门与互联网信息服务企业分析、互联网信息服务企业间竞争分析，以及演化博弈模型对此研究的适用性，分析为下文利用演化博弈模型研究多元协同治理模式形成路径构建提供理论支撑。

一、跨领域与不正当竞争

随着互联网的快速发展，网络用户数量渐渐达到饱和，互联网信息服务企业逐渐意识到可替代性强、用户吸引力低的单一业务商业模式已不能满足企业发展的需求，业务发展开始进入瓶颈期。为突破困境，寻求更多的发展机会，互联网信息服务企业开始跨领域开展商业活动，丰富自身业务范围，扩大业务涉及领域。同时由于互联网产品或服务具有网络外部性，即互联网信息服务业产品或服务价值以及用户效应随用户使用产品或服务数量的增加而增大，当企业跨领域进入某一新领域时，企业新产品或新服务更容易被原有的用户群体接受甚至直接培养出更强的用户黏性。例如百度公司，以搜索引擎起家并研发出核心产品——百度搜索。当百度的用户数量达到一定规模时，百度开始进行跨领域行为，向支付领域百度钱包、视频领域爱奇艺、社交领域百度贴吧等领域发展，获取更大的用户基数与黏性。

在一定程度上，互联网信息服务企业的跨领域发展与不正当竞争的关系较为密切。互联网信息服务企业进行跨领域竞争的主要方式是附随扩散行为。附随扩散行为是指互联网企业利用自身核心产品积累的用户结合互联网信息传递迅速的特点，逐渐向其他领域发展。在附随扩散的作用下，企业产品或服务迅速进入某一市场并与原本立足于此领域的企业形成了进入企业与在位企业的关系。当企业间利益严重冲突时，进入企业与在位企业均有可能率先采取不正当竞争的手段获取利益。进入企业依赖于原有领域用户数，争夺新领域在位企业用户数量，这使在位企业市场地位受到威胁，出于争夺自身用户群体与维护企业利益的目的，在位企业率先采取不正当竞争手段维持原有业务规模与范围。此外，当进入企业未能较好地在新领域市场发展时，由于前期进入新领域人力、技术等成本的大量投入，部分进入企业可能主动采取不正当的方式扩大市场占有率以牟取利益。互联网信息服务企业为求更大的发展空间和机会，在附随扩散的作用下，企业之间出于自身利益的考量，难免会引发不正当竞争，破坏市场良好竞争秩序。

二、政府监管部门和互联网信息服务企业分析

在互联网信息服务业市场上，部分互联网企业通过加大产品间的不兼容性来争夺竞争企业市场，从而侵害公众的合法权益，扰乱行业竞争秩序。因此企业在进行恶性竞争时，极有可能会受到声誉惩戒、行政处罚等诸多方面的约束。其中，声誉惩戒源于公众产生反感情绪而抵制购买、转移需求等带来的负面影响，行政处罚出于监管部门或法律机构的处罚措施等（熊艳等，2017）。同时出于企业面对不正当竞争行为时维护自身利益的需要，通过政府、媒体等直接和间接的多样化奖励形式，如非物质形式的官媒报道、政府牵头的合作机会等，可以有效激发企业正当竞争的动力与维护市场秩序的职责，促进市场健康发展。因此，政府监管部门对互联网信息服务企业的监督机制设计主要有奖、惩两种方式，对行业中采取合规正当经营的企业进行多样化奖励，包括直接奖励和间接奖励，对行业中采取违规不正当经营、损害用户利益、扰乱行业竞争秩序的企业进行不同程度的处罚。在政府监管部门奖惩结合的监管机制下，有效发挥政府监管部门作用，促进互联网市场健康有序发展。

三、互联网信息服务企业间竞争分析

附随扩散会使市场中的企业自然划分为进入企业和在位企业，进入企业也被称为后进入市场者，目前研究中所涉及的进入企业主要是指进入某个比较成熟的市场领域较晚的企业，其与在位企业的区别主要体现在企业自身实力、行业市场地位和进入行业时间三个方面。本章研究的进入企业主要是通过附随扩散的方式进入某个领域，且相较于在位企业而言市场占有率更低的互联网信息服务企业。在互联网信息服务企业进入某一领域发展后，其竞争策略可分为：①正当竞争，即采用一系列合规行为，与对手企业进行竞争；②不正当竞争，即采取投机取巧、不正当的手段，例如商业诋毁、虚假宣传等，在损害其他企业的利益的基础上获取更多的市场份额。在位企业是指涉足某市场较早且在该市场中占据主导地位的实力较强的企业，如电商领域的阿里巴巴、中国搜索市场的百度公司。在位企业通常有以下几种特征：①企业实力雄厚，多为行业中的领头羊；②在当前市场中拥有大规模的用户数量；③相关技术较为成熟，甚

至控制着行业内主流技术，足以形成标准垄断；④企业处于稳步上升阶段且业绩良好。故本章研究的在位企业是指已经拥有相对稳定的用户基数且实力较强的互联网信息服务企业。与进入企业相同，它也可以自由选择竞争策略，与进入企业进行正当竞争，或者采取不正当竞争方式损害进入企业利益。

因此本章将互联网信息服务业中的进入企业和在位企业的策略选择定为（正当竞争，不正当竞争）。在市场机制下，互联网信息服务企业采取正当合规的经营策略，可能会受到采取不正当竞争策略企业的侵害，使得企业之间易达成双方均处于不正当竞争的状态，例如，如果一方选择了正当竞争而另一方选择不正当竞争，由于网络外部性特征，选择不正当竞争的一方会抢夺用户数，从而抢夺部分收益，最终导致双方均采取不正当竞争策略。因此，为促进企业间正当有序竞争，需要政府监管部门等多元治理主体协同参与，共同约束企业竞争行为。

四、演化博弈模型选择

通过上述分析可知，互联网信息服务企业间市场行为选择存在动态的博弈过程。下面将分析现有演化博弈理论，探究演化博弈模型能否适用于后续研究。

（一）演化博弈理论的起源与发展

演化博弈理论也叫进化博弈理论，由演化生物学家约翰·梅纳德·史密斯（John Maynard Smith）与乔治·罗伯特·普瑞斯（George Robert Price）等建立起来，其对生物进化过程中的某些现象进行了较为全面的阐释。它是以博弈论为基础形成的一种新方法、新领域，起源于传统博弈理论。演化博弈理论是在有限理性的假设前提下，以达尔文生物进化论和拉马克的遗传基因理论作为思想基础，从系统论出发，把群体行为的调整过程看作一个动态系统，在其中每个个体的行为及其与群体之间的关系得到了单独的刻画，可以把从个人行为到群体行为的形成机制以及其中涉及的各种因素都纳入到演化博弈模型中去，构成一个具有微观基础的宏观模型，能够更真实地反映行为主体的多样性和复杂性，并且可以为宏观调控群体行为提供理论依据。因此，与传统经典博弈论相比，演化博弈理论对现象的解释更为深刻、更贴近实际、更具说服力。

早期的演化博弈理论主要是以平衡理性为基础，在传统的博弈论中提出了一种以平衡理性为基础的动态世界观。传统的博弈论以个体的理性假设和个体的自私特性为基础，注重完全的理性和完全的信息，而演化博弈理论则不需要博弈主体具备充分理性和完全信息的条件，而是建立在有限理性基础上的博弈分析，强调以演化和均衡理性的世界观来阐释和认识世界。从一定意义上讲，演化博弈理论研究的是一种动态均衡，而传统博弈论则侧重于对静态均衡的研究。

直至 20 世纪 70 年代，史密斯和普瑞斯提出演化稳定策略（evolutionary stable strategy，ESS）（Smith and Price，1973）之后，演化博弈理论才得到快速发展，被越来越多的生态学家、经济学家应用于相关领域。之后演化博弈理论再次取得重大突破，Taylor 和 Jonker（1978）提出另外一个重要概念——复制动态（replicate dynamics，RD）方程，演化博弈开始有了具体的研究目标，演化稳定策略和复制动态方程作为演化博弈理论的两大基础，分别代表了系统的稳定状态和稳定状态的演变过程。

之后演化博弈理论开始大量用于经济学领域，如股票市场的演化与产业的变迁等，并有学者开始将其运用于经济学应用领域，演化博弈取得了进一步发展，其相关理论体系也不断丰富，如开始转向对非对称博弈进行研究。Tuyls 和 Nowé（2005）提出了演化博弈论，这是学术界首次提出的演化博弈理论的系统概念，演化博弈理论逐渐进入一个新阶段，并开始被广泛应用。

（二）演化博弈理论的基本概念

演化博弈理论最核心的两个概念是演化稳定策略和复制动态方程，前者指的是在经过自然选择的作用后，群体的策略达到稳定状态，该策略下群体将不会受到影响，后者是指演化博弈理论的基本动态，能够动态地将有限理性个体的群体行为变动较优地刻画出来，通过复制动态得出的结论可对个体的群体行为进行较为准确的预测。

1. 演化稳定策略

演化稳定策略的思想可以描述为：假设在一个博弈系统中，不同群体选择的策略不同，但策略都是特定的，原本存在于群体中的部分小群体达到稳定状态后“突变”其策略选择，在不断的博弈过程中，如果这个突变的小群体获得高于原来群体平均收益的更多收益，那么出现的情况就是将会有更多的个体选择加入这个小群体或者被该小群体吞并，打破群体原有的均衡，最终这个小群体会全面侵入大群体并获得最终的胜利。相反，如果该突变的小群体在博弈过程中获得的利益较少，随着时间的推移，变异的所有小群体就会被清除。如果这个大的群体都采取某种行为模式，并且任何变异的小群体都无法入侵该大群体，那么则说这个大群体所处的状态为稳定状态，即演化稳定状态，该群体的行为模式就是演化稳定策略。

以下用数学符号定义演化稳定策略。

S 表示前文假设中的大群体的策略空间集合，大群体的选择策略是 x，发生突变的小群体的选择策略为 y，且 $x,y \in S$，用 $U(x,x)$ 表示大群体选择策略 x 时的收益。

如果满足以下条件：

1）对于任意的 $x \neq y$ 且 $x,y \in S$，都有 $U(x,x) > U(y,x)$；

2）即使存在 $U(x,x) = U(y,x)$，也一定有 $U(x,y) > U(y,y)$；

则 x 为该系统的演化稳定策略。

在上述假设条件中，条件 1）表示当大群体选择 x 策略时，群体中突变小群体的收益 $U(y,x)$ 小于采用 x 策略的大群体的收益 $U(x,x)$，从而该小群体的变异行为无法对大群体造成扰动。

条件 2）表示当大群体选择 y 策略时，选择 x 策略的小群体收益 $U(x,y)$ 大于选择 y 策略的大群体收益 $U(y,y)$，群体会改变自己原本的策略，放弃使用 y 策略，选择比以前更有利的策略，从而 x 策略成功侵入该大群体，使得群体的均衡状态被打破。

2. 复制动态方程

Taylor 和 Jonker（1978）首先提出复制动态方程的概念，认为从生物学的角度考虑，随着时间的推移与种群的繁衍，种群中的群体能够通过对其他群体的学习与借鉴，改变自身的策略选择，选择获得高收益生物策略，群体动态不断变化与调整的过程就是复制动态。

复制动态方程代表一种纯策略，它可以从父母遗传给子女，但是在遗传过程中可能会出现突变，从而使该纯策略出现变化，但是还是存在一定的规律性：如果种群中选择某种策略的群体获得的收益小于该种群的平均收益，那么采取该策略的群体数量将会逐渐减少；同样的，如果采取某种策略的群体获得的收益较高，该群体的数量将会增加。群体个数的增减是一种策略选择问题，某一个体在面对复杂问题时，往往会按照直觉来进行策略选择。简言之，复制动态就是指博弈主体能够在模仿和学习其他博弈主体的行为策略基础之上，调整自己原有的策略，选择比以前更加有利可图的策略的过程。

对复制动态方程用数学符号可以表示如下。

首先假设存在某一大群体，该群体中又存在着若干个小的群体并且每个小群体选择的策略是不同的，小群体之间的博弈模式为对称博弈，即博弈双方可选择的策略是相同的。假设 N 为该大群体中小群体的数量，群体中的策略集合为 (x_1,x_2)，在某一时刻选择策略 x_1 的小群体数量为 n_1，选择策略 x_2 的小群体数量为 n_2，U 代表群体的收益函数，因此则有：

选择策略 x_1 的群体收益为：

$$U(x_1)=\frac{n_1}{N}U(x_1,x_1)+(1-\frac{n_1}{N})U(x_1,x_2) \tag{4-1}$$

选择策略 x_2 的群体收益为：

$$U(x_2)=\frac{n_1}{N}U(x_2,x_1)+(1-\frac{n_1}{N})U(x_2,x_2) \tag{4-2}$$

群体平均收益为：

$$\overline{U}=\frac{n_1}{N}U(x_1)+\frac{n_2}{N}U(x_2)=\frac{n_1}{N}U(x_1)+(1-\frac{n_1}{N})U(x_2) \tag{4-3}$$

由于上述求解的平均收益是某一刻的平均收益，但是群体的策略是连续的，因此可以用复制动态方程来表示种群策略选择随时间变化的规律，如下所示：

$$F(x)=\frac{\mathrm{d}x}{\mathrm{d}t}=\frac{n_1}{N}[U(x_1)-\overline{U}]$$

其中，$\frac{\mathrm{d}x}{\mathrm{d}t}$ 表示群体中选择策略 x_1 的群体比例 x 的变化速度，x 表示选择策略 x_1 的群体比例，即式中的 $\frac{n_1}{N}$，$U(x_1)$ 表示选择策略 x_1 的期望收益，$\overline{U}$ 表示所有策略的平均收益。

（三）演化博弈理论的应用

随着演化博弈理论的不断发展与完善，其应用领域从最初的生物学开始逐渐到政治学、社会学、经济学等各个领域，并且在经济管理学科中的应用研究得以快速发展。邵志国等（2022）针对建筑垃圾对城市环境的污染等问题，在博弈主体有限理性假设的前提下，构建了施工企业、政府和公众三方演化博弈模型，分析系统演化稳定策略，并结合系统动力学进行了仿真分析；聂百胜等（2022）认为社会监督力量对煤矿安全监管具有重要作用，基于此构建了社会监督组织与煤矿企业之间的演化博弈模型，并提出“互联网 + 煤矿安全”公共信息平台的建设思路框架。李新建等（2022）基于演化博弈理论构建了三方博弈模型，研究了在提升农产品区域公用品牌过程中，不同场景下各方的策略选择问题，他认为，政府补贴力度、奖励、收益、成本会影响演化稳定策略。祁凯等（2017）在网民数量递增的背景下研究了舆论引导问题，构建了政府参与或缺失两种情形下的演化博弈模型；尹航等（2022）运用演化博弈方法，研究了获得子基金投资后的具有成本差异的中小企业，在长期的市场演化中，商业模式创新策略选择的演化稳定状态。周泽辉等（2023）在消费者低碳偏好和企业低碳发展的现实需求下，构建了政府、企业及低碳服务提供商三方演化博弈模型，并对三方演变路径进行了分析。何奇龙等（2023）认为多元共治模式有利于中小制造企业的污染治理，并基于此构建了核心企业和中小制造企业之间的演化博弈模型，研究了二者污染治理行为的动态演化，寻找最优稳定状态下需满足的条件及影响因素。申聪等（2022）构建消费者、平台、政府等多方参与的网络食品安全治理演化博弈模型，来研究多元共治情形下的网络食品安全治理效能问题，并通过对模型的求解，运用数值仿真方法，展现网络食品安全治理演化均衡规律。杨松等（2022）构建政府、食品企业、公众三方演化博弈模型，来研究信息不对称导致的食品市场失灵问题，研究表明，政府的惩罚力度、监管成本等对食品安全治理具有重要影响。许博等（2023）基于新一轮电力体制改革的背景，构建发电厂和消费者的电力供需演化博弈模型，探讨四种供需情形下发电厂的市场竞争演化过程和稳定均衡状态。在他们看来，双边协商交易机制对市场平均利润的影响在不同供需情景下存在差异性。

国外学者将演化博弈理论广泛应用于知识管理、网络优化、生物进化和企业运作管理等方面。Han 等（2021）通过使用演化博弈理论方法，研究基于信任的策略在重复博弈中的可行性，从而将其正式化。研究结果表明，当人与智能代理之间进行交互时，由于智能代理的透明度降低，这种成本可能会更大，因此，他们期望人们在与智能代理的交互中更频繁地使用基于信任的策略。García-Victoria 等（2022）将演化博弈理论与膜计算相结合，提出了一种研究结构化种群行为传播的新方法。他们认为有一种将演化博弈理论编码到膜计算中的通用方法，通过这种方法可以产生一种新的计算框架，用于研究、分析和模拟由相互沟通的隔室构成的复杂结构化种群内部的行为扩散现象。Ramtin 和 Asl（2021）引入了检测癫痫发作的新框架，该框架使用演化博弈理论和卡尔曼滤波为大脑活动提供了新的模型。Friedman 和 Fung（1996）通过演化博弈方法，研究了美国企业和日本企业的组织模式，探究了这些企业组织模式的演变规律。Makui 等（2020）使用演化博弈理论和灾难理论分析了导致罢工的条件下的劳资关系，通过非线性演化博弈分析了灾难阈值和管理见解，以防止参数越过导致总罢工的灾难集的边界。Ozkan-Canbolat 等（2016）从演化博弈理论的角度强调了发展战略创新产生和演变的过程中随波效应的重要性。Requejo 和 Camacho （2011）分析了在有限资源条件下合作行为的演变情况，这种资源对于繁殖和生存至关重要。研究表明，如果合作方选择的策略导致囚徒困境局面出现，则资源的限制可能改变互动的结果，使得合作者能够占据整个种群。

Bauch 和 Bhattacharyya（2012）从实际案例出发，建立了基于演化博弈理论的疫苗接种与发病率之间的博弈模型，用以解决英国的疫苗接种问题。

关于形成路径方面的研究，田贵良等（2020）在剖析传统的行政协调方式低效率的基础上，通过建立产权交易协调跨界水资源冲突的非完全信息贝叶斯演化博弈模型，提出促进水权交易的顺利进行以化解水资源冲突，主要有以下两种路径：其一，降低上游区域和下游区域的交易成本；其二，提高上游地区的用水效率并且减少交易双方的信息不对称。方国昌等（2021）运用系统动力学理论，在碳交易的驱动下，构建了考虑公众意愿等变量约束情况下的政府与企业碳减排演化博弈模型。对政府和企业的演变路径进行可视化分析，讨论了在该演化过程中博弈主体可能存在的博弈均衡结果，并提出相对应的策略建议。陈凤娇和刘德海（2021）构建了政府部门和医疗专家多渠道信息发布的演化博弈模型，提炼了当下四种疫情信息发布模式，探究了四种模式下的演化路径与达到稳定均衡的条件，并参考中美两国应对疫情的相关数据，分析四种信息发布模式演化受相关参数的影响，最终明确其结论为信息发布存在除“联动模式”以外的多条演变路径。汪旭晖和任晓雪（2021）针对平台电商的信用监管问题，构建政府动态惩罚机制与激励机制下平台电商与消费者的演化博弈模型，并分析平台电商与消费者之间策略选择的影响因素及演化路径。李武等（2022）运用演化博弈方法，构建了问答社区平台与用户的演化博弈模型，同时通过对平台和用户不同策略下均衡点的求解，演化路径的描绘，得出博弈双方的初始意愿决定系统演化的路径，平台、用户的策略选择行为受到知识外化系数、新增资金的正向影响。单双等（2020）就乡村信用管理权的归属问题进行了讨论，并运用演化博弈模型分析了博弈双方的动机、演化规律与均衡，研究表明无法通过观察双方短时间内的决策偏好来正确决策，因此更难制定符合均衡需求的改革方案。

通过现有演化博弈模型应用的相关文献梳理可知，当前大部分学者在研究策略选择、政府监管以及形成路径等问题时多采用演化博弈的分析方法，这表明演化博弈理论在研究互联网信息服务业竞争秩序多元协同治理问题时的可行性，与本书研究目标——探究多元主体参与治理对治理效果的影响，分析多元协同治理模式的形成路径，以及后续讨论多元协同治理模式有效作用的条件相吻合，故将演化博弈模型选择为本章的研究模型。

第二节　多元协同治理演化博弈模型构建

一、问题描述与基本假设

在互联网信息服务业竞争秩序多元协同治理中，政府监管部门作为多元协同治理的主导者，为维护互联网信息服务行业健康有序发展，不断完善监管制度，规范企业竞争行为；同时，政府监管部门也是多元协同治理中的引导者，采取政策、法律等手段为多元协同治理创建适宜的环境和条件，协调各方利益关系，为多元协同治理有序运作保驾护航。互联网信息服务企业作为被治理的对象，以自身利益最大化为目标，在互联网信息服务业市场竞争中做出最有利于自身利益的选择。互联网行业协会、公众、媒体作为多元协同治理的协助者，协助政府监管部门对互联网信息服务企业进行监督管理。其中，互联网行业协会作为政府与企业之间的沟通桥梁，与政府监管部门和企业联系密切，通过制定行业准则，监督企业市场行为，分担政府部门监管压力，在多元协同治理中发挥中坚作用。媒体作为信息公开的渠道和政府与社会沟通的中介，在互联网信息服务业竞争秩序多元协同治理中更多地发挥信息传递、引导舆论走向的作用。媒体可通过帮助其他治理主体向社会传达利益诉求，揭露互联网信息服务企业破坏行业竞争秩序、损害社会利益的不正当竞争行为，使违规企业失信于社会，受到一定的声誉损失。公众是企业产品或服务的直接使用者，且广泛分布于社会各个领域，更容易发现企业不正当竞争导致自身利益受到侵害的行为。随着公众自身素质的提高，维权意识得到进一步提升，当自身利益受损时，可通过相应渠道进行投诉举报，维护自身合法权益，而违规企业则会面临公众因产生反感情绪而抵制购买其产品或服务、转移需求的情况，受到相应的声誉和利益损失。

本部分模型研究范围为具有网络外部性的互联网信息服务业市场。运用演化博弈理论构建政府监管部门、互联网信息服务企业 1（在位企业）、互联网信息服务企业 2（进入企业）三方之间的演化博弈模型，博弈三方都是有限理性的，且均以自身利益最大化为目标。在博弈的过程中，三方主体不断学习、调整自身策略，直到达到三方均能接受的均衡策略集为止。企业 1 可以选择的策略集合为（正当竞争，不正当竞争）。其中，“正当竞争”是指企业在市场交易中遵循公认的商业道德，采取合规、公平、公正的方式进行竞争；“不正当竞争”是指企业在市场交易中采取违背商业道德，侵害其他经营者的合法权益、损害消费者利益、破坏市场有序竞争的行为（卢安文和孔德星，2018）。同理，企业 2 的策略集合为（正当竞争，不正当竞争）。政府监管部门可选择的策略集合为（积极监管，消极监管）。因此，互联网信息服务企业 1 和 2 与政府监管部门之间的博弈策略组合共有八种：（正当竞争，正当竞争，积极监管）（不正当竞争，正当竞争，积极监管）（正当竞争，不正当竞争，积极监管）（不正当竞争，不正当竞争，积极监管）（正当竞争，正当竞争，消极监管）（不正当竞争，正当竞争，消极监管）（正当竞争，不正当竞争，消极监管）（不正当竞争，不正当竞争，消极监管）。基于此，本书提出以下假设。

假设 1：互联网信息服务企业 1 采取“正当竞争”的策略的概率为x，采取“不正当竞争”的策略的概率为$1-x$。同样，互联网信息服务企业 2 采取“正当竞争”的策略的概率为y，采取“不正当竞争”的策略的概率为$1-y$。政府监管部门采取“积极监管”的策略的概率为z，采取“消极监管”的策略的概率为$1-z$。其中，$0\leqslant x\leqslant 1$，$0\leqslant y\leqslant 1$，$0\leqslant z\leqslant 1$。

假设 2：政府选择监管会产生相应的监管成本C_{r}，由于行业协会可运用制度工具和培训手段推进行业自律，通过制定企业行为准则、开展企业信用评价等方式对行业进行相应的治理，协助政府监管部门进行监管，降低政府参与监管的成本，因此政府的监管成本为$C_{\mathrm{r}}=c_0+\dfrac{1-n}{k}$，其中$c_0$为政府监管部门的固定监管成本，$n$为行业协会参与度，$k$为政府监管边际成本转换系数，$0<n$，$k<1$。同时，如果政府采取积极监管方式，则可获得收益$S$，表示政府公信力

的提升和社会福利的提升。

假设 3：互联网信息服务企业具有的网络外部性与用户数量呈正相关（帅旭和陈宏民，2003），利用用户数量来表示互联网信息服务企业 1 和互联网信息服务企业 2 正当竞争时的初始收益，分别为 k_1q_1 和 k_2q_2，其与企业 1、企业 2 的初始用户基数 q_1、q_2 和用户数量所导致的收入转化系数 k_1、k_2 相关（卢安文和王艳，2018）。企业 1 正当竞争会付出一定的竞争成本 C_1，企业 2 正当竞争的成本为 C_2；企业 1 选择不正当竞争策略时的竞争成本为 tC_1，企业 2 选择不正当竞争策略时的竞争成本为 tC_2，t 表示成本节约系数。

假设 4：当互联网信息服务企业 1 采取正当竞争策略，而互联网信息服务企业 2 选择不正当竞争策略时，企业 2 会从企业 1 处争夺部分用户数量，则企业 1 会产生一定的损失 V_1，企业 2 会获得一定的收益 V_2；同理，当互联网信息服务企业 2 采取正当竞争策略，互联网信息服务企业 1 选择不正当竞争策略时，企业 1 会从企业 2 处争夺部分用户数量，则企业 2 会产生一定的损失 V_2，企业 1 会获得一定的收益 V_1；当互联网信息服务企业 1 和企业 2 都采取不正当竞争策略时，企业 2 从企业 1 争夺收益 V_2，企业 1 从企业 2 争夺收益 V_1，且不正当竞争会导致市场环境严重恶化，企业 1 和企业 2 都会产生损失，分别为 k_1q_3 和 k_2q_3。

假设 5：当互联网信息服务企业 1 和互联网信息服务企业 2 都选择正当竞争策略时，会为社会带来公共利益的提升，为 B；当互联网信息服务企业 1 选择不正当竞争策略，互联网信息服务企业 2 选择正当竞争策略时，会带来社会公共利益的损失 B_1；当互联网信息服务企业 2 选择不正当竞争策略，互联网信息服务企业 1 选择正当竞争策略时，会带来社会公共利益的损失 B_2；当互联网信息服务企业 1 和互联网信息服务企业 2 都选择不正当竞争策略时，市场竞争秩序混乱，将会降低社会公共利益 B，该社会公共利益损失由政府承担。

假设 6：当互联网信息服务企业选择不正当竞争策略时，政府积极监管将对采取不正当竞争行为的企业进行惩罚，即 $P_i(i=1,2)$，同时企业会面临公众的情感等对其造成的声誉损失，即 $T_1=m_1T_A$，$T_2=m_2T_B$，其中 m_1 和 m_2 表示公众的参与度水平，T_A 和 T_B 分别表示企业 1 和企业 2 的声誉损失阈值；当互联网信息服务企业选择正当竞争策略时，政府积极监管时将对采取正当竞争的企业给予一定的奖励，对企业 1 的奖励为 R_1，对企业 2 的奖励为 R_2。

演化博弈模型各参数具体含义如表 4-1 所示。

表 4-1　演化博弈模型参数含义

参数符号	意义与说明
S	政府积极监管时的总收益
C_r	政府积极监管时付出的总成本
R_1	政府对采取正当竞争策略的企业 1 的奖励
R_2	政府对采取正当竞争策略的企业 2 的奖励
P_1	政府对采取不正当竞争策略的企业 1 的惩罚
P_2	政府对采取不正当竞争策略的企业 2 的惩罚
k_1q_1	企业 1 正当竞争的初始收益
k_2q_2	企业 2 正当竞争的初始收益
C_1	企业 1 采取正当竞争策略时的竞争成本
C_2	企业 2 采取正当竞争策略时的竞争成本
tC_1	企业 1 采取不正当竞争策略时的竞争成本
tC_2	企业 2 采取不正当竞争策略时的竞争成本
V_1	企业 1 不正当竞争时从企业 2 争夺的收益
V_2	企业 2 不正当竞争时从企业 1 争夺的收益
k_1q_3	企业 1 和企业 2 都采取不正当竞争时，企业 1 的损失
k_2q_3	企业 1 和企业 2 都采取不正当竞争时，企业 2 的损失
T_1	企业 1 采取不正当竞争行为面临的公众造成的声誉损失
T_2	企业 2 采取不正当竞争行为面临的公众造成的声誉损失
B	两个企业都正当竞争时带来的社会公共利益
B_1	企业 1 不正当竞争，企业 2 正当竞争时，带来的社会公共利益损失
B_2	企业 2 不正当竞争，企业 1 正当竞争时，带来的社会公共利益损失

根据上述的基本假设和表 4-1 中的参数设定，我们可以得到政府监管部门在“积极监管”和“消极监管”两种情形下的三方博弈收益矩阵，如表 4-2 和表 4-3 所示。每个单元格中的函数表达式依次表示企业 1、企业 2、政府监管部门的收益。

表 4-2　政府监管部门积极监管时三方博弈收益矩阵

互联网信息服务企业 1	互联网信息服务企业 2	
	正当竞争 (y)	不正当竞争 $(1-y)$
正当竞争 (x)	$k_1q_1+R_1-C_1$ $k_2q_2+R_2-C_2$ $S+B-R_1-R_2-C_r$	$k_1q_1+R_1-C_1-V_1$ $k_2q_2-tC_2-P_2+V_2-T_2$ $S-B_2-C_r+P_2-R_1$
不正当竞争 $(1-x)$	$k_1q_1-tC_1-P_1+V_1-T_1$ $k_2q_2+R_2-C_2-V_2$ $S-B_1-C_r+P_1-R_2$	$k_1q_1-P_1+V_1-V_2-k_1q_3-T_1-tC_1$ $k_2q_2-P_2+V_2-V_1-k_2q_3-T_2-tC_2$ $S-C_r+P_1+P_2-B$

表 4-3　政府监管部门消极监管时三方博弈收益矩阵

互联网信息服务企业 1	互联网信息服务企业 2	
	正当竞争 (y)	不正当竞争 $(1-y)$
正当竞争 (x)	$k_1q_1-C_1$ $k_2q_2-C_2$ B	$k_1q_1-C_1-V_1$ $k_2q_2-tC_2+V_2-T_2$ $-B_2$
不正当竞争 $(1-x)$	$k_1q_1-tC_1+V_1-T_1$ $k_2q_2-C_2-V_2$ $-B_1$	$k_1q_1+V_1-V_2-k_1q_3-T_1-tC_1$ $k_2q_2+V_2-V_1-k_2q_3-T_2-tC_2$ $-B$

二、模型构建与分析

（一）模型构建

根据模型基本假设，可得政府监管部门、企业 1 和企业 2 在不同策略情形下的期望收益、平均期望收益和复制动态方程。

1. 互联网信息服务企业 1 的期望收益

令企业 1 选择“正当竞争”与“不正当竞争”策略情况下的期望收益分别为 E_{11} 和 E_{12}，平均期望收益为 E_1，具体计算如下式：

$$\begin{aligned}E_{11}=&yz(k_1q_1+R_1-C_1)+y(1-z)(k_1q_1-C_1)\\&+(1-y)z(k_1q_1+R_1-C_1-V_1)+(1-y)(1-z)(k_1q_1-C_1-V_1)\end{aligned}\tag{4-4}$$

$$\begin{aligned}E_{12}=&yz(k_1q_1-P_1-tC_1+V_1-T_1)+(1-y)z(k_1q_1-P_1-tC_1-k_1q_3-T_1+V_1-V_2)\\&+y(1-z)(k_1q_1-tC_1+V_1-T_1)+(1-y)(1-z)(k_1q_1-tC_1-k_1q_3-T_1+V_1-V_2)\end{aligned}\tag{4-5}$$

$$E_1 = xE_{11} + (1-x)E_{12} = x(zR_1 + V_1 y + k_1 q_1 - C_1 - V_1) \\ + (1-x)(-zP_1 + k_1 q_3 y - tC_1 + V_1 y + k_1 q_1 - k_1 q_3 - T_1 + V_1 - V_2) \tag{4-6}$$

2. 互联网信息服务企业 2 的期望收益

令企业 2 选择“正当竞争”与“不正当竞争”策略情况下的期望收益分别为 E_{21} 和 E_{22}，平均期望收益为 E_2，具体计算如下式：

$$E_{21} = xz(k_2 q_2 + R_2 - C_2) + x(1-z)(k_2 q_2 - C_2) \\ + (1-x)z(k_2 q_2 + R_2 - C_2 - V_2) + (1-x)(1-z)(k_2 q_2 - C_2 - V_2) \tag{4-7}$$

$$E_{22} = xz(k_2 q_2 - P_2 - tC_2 + V_2 - T_2) + (1-x)(1-z)(k_2 q_2 - tC_2 - k_2 q_3 - T_2 + V_2 - V_1) \\ + (1-x)z(k_2 q_2 - P_2 - tC_2 - k_2 q_3 - T_2 + V_2 - V_1) + x(1-z)(k_2 q_2 - tC_2 + V_2 - T_2) \tag{4-8}$$

$$E_2 = yE_{21} + (1-y)E_{22} = y(zR_2 + V_2 x + k_2 q_2 - C_2 - V_2) \\ + (1-y)(-zP_2 + k_2 q_3 x - tC_2 + V_2 x + k_2 q_2 - k_2 q_3 - T_2 + V_2 - V_1) \tag{4-9}$$

3. 政府监管部门的期望收益

令政府监管部门选择“积极监管”与“消极监管”策略情况下的期望收益分别为 E_{31} 和 E_{32}，平均期望收益为 E_3，具体计算如下式：

$$E_{31} = xy(S + B - R_1 - R_2 - C_r) + x(1-y)(S - B_2 - R_1 + P_2 - C_r) \\ + (1-x)y(S - B_1 - R_2 + P_1 - C_r) + (1-x)(1-y)(S - B + P_1 + P_2 - C_r) \tag{4-10}$$

$$E_{32} = xy(B) + x(1-y)(-B_2) + (1-x)y(-B_1) + (1-x)(1-y)(-B) \tag{4-11}$$

$$E_3 = zE_{31} + (1-z)E_{32} = z[xy(B_1 + B_2) + x(B - B_2 - R_1 - P_1) + y(B - B_1 - R_2 - P_2) \\ + P_1 + P_2 + S - B - C_r] + (1-z)(xyB_1 + xyB_2 - yB_1 - xB_2 + xB + yB - B) \tag{4-12}$$

根据前文演化博弈理论基础可知，演化博弈问题的核心即求解演化博弈的复制动态方程和演化稳定策略，基于此，对企业 1 和企业 2 选择“正当竞争”的概率和政府监管部门选择“积极监管”的概率进行复制动态分析可得：

企业 1 的复制动态方程为

$$F(x) = \mathrm{d}x / \mathrm{d}t = x(1-x)(E_{11} - E_{12}) \\ = x(1-x)(zP_1 + zR_1 - yk_1 q_3 + tC_1 + k_1 q_3 + V_1 y - V_2 y - C_1 + T_1 - 2V_1 + V_2) \tag{4-13}$$

企业 2 的复制动态方程为：

$$\begin{aligned} F(y) &= \mathrm{d}y / \mathrm{d}t = y(1-y)(E_{21} - E_{22}) \\ &= y(1-y)(zP_2 + zR_2 - xk_2q_3 + xV_2 - V_1x \\ &\quad + tC_2 + k_2q_3 - C_2 + T_2 + V_1 - 2V_2) \end{aligned} \tag{4-14}$$

政府监管部门的复制动态方程为：

$$\begin{aligned} F(z) &= \mathrm{d}z / \mathrm{d}t = z(1-z)(E_{31} - E_{32}) \\ &= z(1-z)[x(-P_1 - R_1) + y(-P_2 - R_2) + P_2 + P_1 - C_\mathrm{r} + S] \end{aligned} \tag{4-15}$$

（二）三方演化博弈的均衡点及稳定性分析

将企业 1、企业 2、政府监管部门三方的复制动态方程联立可得三维动态系统：

$$\begin{cases} F(x) = x(1-x)(zP_1 + zR_1 - yk_1q_3 + tC_1 + k_1q_3 + V_1y - V_2y - C_1 + T_1 - 2V_1 + V_2) \\ F(y) = y(1-y)(zP_2 + zR_2 - xk_2q_3 + xV_2 - V_1x + tC_2 + k_2q_3 - C_2 + T_2 + V_1 - 2V_2) \\ F(z) = z(1-z)[x(-P_1 - R_1) + y(-P_2 - R_2) + P_2 + P_1 - C_\mathrm{r} + S] \end{cases}$$

根据 Friedman（1991）提出的方法，演化均衡点的稳定性可通过对雅可比矩阵的分析得到。由上述企业 1、企业 2、政府监管部门的复制动态方程可得雅可比矩阵为

$$J = \begin{bmatrix} J_{11} & J_{12} & J_{13} \\ J_{21} & J_{22} & J_{23} \\ J_{31} & J_{32} & J_{33} \end{bmatrix}$$

其中

$$J_{11} = (1-2x)[-yk_1q_3 + z(R_1 + P_1) + k_1q_3 + (V_1 - V_2)y + T_1 + tC_1 - C_1 - 2V_1 + V_2]$$

$$J_{12} = -x(1-x)(k_1q_3 + V_2 - V_1)$$

$$J_{13} = x(1-x)(R_1 + P_1)$$

$$J_{21} = -y(1-y)(k_2q_3 + V_1 - V_2)$$

$$J_{22} = (1-2y)[-xk_2q_3 + z(R_2 + P_2) + k_2q_3 + (V_2 - V_1)x + T_2 + tC_2 - C_2 - 2V_2 + V_1]$$

$$J_{23} = y(1-y)(R_2 + P_2)$$

$$J_{31}=z(1-z)[-(R_1+P_1)]$$

$$J_{32}=z(1-z)[-(R_2+P_2)]$$

$$J_{33}=(1-2z)[-x(R_1+P_1)-y(R_2+P_2)+P_1+P_2+S-C_r]$$

令复制动态方程 $F(x)=0$、$F(y)=0$、$F(z)=0$，可求得系统的 8 个局部均衡点为 $(0,0,0)$、$(0,0,1)$、$(0,1,0)$、$(0,1,1)$、$(1,0,0)$、$(1,0,1)$、$(1,1,0)$、$(1,1,1)$。

在演化博弈理论中，根据李雅普诺夫第一方法（间接法）可知，当雅可比矩阵的所有特征值 $\lambda<0$ 时，该局部均衡点是演化稳定点；当雅可比矩阵的所有特征值 $\lambda>0$ 时，该局部均衡点是不稳定点；当雅可比矩阵的所有特征值有正有负时，该局部均衡点是鞍点；以均衡点 $(0,0,0)$ 为例，系统在均衡点 $(0,0,0)$ 处的雅可比矩阵为

$$J_1=\begin{bmatrix} k_1q_3+T_1+tC_1-2V_1+V_2-C_1 & 0 & 0 \\ 0 & k_2q_3+T_2+tC_2-C_2-2V_2+V_1 & 0 \\ 0 & 0 & P_1+P_2+S-C_r \end{bmatrix}$$

矩阵 J_1 的特征值为：$\lambda_1=k_1q_3+T_1+tC_1-2V_1+V_2-C_1$，$\lambda_2=k_2q_3+T_2+tC_2-C_2-2V_2+V_1$，$\lambda_3=P_1+P_2+S-C_r$。当企业 1 和企业 2 都采取“不正当竞争”策略时，政府监管部门采取“消极监管”策略，此时系统的均衡点（0，0，0）为演化稳定点，需满足 $\lambda_1=k_1q_3+T_1+tC_1-2V_1+V_2-C_1<0$，$\lambda_2=k_2q_3+T_2+tC_2-C_2-2V_2+V_1<0$，$\lambda_3=P_1+P_2+S-C_r<0$，将 8 个局部均衡点的取值分别代入系统的雅可比矩阵中，可得与 8 个局部均衡点相对应的雅可比矩阵特征值表 4-4。

表 4-4　8 个局部均衡点对应的雅可比矩阵的特征值

均衡点	特征值 λ_1	特征值 λ_2	特征值 λ_3
$(0,0,0)$	$k_1q_3+T_1+tC_1-2V_1+V_2-C_1$	$k_2q_3+T_2+tC_2-C_2-2V_2+V_1$	$P_1+P_2+S-C_r$
$(0,0,1)$	$k_1q_3+P_1+R_1+T_1+(t-1)C_1-2V_1+V_2$	$k_2q_3+T_2+P_2+R_2+(t-1)C_2-2V_2+V_1$	$-P_1-P_2-S+C_r$
$(0,1,0)$	$T_1+tC_1-V_1-C_1$	$-k_2q_3-T_2-tC_2+C_2+2V_2-V_1$	$P_1-R_2+S-C_r$
$(0,1,1)$	$T_1+tC_1-V_1-C_1+P_1+R_1$	$2V_2-V_1-k_2q_3-P_2-R_2-T_2-(t-1)C_2$	$-P_1+R_2-S+C_r$
$(1,0,0)$	$-T_1-tC_1-k_1q_3+2V_1-V_2+C_1$	$T_2+tC_2-C_2-V_2$	$P_2-R_1+S-C_r$
$(1,0,1)$	$-T_1-k_1q_3-P_1-R_1+(1-t)C_1+2V_1-V_2$	$T_2+P_2+R_2+tC_2-C_2-V_2$	$-P_2+R_1-S+C_r$
$(1,1,0)$	$V_1+C_1-tC_1-T_1$	$-T_2-tC_2+C_2+V_2$	$-R_2-R_1+S-C_r$
$(1,1,1)$	$V_1+(1-t)C_1-T_1-R_1-P_1$	$-R_2-P_2-T_2-(t-1)C_2+V_2$	$R_2+R_1-S+C_r$

如表 4-4 所示，对不同局部均衡点对应的雅可比矩阵三个特征值的符号的判断可知，我们无法准确判断所有特征值的符号。因为在此演化博弈过程中，影响企业 1、企业 2 以及政府监管部门的策略选择行为的因素有很多种，包括企业 1 和企业 2 采取“正当竞争”策略的竞争成本 C_1、C_2，政府给予的奖励 R_1、R_2；采取“不正当竞争”策略的竞争成本 tC_1、tC_2，受到公众对其声誉的惩戒 T_1、T_2，政府监管部门积极监管给予的惩罚 P_1、P_2；策略不一致时采取“正当竞争”策略一方的损失 V_1 或 V_2；都采取“不正当竞争”策略导致市场恶化、用户流失面临的损失 k_1q_3、k_2q_3；政府监管部门积极监管时的收益 S，付出的监管成本 C_r；某一个因素的变化，将会影响其他参与主体的策略选择。由此可见，8 个局部均衡点的演化稳定性受到多个参数的影响，因此，本部分选定两个参照值 $C_i - tC_i$ 和 $S - c_0$，作为系统局部均衡点的稳定性的判断中介，其中 $C_i - tC_i$ 表示互联网信息服务企业采取“不正当竞争”策略所节约的竞争成本，$S - c_0$ 表示在不考虑行业协会参与监管成本分担的情况下，政府监管部门采取“积极监管”策略时的收益与监管的成本的差值。这两个参照值在实际市场环境中取值较为固定，不受模型中其他参数的影响。具体分为以下八种情况。

（1）对于均衡点 $(0,0,0)$，当 $\begin{cases} k_1q_3 + T_1 - 2V_1 + V_2 < C_1 - tC_1 \\ k_2q_3 + T_2 - 2V_2 + V_1 < C_2 - tC_2 \\ S - c_0 < \dfrac{1-n}{k} - P_1 - P_2 \end{cases}$ 时，该点渐进稳定，为演化稳定点。

（2）对于均衡点 $(0,0,1)$，当 $\begin{cases} k_1q_3 + P_1 + T_1 + R_1 - 2V_1 + V_2 < C_1 - tC_1 \\ k_2q_3 + P_2 + T_2 + R_2 - 2V_2 + V_1 < C_2 - tC_2 \\ \dfrac{1-n}{k} - P_1 - P_2 < S - c_0 \end{cases}$ 时，该点渐进稳定，为演化稳定点。

（3）对于均衡点 $(0,1,1)$，当 $\begin{cases} T_1 + R_1 + P_1 - V_1 < C_1 - tC_1 \\ C_2 - tC_2 < T_2 + k_2q_3 + P_2 + R_2 + V_1 - 2V_2 \\ \dfrac{1-n}{k} - P_1 + R_2 < S - c_0 \end{cases}$ 时，该点渐进稳定，为演化稳定点。

（4）对于均衡点 $(1,0,1)$，当 $\begin{cases} C_1 - tC_1 < T_1 + P_1 + R_1 + k_1 q_3 - 2V_1 + V_2 \\ T_2 + P_2 - V_2 + R_2 < C_2 - tC_2 \\ \dfrac{1-n}{k} - P_2 + R_1 < S - c_0 \end{cases}$ 时，该点渐进稳定，为演化稳定点。

（5）对于均衡点 $(0,1,0)$，当 $\begin{cases} T_1 - V_1 < C_1 - tC_1 \\ C_2 - tC_2 < k_2 q_3 + T_2 - 2V_2 + V_1 \\ S - c_0 < \dfrac{1-n}{k} - P_1 + R_2 \end{cases}$ 时，该点渐进稳定，为演化稳定点。

（6）对于均衡点 $(1,0,0)$，当 $\begin{cases} C_1 - tC_1 < T_1 + k_1 q_3 - 2V_1 + V_2 \\ T_2 - V_2 < C_2 - tC_2 \\ S - c_0 < \dfrac{1-n}{k} - P_2 + R_1 \end{cases}$ 时，该点渐进稳定，为演化稳定点。

（7）对于均衡点 $(1,1,0)$，当 $\begin{cases} C_1 - tC_1 < T_1 - V_1 \\ C_2 - tC_2 < T_2 - V_2 \\ S - c_0 < \dfrac{1-n}{k} + R_2 + R_1 \end{cases}$ 时，该点渐进稳定，为演化稳定点。

（8）对于均衡点 $(1,1,1)$，当 $\begin{cases} C_1 - tC_1 < R_1 + T_1 + P_1 - V_1 \\ C_2 - tC_2 < R_2 + T_2 + P_2 - V_2 \\ R_2 + R_1 + \dfrac{1-n}{k} < S - c_0 \end{cases}$，时，该点渐进稳定，为演化稳定点。

政府监管部门作为一个利益主体，采取积极监管策略或者消极监管策略也是结合自身利益做出的选择，因此，我们假设政府积极监管时的收益大于积极监管的成本和给予企业采取正当竞争策略的奖励之和，即 $R_2 + R_1 - S + C_r < 0$，此时上述均衡点中是不稳定点的有 $(0,0,0)$，$(0,1,0)$，$(1,0,0)$，$(1,1,0)$，其他均衡点则有可能为演化稳定点。

三、数值仿真分析

（一）选择(1,1,1)进行仿真的现实意义

通过前文的分析可知，局部均衡点的稳定性存在 8 种情况，其中(0,0,0)，(0,0,1)，(0,1,1)，(1,0,1)，(1,0,0)，(0,1,0)表示互联网信息服务企业间正当有序竞争的局面没有形成，均衡点(1,1,0)，(1,1,1)表示互联网信息服务企业间正当有序竞争得以实现，但是由前文假设可知，政府积极监管时的收益大于监管成本和给予企业的奖励之和，$R_2+R_1-S+C_r<0$，点(1,1,0)为不稳定点。同时政府监管部门作为互联网信息服务业竞争秩序多元协同治理的主导者，在充分引导公众、行业协会等社会主体参与治理的同时，自身也应当积极主动地对互联网信息服务业竞争秩序进行严格监管。所以，只有均衡点(1,1,1)最有利于市场竞争秩序的健康发展，是最理想的状态，表示政府部门积极参与监管，企业间进行正当竞争。因此，本章使用 MATLAB 软件在满足相应约束条件的基础上，对稳定状态(1,1,1)进行数值仿真，为政府引导行业协会、公众参与互联网信息服务业竞争秩序治理提供参考。

（二）参数设置分析

根据表 4-4 中均衡点(1,1,1)对应的雅可比矩阵的特征值，按照特征值均小于零的条件，即$V_1+C_1-tC_1-T_1-R_1-P_1<0$，$-R_2-P_2-T_2-tC_2+C_2+V_2<0$，$R_2+R_1-S+C_r<0$，设置各参数，在满足条件的基础上为各参数赋值，不影响最终结果的参数如收入转化系数k_1、k_2等均假设为 1，其余取值分别为$q_1=25$，$T_1=6$，$m_1=0.2$，$C_1=10$，$q_2=20$，$T_2=7$，$m_2=0.2$，$C_2=9$，$V_1=11$，$q_3=5$，$V_2=9$，$R_1=1.4$，$P_1=11$，$R_2=1.6$，$P_2=8$，$B=10$，$C_r=11$，$c_0=3$，$n=0.2$，$S=15$，$B_1=4$，$B_2=5$，$t=0.5$，$T_A=30$，$T_B=35$；代入式子得到企业 1 和企业 2、政府监管部门的复制动态方程如下：

$$F(x)=x(1-x)(12.4z-3y-7)$$
$$F(y)=y(1-y)(9.6z-7x+0.5)$$
$$F(z)=z(1-z)(-12.4x-9.6y+23)$$

（三）仿真结果分析

1. 三方演化博弈稳定策略数值分析

根据上述条件及参数取值，设定企业 1、企业 2、政府监管部门的初始策略选择的概率分别为 0.2、0.4、0.6、0.8，对三个主体在不同初始概率下的策略选择的演化过程进行仿真，结果如图 4-1、图 4-2、图 4-3 所示。通过数值仿真可以发现，在满足演化稳定点 (1,1,1) 的条件下，随着迭代步数的增加，企业 1、企业 2、政府监管部门三方的行为策略最终演化为（正当竞争，正当竞争，积极监管），由此可见，博弈主体的初始策略选择概率不会影响最终的稳定状态，但是博弈主体初始策略选择概率的大小会影响系统策略选择概率收敛到 1 的时间，初始策略选择概率越大，博弈主体策略选择概率收敛到 1 的时间越短，反之越长。

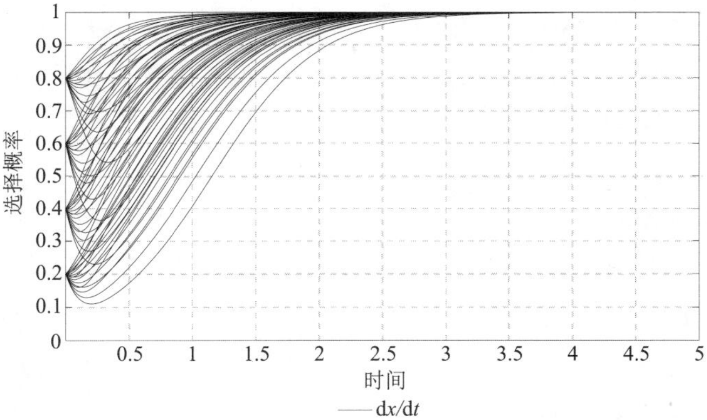

图 4-1　企业 1 策略选择仿真图

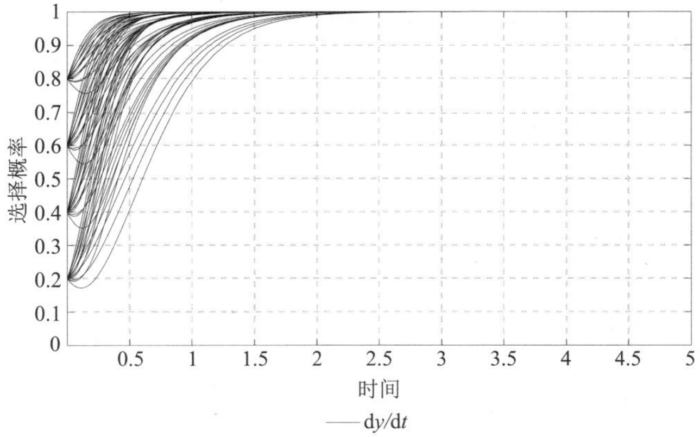

图 4-2　企业 2 策略选择仿真图

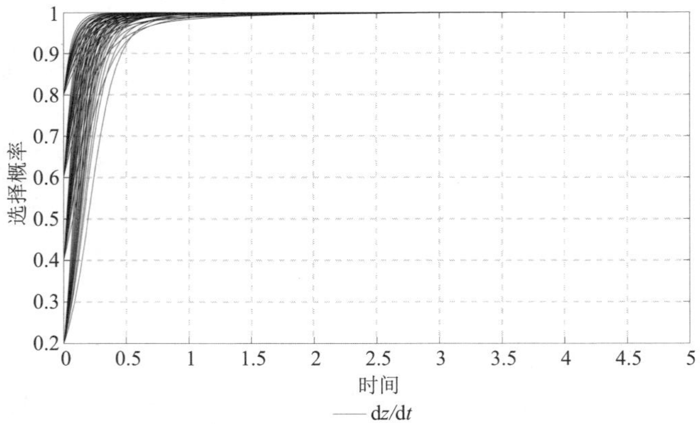

图 4-3　政府监管部门策略选择仿真图

图 4-4 为三方演化博弈仿真图，表示在企业 1、企业 2、政府监管部门三方的初始策略选择概率设定分别为 (0.1,0.2,0.3) 、 (0.4,0.5,0.6) 、 (0.7,0.8,0.9) 的条件下，三方演化博弈主体通过不断学习、模仿、改进行为策略，最终演化到最理想的稳定策略 (1,1,1)，达到纳什均衡，企业 1、企业 2 选择“正当竞争”策略，政府监管部门选择“积极监管”策略。通过对比可以发现，企业 1 和企业 2 的演化路径存在差异，企业 2 选择“正当竞争”策略的概率演化到 1 所需时间要短于企业 1 选择“正当竞争”策略的概率演化到 1 所需的时间，这是因为考虑到实际情况下企业 1 和企业 2 的初始用户基数、网络外部性效应存在差异，因此对两家企业的收益、成本等参数的赋值不完全相同，导致两家企业选择“正当竞争”策略的概率演化为 1 的速度不同，但是从总体来看，它们的演化趋势是一致的。

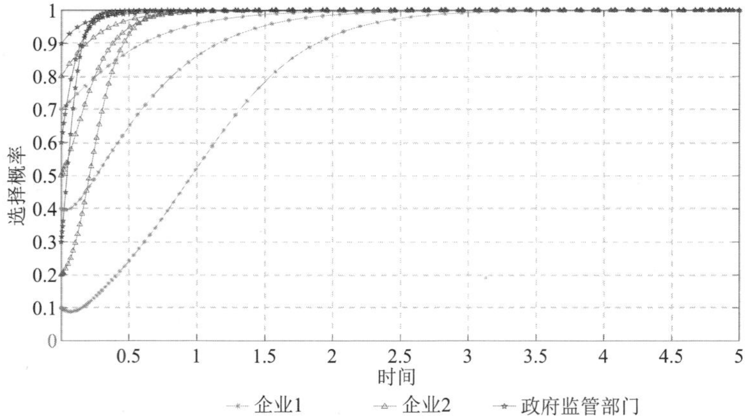

图 4-4　三方演化博弈仿真图

2. 主要参数值对三方博弈主体的作用分析

图 4-5 至图 4-7 表示在满足演化稳定点 (1,1,1) 的条件和其他参数值不变的情况下，改变行业协会参与度（取值分别为：$n=0.2,0.4,0.6,0.8$），企业 1、企业 2、政府监管部门各自均衡策略的演化结果。从图 4-5 至图 4-7 可以看出，行业协会参与度的提升，对博弈三方的影响较小，相较于对企业 1 和企业 2 选择“正当竞争”策略行为的影响，其对政府监管部门选择“积极监管”策略行为的影响较大，且随着行业协会参与度的提升，三方主体的策略选择行为概率演化到 1 的趋势更加明显。可见，在达到演化稳定状态 (1,1,1) 的前提下，提升行业协会参与度，能够优化治理效果，促进三方博弈主体策略选择行为演化到稳定状态 (1,1,1)，且这种影响对政府监管部门更为明显。

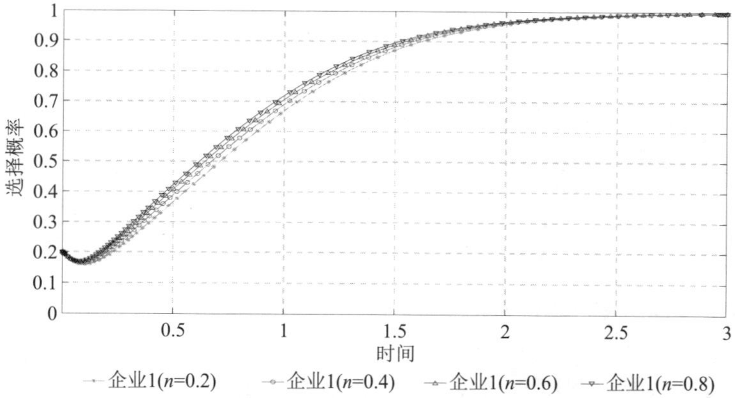

图 4-5　行业协会参与度 n 对企业 1 演化稳定策略的影响

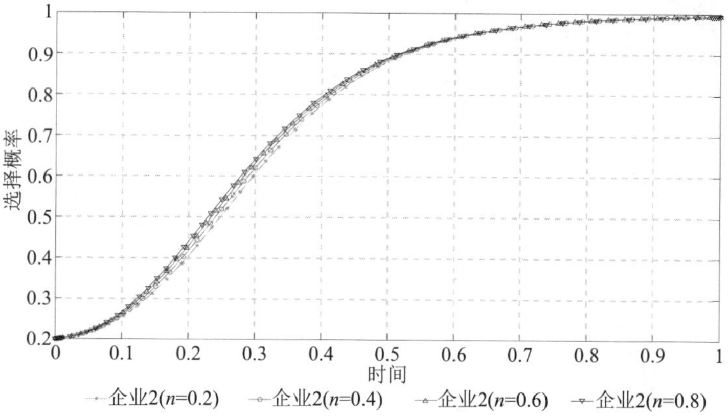

图 4-6　行业协会参与度 n 对企业 2 演化稳定策略的影响

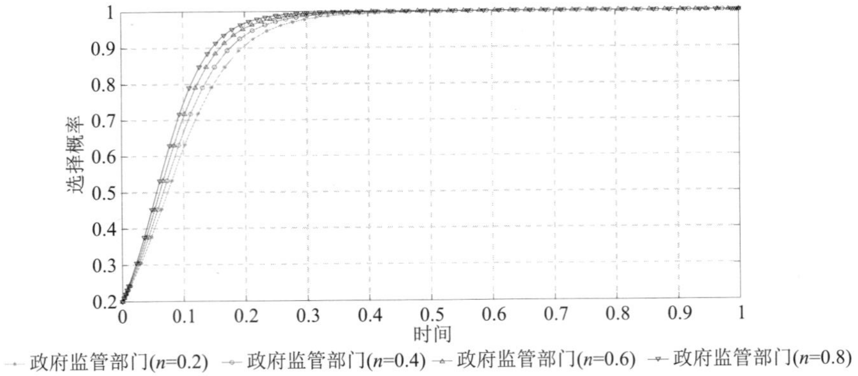

图 4-7　行业协会参与度 n 对政府监管部门演化稳定策略的影响

图 4-8 至图 4-10 表示在满足演化稳定点 (1,1,1) 的条件和其他参数值不变的情况下，改变公众参与度（取值分别为：$m = 0.2, 0.4, 0.6, 0.8$），企业 1、企业 2、政府监管部门各自均衡策略的演化结果。从图 4-8 至图 4-10 可以看出，随着公众参与度的提升，企业不正当竞争的声誉损失增加，对企业 1 和企业 2 选择“正当竞争”策略行为、政府监管部门选择“积极监管”策略行为的影响较为显著，且公众参与度越高，企业声誉损失越大，企业 1 和企业 2 选择“正当竞争”策略行为的演化速度越快，政府监管部门选择“积极监管”策略行为的演化速度越慢；公众参与度由 0.2 提升到 0.8，企业 1 选择“正当竞争”策略行为的概率收敛到 1 的时间从 3 缩短到 0.5，企业 2 选择“正当竞争”策略行为的概率收敛到 1 的时间从 1 缩短到 0.25，而政府监管部门选择“积极监管”策略行为的概率收敛到 1 的时间从 0.5 增加到 3.5。可见，在达到演化稳定状态 (1,1,1) 的前提下，提升公众参与度，增加企业声誉损失，能够加快企业 1 和企业 2 选择“正当竞争”策略行为概率收敛于 1 的速度，而减缓政府监管部门选择“积极监管”策略行为概率收敛于 1 的速度。

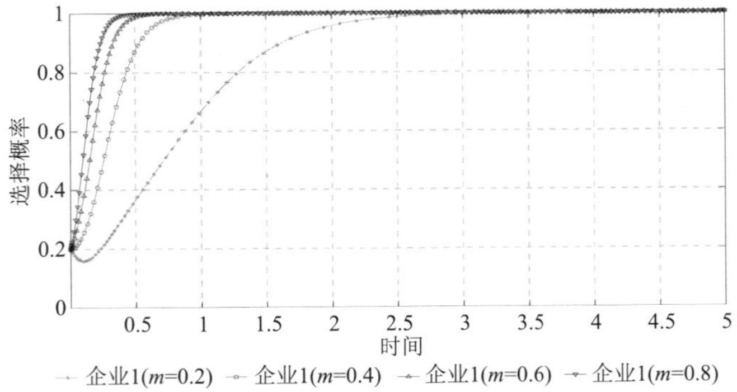

图 4-8　公众参与度 m 对企业 1 演化稳定策略的影响

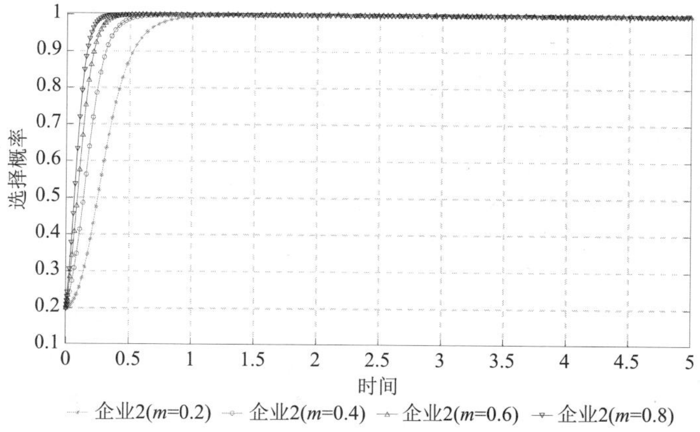

图 4-9　公众参与度 m 对企业 2 演化稳定策略的影响

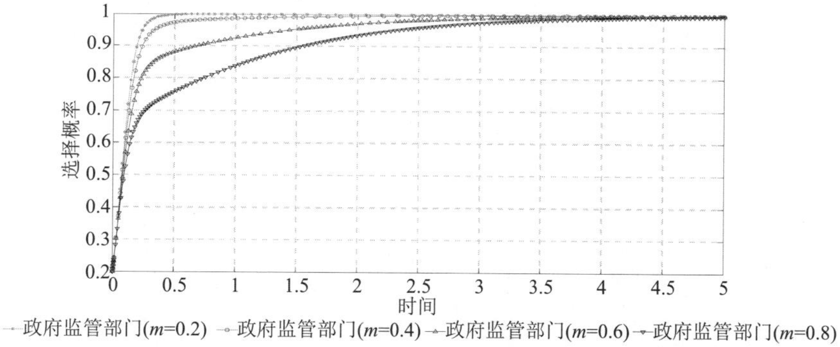

图 4-10　公众参与度 m 对政府监管部门演化稳定策略的影响

图 4-11 至图 4-13 表示在满足演化稳定点 (1,1,1) 的条件和其他参数值不变的情况下，改变不正当竞争惩罚力度（取值分别为：$P_1 = 11,13,15,17$，$P_2 = 8,10,12,14$），企业 1、企业 2、政府监管部门各自均衡策略的演化结果。从图 4-11 至图 4-13 可以看出，惩罚力度的提升对企业 1 和企业 2 选择“正当竞争”策略行为的影响较为显著，对政府监管部门选择“积极监管”策略行为的影响较小，且惩罚力度越大，企业 1 和企业 2 选择“正当竞争”策略行为的演化速度越快，政府监管部门选择“积极监管”策略行为的演化速度也有所加快，但是变化不大。政府惩罚力度由 $P_1 = 11$、$P_2 = 8$ 增加到 $P_1 = 17$、$P_2 = 14$，企业 1 选择“正当竞争”策略行为的概率收敛到 1 的时间从 3 缩短到 1，企业 2 选择“正当竞争”策略行为的概率收敛到 1 的时间从 1 缩短到 0.7，而政府监管部门选择“积极监管”策略行为的概率收敛到 1 的时间缩减较小。可见，在达到演化稳定状态 (1,1,1) 的前提下，加大惩罚力度，能够加快三方博弈主体策略行为选择概率收敛于 1 的速度，优化治理效果。

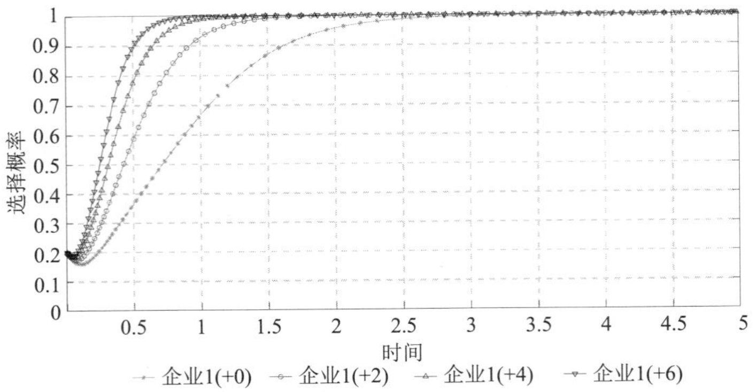

图 4-11　惩罚力度改变对企业 1 演化稳定策略的影响

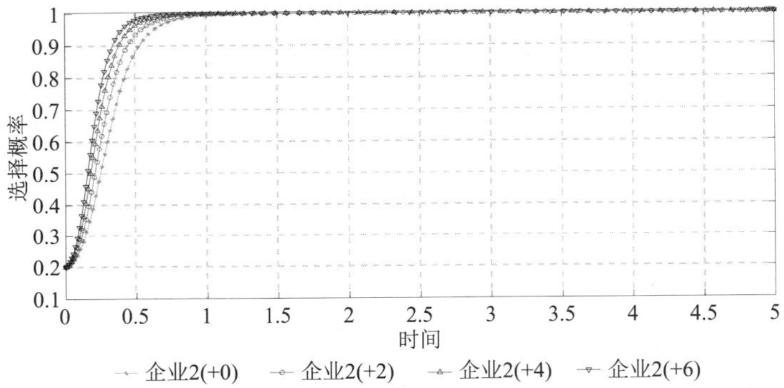

图 4-12　惩罚力度改变对企业 2 演化稳定策略的影响

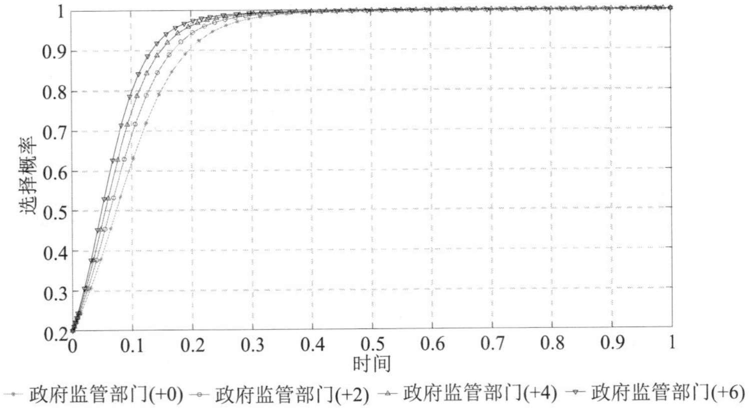

图 4-13　惩罚力度改变对政府监管部门演化稳定策略的影响

上述研究表明，通过提高政府对政策工具的协同运用以及加强不同主体的协同参与能够有效遏制互联网信息服务企业不正当竞争行为的发生，维护行业良好竞争秩序，促进行业健康发展，具体如下。

加大惩罚力度、提升公众和行业协会参与度能促使互联网信息服务企业间更快达成正当有序的竞争状态，优化行业治理效果。首先，从上述八个均衡点成为演化稳定点需满足的条件可知，当政府监管部门给予采取不正当竞争行为的企业的处罚力度较大，行业协会、公众积极参与，降低政府监管部门的监管成本，加大采取不正当竞争行为企业的声誉损失，稳定条件 $V_1 + C_1 - tC_1 - T_1 - R_1 - P_1 < 0$，$-R_2 - P_2 - T_2 - tC_2 + C_2 + V_2 < 0$ 更易成立，此时两个企业更倾向于选择正当竞争策略，政府监管部门倾向于选择积极监管，三方达成最理想的稳定状态。其次，从仿真分析的结果可知，在三方达成理想稳定状态(1,1,1)后，随着公众和行业协会参与度、政府监管部门惩罚力度的提升，企业初始策略选择行为概率演化到 1 的时间越来越短，治理效果得到明显改善。因此，应加大政府监管部门的惩罚力度，强化政府监管部门的责任意识，积极引导公众、行业协会等相关治理主体参与互联网信息服务业的治理，提高企业实施恶性竞争的成本，促使互联网信息服务企业形成正当竞争趋势。

第三方参与程度对互联网信息服务企业治理效果的优化存在差异性。从仿真结果分析可知，在满足演化稳定点(1,1,1)的条件下，行业协会参与度、公众参与度对不同博弈主体趋近稳定状态产生不同的效果。具体来说，在达成演化稳定状态(1,1,1)的情况下，行业协会参与度的提升对三方博弈主体理想稳定状态的达成影响较小，且相较于对互联网信息服务企业 1 和企业 2 选择“正当竞争”策略行为的影响，其对政府监管部门选择“积极监管”策略行为的影响较大。联系实际，在稳定状态(1,1,1)下，由于企业采取“正当竞争”策略、政府监管部门采取“积极监管”策略的意愿较高，此时再提高行业协会参与度，虽然降低了政府的监管成本，但是对政府积极监管的意愿影响不大。同时，从政府的角度来看，行业协会的技术手段、专业知识以及所接触到的企业内部情况较多，与政府衔接程度较高，因此，相较于企业 1 和企业 2，行业协会参与度的提升对政府监管部门的策略选择行为影响更大。公众参与度的提升对互联网信息服务企业采取“正当竞争”策略的影响较大，能使企业更快达到正当竞争状态，其中，公众参与度的提升延长了政府监管部门达成“积极监管”状态的时间。究其原因，是因为声誉损失的提高将会带给互联网信息服务企业巨大的利益威胁，因此其采取“正当竞争”策略的意愿也会随着声誉损失的提高而产生明显的变化。随着公众参与度的提升，公众发挥的监管作用越大，一定程度上替代了政府积极监管的职能，政府监管部门将监管互联网信息服务行业的任务寄希望于公众，从而导致政府采取“积极监管”策略意愿的弱化。因此，政府监管部门应充分认识公众、行业协会等第三方治理主体对互联网信息服务行业治理效果影响的差异性，在调动第三方不同主体参与监管的积极性，建立监督举报机制，拓宽监督渠道，充分发挥第三方参与主体的作用优势的同时，也要充分发挥自身主导者的带头作用，积极参与互联网信息服务行业的监管，扩大互联网信息服务企业恶性竞争的损失，从而促进企业间进行正当竞争，建立和维护良好的市场秩序。

第三节　多元协同治理模式的形成路径分析

政府监管部门与互联网信息服务企业三者达成 (1,1,1) 稳定状态不是一蹴而就的，在实际情形中，存在政府监管部门对互联网信息服务企业的不正当竞争行为缺乏有效监管、监管部门的监管体系不完善，以及政府在实施多元协同治理的过程中，不能明确行业协会、公众等社会主体在参与治理过程中的作用机制等问题，导致多元协同治理模式作用发挥受限，对互联网信息服务行业的监管和治理不够理想。因此需要政府监管部门不断调整完善监管策略、奖惩机制，正确引导行业协会、公众等第三方监督力量的参与，而这些监管措施制度的实施，以及对各主体的系统规划和引导等都需要时间，通过不断地试错和改进监管措施，最终有效发挥多元协同治理模式的作用，达到对互联网信息服务业的有效监管目的。在达成稳定状态 (1,1,1) 之前，在不同的时期往往存在不同的演化稳定状态，政府监管部门与互联网信息服务企业的策略组合也是多样的，但是只有（正当竞争，正当竞争，积极监管）表示互联网信息服务企业之间有序竞争达成，政府进行有效监管，多元协同治理发挥有效作用，这也是最理想的状态。因此，本节从演化博弈模型的角度，分析互联网信息服务业竞争秩序多元协同治理模式发挥作用的形成路径，探究政府对企业的奖惩措施如何通过与行业协会、公众参与等互动，作用于互联网信息服务企业的收益进而影响企业的行为，遏制企业不正当竞争的倾向，维护市场竞争秩序健康发展。下面就三方动态博弈演化路径进行具体分析。

政府监管部门、互联网信息服务企业 1 与互联网信息服务企业 2 之间相互作用，经历 8 种策略组合演变，即 (0,0,0) 、(0,0,1) 、(1,0,0) 、(0,1,0) 、(0,1,1) 、

(1,0,1)、(1,1,0)、(1,1,1)。系统的演进路径如图 4-14 所示。

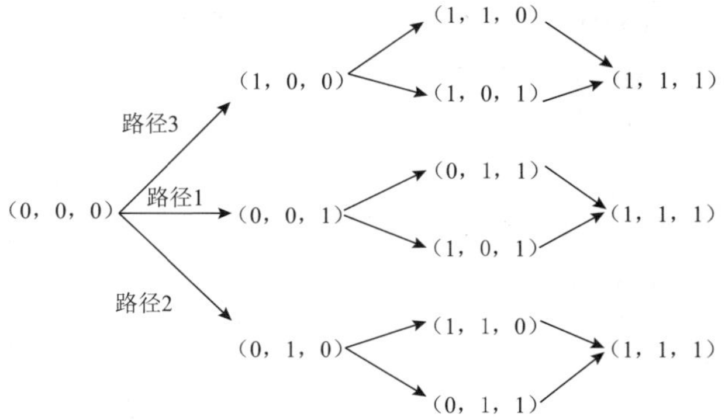

图 4-14　系统的演进路径

在路径 2 和路径 3 的演进过程中，在政府监管部门采取消极监管策略的情形下，互联网信息服务企业遵循市场规律自由竞争。由于市场发展初期，公众、行业协会等社会主体参与治理的意愿较弱，企业不正当竞争造成的声誉损失较小，加之企业并不只是凭借自身的各项收益和成本做出策略选择，同时还会考虑竞争对手的策略，若只有一方采取“正当竞争”策略，可能因为对手企业的“不正当竞争”策略增加损失，因此，无论对手企业选择什么策略，企业 1 和企业 2 的最优策略都是唯一的，根据囚徒困境理论，“不正当竞争”为企业绝对占优策略，即任何一个互联网信息服务企业都不会单方面地选择“正当竞争”策略。基于以上分析可知，条件 $C_2+2V_2<k_2q_3+T_2+tC_2+V_1$ 和 $C_1+2V_1<k_1q_3+T_1+tC_1+V_2$ 并不满足。现实中该路径无法实现，不予考虑。下面就路径 1 进行如下具体分析。

（一）初始阶段（0,0,0）

在互联网信息服务业治理的初期，由于企业 1 和企业 2 以利益最大化为目标，政府监管部门相关法律法规不健全、监管成本过高等原因，三方容易达成（0,0,0）演化稳定状态，此状态表示企业 1 选择“不正当竞争”策略，企业 2 选择“不正当竞争”策略，政府监管部门选择“消极监管”策略。该稳定状态下需要满足的条件为：$k_1q_3+T_1+tC_1-2V_1+V_2-C_1<0$，$k_2q_3+T_2+tC_2-C_2-2V_2+V_1<0$，$P_1+P_2+S-C_r<0$。该情形下，政府由于监管成本过大，大于对企业 1 和企业 2 的惩罚与自身积极监管的收益之和，因此选择消极监管。在政府消极监管的情形下，企业 1 和企业 2 由于选择不正当竞争产生的运营收益损

失和成本、面临的公众声誉损失之和小于正当竞争被对方企业抢夺的收益和正当竞争成本之和，所以“不正当竞争”为两个企业的绝对占优策略，因此都更加倾向于同时选择不正当竞争策略的“囚徒困境”点，加剧市场竞争。

在满足上述条件的基础上为各个参数赋值，赋值情况如下。

$T_1=1.5$，$C_1=10$，$T_2=1.5$，$C_2=9$，$V_1=11$，$V_2=9$，$R_1=1.4$，$P_1=1$，$R_2=1.6$，$P_2=1$，$B=10$，$C_r=18$，$S=15$，$B_1=4$，$B_2=5$，$t=0.5$，$q_3=5$，得到三方策略选择的演化路径仿真结果，如图 4-15 所示。由图 4-15 可知，三方博弈主体从不同的初始概率组合开始，经过较长一段时间的演变，最终都会演化到稳定点（0,0,0）。

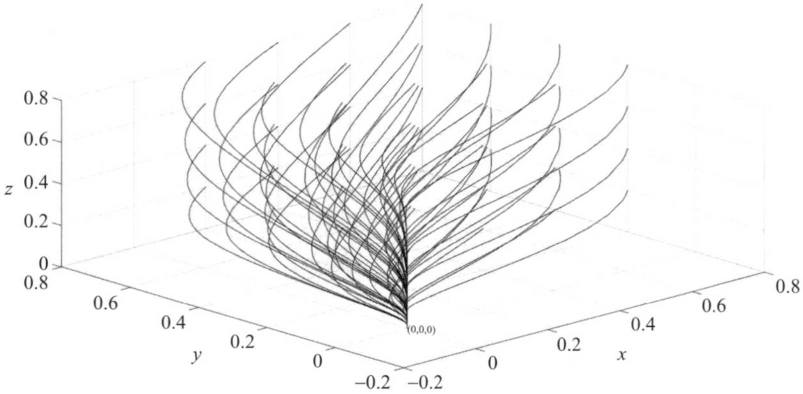

图 4-15　三方策略选择的演化博弈图（1）

（二）政府监管部门策略转变阶段（0,0,1）

随着互联网信息服务企业不正当竞争加剧，引起的社会矛盾日益突出，政府部门意识到问题的严重性，开始出台相关法律法规，制定市场竞争行为规范，对竞争行为的正当与否予以奖励或者惩罚。同时政府部门也意识到互联网信息服务业竞争秩序治理的复杂性，单凭一己之力已经无法满足行业的治理需求，需要吸引更多的主体参与到治理过程中。于是此阶段政府监管部门积极引导行业协会、公众等第三方主体参与治理，降低监管成本。采取不正当竞争行为的企业除了受到政府监管部门惩罚之外，还会受到公众抵制购买其产品或服务、负面舆论评价等造成的声誉损失。此时由于政府监管部门对企业 1 和企业 2 的奖励和惩罚过小，企业不正当竞争面临的公众声誉损失过小，导致不正当竞争的运营收益损失和成本、政府的惩罚、声誉损失之和小于采取正当竞争所付出的成本和被对方抢夺的收益之和，即 $k_1q_3 + P_1 + R_1 + T_1 + tC_1 - 2V_1 + V_2 - C_1 < 0$，$k_2q_3 + T_2 + P_2 + R_2 + tC_2 - C_2 - 2V_2 + V_1 < 0$ 成立。在该阶段，由于企业会考虑竞争对手的策略选择，若采取“正当竞争”策略可能会产生更大的损失，经过多次博弈，两个企业都更倾向于同时选择“不正当竞争”策略的“囚徒困境”点，这也是政府最不愿意看到的情形。而政府监管部门由于积极监管带来的收益，包括自身收益和对企业的惩罚大于其所付出的监管成本，即 $-P_1 - P_2 - S + C_r < 0$，因此选择“积极监管”策略。此阶段演化稳定状态由一开始的 (0,0,0) 点，即（不正当竞争，不正当竞争，消极监管），向演化稳定状态 (0,0,1) 转变，即企业 1 与企业 2 都选择“不正当竞争”策略，政府选择“积极监管”策略。

此阶段，在满足上述条件的基础上为各个参数赋值，赋值情况如下。

$T_1 = 2$，$C_1 = 10$，$T_2 = 2$，$C_2 = 9$，$V_1 = 11$，$V_2 = 9$，$R_1 = 1.4$，$P_1 = 3$，$R_2 = 1.6$，$P_2 = 2$，$B = 10$，$C_r = 14$，$S = 15$，$B_1 = 4$，$B_2 = 5$，$t = 0.5$，$q_3 = 5$，得到三方策略选择的演化路径仿真结果，如图 4-16 所示。由图 4-16 可知，三方博弈主体从不同的初始概率组合开始，经过较长一段时间的演变，最终都会演化到稳定点 (0,0,1)。

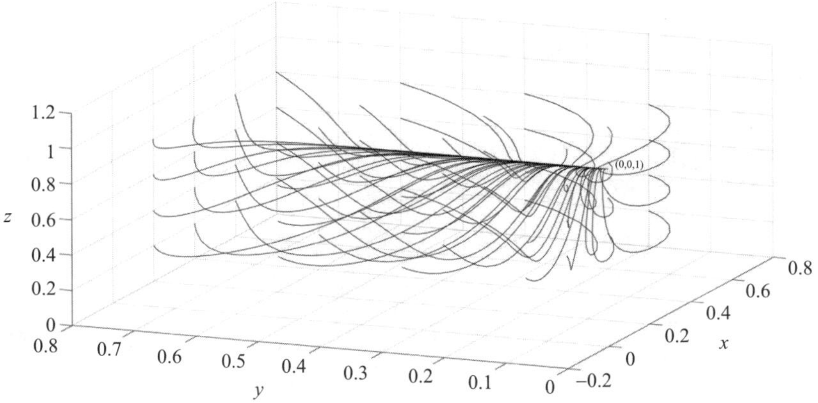

图 4-16 三方策略选择的演化博弈图（2）

（三）互联网信息服务企业策略转变阶段

为制定更加合理的奖惩制度，完善相关法律法规，促使互联网信息服务企业进行有序正当的竞争，此阶段政府监管部门在不断完善监管机制的同时，加大市场监管力度，增加企业恶性竞争的惩戒成本，采取惩罚为主、奖励为辅的方式，遏制互联网信息服务企业不正当竞争行为的发生。由于政府监管部门对部分企业了解有限，难以在治理初期就对互联网信息服务企业采取最为合理的治理措施，导致在进行针对性治理时并未达到遏制企业不正当竞争行为的预期目的。此外，政府监管部门虽已积极引导多元主体参与治理，但在实际治理中，由于多元主体利益不对等、权责不明确，彼此间缺乏有效的沟通交流，并未达到多元协同共治应有的效果，因此难免会出现治理不力的情况。此阶段会出现以下两种情形。

1. 情形一：转变为（0,1,1）稳定状态

此情形下，对企业 1 的治理效果不佳，对企业 2 的治理效果较好。企业 1 考虑到采取正当竞争策略时，对手企业可能采取不正当竞争行为争夺其用户，造成一定的利益受损，若采取不正当竞争策略，将会受到政府监管部门的处罚，并受到公众负面舆论、抵制购买等行为的影响造成一定的声誉损失，由于政府监管部门对企业 1 的奖惩不够合理，公众对企业 1 不正当竞争行为关注度较小，此时，政府处罚、公众对其的声誉惩戒对企业 1 利益影响较小，即 $T_1 + tC_1 - V_1 - C_1 + P_1 + R_1 < 0$ 更容易成立，企业 1 为追求自身利益最大化，选择“不正当竞争”策略。企业 2 考虑到采取正当竞争策略时，对手企业可能采取不正当竞争行为争夺其用户，造成一定的利益受损，若采取不正当竞争策略，将会受到政府监管部门的处罚，并受到公众负面舆论、抵制购买等行为的影响造成一定的声誉损失，而由于政府监管部门对企业 2 的惩罚力度较大，威慑力较强，公众对企业 2 不正当竞争行为给予较高的关注度，此时，政府处罚、公众对其的声誉惩戒对企业 2 利益影响较大，即 $-k_2q_3 - P_2 - R_2 - T_2 - tC_2 + C_2 + 2V_2 - V_1 < 0$ 更容易成立，企业 2 为追求自身利益最大化，选择“正当竞争”策略。政府监管部门对企业 1 的处罚收益和积极监管收益之和大于对企业 2 的奖励与自身积极监管投入的成本之和，因此选择“积极监管”策略。此情形下的参数设置如下。

$T_1 = 3$，$C_1 = 10$，$T_2 = 3$，$C_2 = 9$，$V_1 = 11$，$V_2 = 9$，$R_1 = 1.4$，$P_1 = 4$，$R_2 = 1.6$，$P_2 = 8$，$B = 10$，$C_r = 10$，$S = 15$，$B_1 = 4$，$B_2 = 5$，$t = 0.5$，$q_3 = 5$，得到三方策略选择的演化路径仿真结果，如图 4-17 所示。由图 4-17 可知，博弈三方以不同的初始概率组合开始，经过一段时间的博弈，最终都会演化到稳定点（0,1,1）。

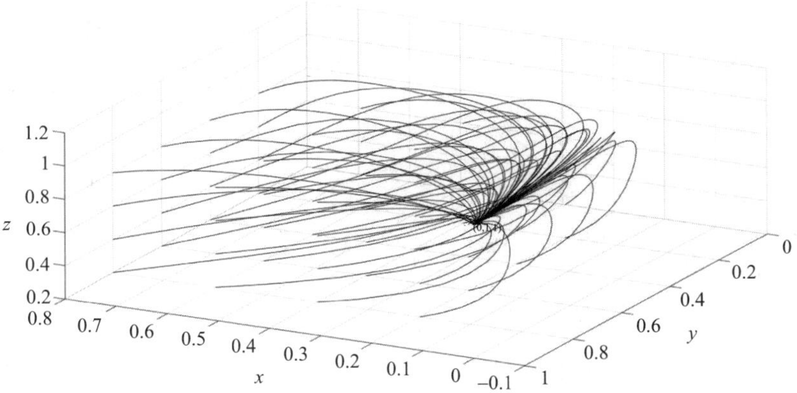

图 4-17　三方策略选择的演化博弈图（3）

2. 情形二：转变为（1,0,1）稳定状态

此情形下，对企业 2 的治理效果不佳，对企业 1 的治理效果较好。企业 2 考虑到采取正当竞争策略时，对手企业可能采取不正当竞争行为争夺其用户，造成一定的利益受损，若采取不正当竞争策略，将会受到政府监管部门的处罚，并受到公众负面舆论、抵制购买等行为的影响造成一定的声誉损失，由于政府监管部门对企业 2 的奖惩不够合理，公众对企业 2 不正当竞争行为关注度较小，此时，政府处罚、公众对其的声誉惩戒对企业 2 利益影响较小，即 $T_2+P_2+R_2+tC_2-C_2-V_2<0$ 更容易成立，企业 2 为追求自身利益最大化，选择“不正当竞争”策略。企业 1 考虑到采取正当竞争策略时，对手企业可能采取不正当竞争行为争夺其用户，造成一定的利益受损，若采取“不正当竞争”策略，将会受到政府监管部门的处罚，并受到公众负面舆论、抵制购买等行为的影响造成一定的声誉损失，而由于政府监管部门对企业 1 的惩罚力度较大，威慑力较强，公众对企业 1 不正当竞争行为给予较高的关注度，此时，政府处罚、公众对其的声誉惩戒对企业 1 利益影响较大，即 $-T_1-k_1q_3-tC_1+2V_1-V_2+C_1-P_1-R_1<0$ 更容易成立，企业 1 为追求自身利益最大化，选择“正当竞争”策略。政府监管部门对企业 2 的处罚收益和积极监管收益之和大于对企业 1 的奖励与自身积极监管投入的成本之和，因此选择“积极监管”策略。此情形下的参数设置如下。

$T_1=3$，$C_1=10$，$T_2=2$，$C_2=9$，$V_1=12$，$V_2=11$，$R_1=1.4$，$P_1=9$，$R_2=1.6$，$P_2=2$，$B=10$，$C_r=10$，$S=15$，$B_1=4$，$B_2=5$，$t=0.5$，$q_3=5$，得到三方策略选择的演化路径仿真结果，如图 4-18 所示。由图 4-18 可知，三方博弈主

体从不同的初始概率组合开始，经过较长一段时间的演变，最终都会演化到稳定点（1,0,1）。

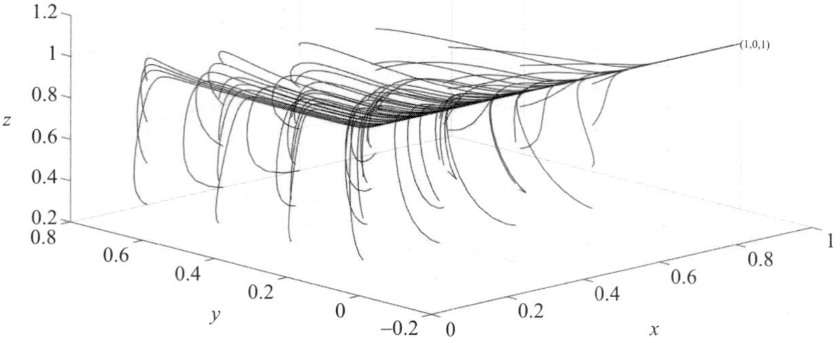

图 4-18　三方策略选择的演化博弈图（4）

（四）最优稳定状态（1,1,1）达成

随着政府监管部门对互联网信息服务业治理的相关法律法规不断完善，治理措施的不断改进，治理经验的不断丰富，更加注重多元主体在治理中作用的发挥，互联网信息服务业竞争秩序治理效果显著。行业协会积极参与治理，发挥自身的治理优势，与政府监管部门进行充分的沟通协作，降低互联网信息服务业竞争秩序治理成本。政府监管部门不断拓宽意见表达的交互性渠道，公众通过广泛的渠道对采取破坏市场良好竞争秩序的企业进行投诉举报和建言献策，企业不正当竞争行为面临的声誉损失越来越大。在此阶段，企业若采取不正当竞争策略，将会受到政府监管部门给予的较大处罚，同时会面临较大的声誉损失，容易受到政府监管部门、行业协会、公众的联合惩戒，使得企业自身利益受损严重，出于自身利益最大化的考虑，企业更倾向于选择正当竞争策略，即 $V_1+C_1-tC_1-T_1-R_1-P_1<0$， $-R_2-P_2-T_2-tC_2+C_2+V_2<0$ 更容易成立。政府监管部门积极参与监管带来的收益显著，社会福利得到大幅度提升，在多元主体的协助下，监管成本得到大幅度下降，即 $R_2+R_1-S+C_r<0$ 得到满足，政府监管部门选择“积极监管”的策略。此时，稳定的市场竞争秩序得以实现，达到最优的演化稳定状态。

此阶段的参数设置如下：$T_1=6$，$C_1=10$，$T_2=5$，$C_2=9$，$V_1=11$，$V_2=9$，$R_1=1.4$，$P_1=11$，$R_2=1.6$，$P_2=8$，$B=10$，$C_r=9$，$S=15$，$B_1=4$，$B_2=5$，

$t=0.5$，$\lambda=0.5$，$q_3=5$，得到三方策略选择的演化路径仿真结果，如图 4-19 所示。由图 4-19 可知，三方博弈主体从不同的初始概率组合开始，经过较长一段时间的演变，最终都会演化到稳定点（1,1,1）。

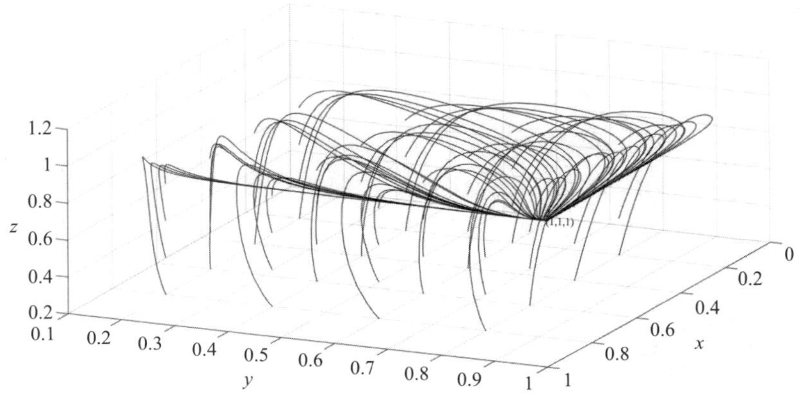

图 4-19 三方策略选择的演化博弈图（5）

事实上，政府监管与行业协会、公众参与等并非两种相互独立的路径，二者间存在明显的互动效应，政府监管部门在互联网信息服务业竞争发展中除了承担监管职责外，更承担着协调社会多主体参与监管的角色，其行为策略直接影响着企业的策略选择，能够对企业行为产生直接约束；政府监管部门和互联网信息服务企业策略选择的阶段性变化是三方进行综合博弈的结果。在演进路径的第一阶段，由于政府部门的监管能力有限、监管成本过高、信息不对称等因素，政府监管比较消极，难以及时有效地对互联网信息服务企业的不正当竞争进行监管。随着市场不正当竞争加剧，政府监管策略开始转变，进入演进的第二阶段，政府监管部门需要快速制定奖惩机制，引导行业协会、公众等第三方监督力量，降低政府监管成本，提高监管效能；行业协会、公众具备大量社会知识，他们能激发人们从行业视角、声誉视角等去看待互联网信息服务企业的不正当竞争行为，从而形成企业额外的声誉损失，达到对企业不正当竞争行为间接监督的目的。在监管制度、监管形式不断完善，多元协同参与治理下，互联网信息服务企业的策略逐渐转变为正当竞争，市场竞争越来越趋向健康有序发展，最终演进为第四阶段的理想稳定状态。

从上述四个阶段的依次演进我们可以看出，政府监管部门、企业 1、企业 2 三者的决策行为是相互影响的。政府部门投入监管的成本、政府部门对互联网信息服务企业的奖惩力度、互联网信息服务企业间的正当收益、正当竞争成本与正当竞争风险、公众参与对互联网信息服务企业造成的声誉损失等多个因素都会影响三方策略组合最终演化到何种稳定均衡状态。

互联网信息服务业竞争秩序多元协同治理模式要求政府部门引导行业协会与公众等相关主体参与治理过程，而模式发挥有效作用的机制比较复杂，受到诸多因素的影响。由于行业协会是受政府部门领导的行业内组织，虽然拥有一定的专业知识、技术优势，但其在治理过程中作用的发挥不仅受到参与度水平的影响，也会受到政府赋予其权力空间大小的影响。而公众主要通过政府部门设置的各种举报渠道或依靠各种权益保护协会参与行业市场竞争秩序的治理，容易受到舆论的影响，同时由于自身文化程度、鉴别真假的能力等因素存在差异性，因此可能错误地认识企业的竞争行为，给企业和政府带来一定的损失。可见，赋予行业协会权力的大小、公众举报的真实性等因素对行业多元协同治理的影响都是亟须明晰的问题。

本章小结

本章主要分析了互联网信息服务业竞争秩序多元协同治理发挥作用的形成路径。首先对演化博弈模型的选择进行阐释，分析模型涉及的三个主体——互联网信息服务企业 1、互联网信息服务企业 2、政府监管部门之间的相互关系，然后分析互联网信息服务企业间跨领域行为与不正当竞争的关系，为模型假设提供理论基础；之后构建了互联网信息服务业竞争秩序多元协同治理形成路径的演化博弈模型，通过三方博弈主体间支付矩阵的搭建，得出企业 1、企业 2 与政府监管部门的复制动态方程，分析系统不同稳定状态下的条件；然后运用数值仿真分析政府奖惩措施、行业协会参与和公众参与等因素对不同主体策略选择的影响，表明政府奖惩、行业协会参与、公众参与等措施能够作用于互联网信息服务企业的收益从而影响企业的行为；最后对互联网信息服务业竞争秩序多元协同治理模式发挥作用的形成路径进行具体分析，帮助政府正确引导行业协会、公众等主体参与治理，促进多元协同治理作用的有效发挥，维护行业竞争秩序健康有序发展。

第五章　互联网信息服务业竞争秩序多元协同治理模式作用条件

参与主体作用发挥的条件是促进多元协同有效治理的重要因素，行业协会和公众在多元协同治理中对政府有效治理互联网信息服务行业起着重要作用，若政府监管部门对行业协会与公众作用发挥的条件不够明晰，则会影响多元协同治理的效果。因此本章分析行业协会与公众作用发挥的影响因素，指出多元协同治理效果受到行业协会权力空间与公众举报公正程度的影响，在第四章研究的基础上，新增行业协会、公众作用发挥的条件参数——行业协会权力空间与公众举报公正程度，构建演化博弈模型，探讨行业协会权力空间与公众举报公正程度对多元协同治理模式作用有效发挥产生的影响，明晰模式作用有效发挥的条件并进行深度剖析。

第一节　参与主体作用发挥的影响因素

互联网信息服务业竞争秩序多元协同治理需要政府部门积极引导行业协会和公众参与治理过程（卢安文和何洪阳，2020），但由于多元协同治理模式构成上的复杂性，模式的作用发挥受到参与主体自身属性等诸多因素的影响。因此，在研究行业协会和公众对多元协同治理效果的影响时，应充分考虑两者在治理中作用发挥的影响因素，明晰它们在多元协同治理模式中发挥作用的条件。

一、行业协会作用发挥的影响因素分析

随着互联网与传统行业的逐渐融合，各行业之间的业务边界逐渐淡化，打破了政府部门事务管理的界限。对于新兴的互联网业务，前期尚未形成具有针对性的管理政策时，政府监管部门难以实现对互联网信息服务业的有效监管，

加之企业间频繁发生的不正当竞争行为，对行业的公平竞争秩序造成了极大的消极影响。互联网行业协会处于互联网治理前沿，相较于政府监管部门具有亲近市场、了解市场、了解行业的天然优势（郭泽鹏，2021），通过制定行业规范、开展行业自律、组织企业交流等多种方式，能提高企业公平竞争意识，维护行业良好竞争秩序，促进全行业健康有序发展。随着互联网时代的快速发展，包括行业协会在内的多主体参与治理过程是大势所趋。行业协会参与监管有助于政府部门更好地对互联网信息服务企业进行治理，并降低政府治理成本。同时行业专家的专业性能减少信息不对称问题的发生，还能判断和处理非法律领域的情形。这种多元主体参与的治理模式能产生协同作用，提高政府监管部门对互联网信息服务企业的监管效率。然而，行业协会等社会机构的优势难以发挥，使这种多元治理并非必然产生“协同效应”。互联网行业协会参与治理的空间受限使得其作用发挥有限。

受互联网行业协会自身发展状况与我国传统互联网监管模式的影响，我国目前对行业组织实行双重管理体制。互联网行业协会是政府机构在互联网行业中的延伸，对政府有很强的依赖性，行政色彩较浓，其所拥有的社会权力主要来自国家机关的授权与委托。政府通过授权行业协会的方式，委托其对本行业事务进行自主管理。但在实际情境中，政府对行业协会权力采取较为严格的限制，导致行业协会无法充分利用行业知识和专业性技能手段协助政府进行高效治理。行业协会有足够的专业性人力资源却一直缺乏足够的权力和服务空间的困境（王伟进，2015），影响其参与行业治理的效果。一方面，互联网行业协会是行业规范的制定者、执行者和惩治者，权力的过于集中易引发权力滥用；另一方面，由于监督机构的不完善，政府对互联网行业协会滥用权力的规制和惩罚力度不够，难以有效约束互联网行业协会。同时，如果政府一味将管理权下放，必然会导致政府管控力度的下降，造成权力失控。但多元协同治理理念倾向于给多方主体赋予合理的权力范围，让行业团体更广泛、更高效地发挥作用（邓小兵和刘晓思，2017）。当政府缩小监管空间使得其与行业协会的合作收益为正时，行业协会参与社会共治才会真正发挥作用（史博和赵迎欢，2018）。政府需要监管市场竞争秩序，而行业协会作为秩序协调者则处在更前沿的地位，政府应赋予其更多的空间，使得行业协会参与社会共治真正发挥作用（王锦程，2021）。

二、公众作用发挥的影响因素分析

公众参与是一个社会学概念，指社会群体、社会组织单位或个人作为主体在权利、义务范围内所从事的有目的的社会行动（薛澜和董秀海，2010）。就互联网信息服务业不正当竞争行为监管而言，公众参与是指公众通过政府设置的各种举报渠道同政府监管部门、行业协会、消费者权益保护协会、互联网信息服务企业以及其他相关机关、团体等组织，通过一定的方式参与到互联网信息服务业市场竞争秩序治理过程中。互联网信息服务企业进行不正当竞争时，受害者可能不仅包括涉事企业，还包括公众。公众作为互联网产品或服务的最终用户，更容易察觉到企业的不正当竞争行为，及时举报能使政府监管部门更快速地对企业采取的不正当竞争行为进行管制，防止竞争秩序紊乱。公众在互联网信息服务企业不正当竞争监管中起到的作用显而易见，能有效协助相关监管部门进行不正当竞争监管。但从实际来看，当前我国公众参与互联网信息服务企业不正当竞争监管的积极性不高，在“理论”与“实际”之间存在较大落差。

在协同治理中，公众存在缺乏专业技能与知识的可能，这是其参与多元协同治理的现实困境。知识是个体进行价值判断和行为选择的依据，在错综复杂的社会网络系统中，个体主要依据自己已有的知识和日常积累的经验采取行动。由于互联网信息服务企业不正当竞争行为极具技术性、隐蔽性等特征，在工具理性和价值理性二维导向下学界和业界从不同视角理解和解释互联网信息服务企业不正当竞争问题，并发展其各自的知识体系，由此造成对互联网信息服务企业不正当竞争认知上的异质性。公众对于互联网行业不正当竞争的知识不仅来自政府部门的普及和对专业知识的学习，更直接来源于他们在使用互联网过程中的经验积累。这种标准科学与经验知识的相互作用，使公众逐渐以自身的非专业性的不正当竞争相关知识基础为依据进行价值判断和行为选择。公众构成的复杂性，以及年龄、教育背景等多因素的差异，使其面对网络世界的海量信息时，难以鉴别不正当竞争相关信息的真伪，由此向政府监管部门提供不实的不正当竞争信息，引发负面言论，增加多元协同治理难度。可见，公众在治理过程中提供信息的真实性对行业治理效果有重要影响，从知识结构上看，公众要想理性、有效地参与治理，需要具备相关专业知识。

在行业竞争秩序多元协同治理过程中，行业协会权力空间大小以及公众举报公正程度会影响行业协会和公众在治理过程中的优势发挥，进而影响多元协同治理模式的治理效果，为此，政府监管部门在引导行业协会、公众参与互联网信息服务业竞争秩序治理时，应该综合考虑各因素对多元协同治理效果的影响，确保多元主体在治理中有效作用的发挥。

第二节　演化博弈模型构建

一、假设条件与模型构建

本节在行业协会作用受权力空间大小、公众作用受举报公正程度影响的现实情境下，运用演化博弈理论构建政府监管部门与互联网信息服务企业 1 和企业 2 之间的演化博弈模型，分析行业协会参与度、行业协会权力空间、公众参与度、公众举报公正程度等参数对系统稳定状态的影响，为多元协同治理模式发挥有效作用提供依据。

在系统博弈过程中，政府监管部门可选择的策略集合为（积极监管，消极监管），选择积极监管的概率为 $x(0\leqslant x\leqslant 1)$，选择消极监管的概率为 $1-x$。同样，互联网信息服务企业 1 可以选择的策略集合为（正当竞争，不正当竞争），选择正当竞争的概率为 $y(0\leqslant y\leqslant 1)$，选择不正当竞争的概率为 $1-y$；互联网信息服务企业 2 可以选择的策略集合为（正当竞争，不正当竞争），选择正当竞争的概率为 $z(0\leqslant z\leqslant 1)$，选择不正当竞争的概率为 $1-z$。

假设 1：政府积极监管成本为 C。新制度经济学的分析表明，在社会群体中，如果某些人的行为能被另一类人以相对较低的信息成本观察到，而其他人群观察该行为的成本较高，那么让信息成本较低的人群行使监督的权利就可以极大地节约监管成本。因此政府通过赋予行业协会权力，引导行业推进自律、开展企业信用评价等方式推动行业协会参与治理，可以降低监管的边际成本，此时政府的积极监管成本表达式为 $C=c_0+\dfrac{1-q\varpi}{k}$，$c_0$ 是政府积极监管的固定成本，q 为行业协会参与度，ϖ 为行业协会权力空间，k 为政府监管边际成本转换系数，$0<q,\varpi<1$。同时，由于政府采取积极监管，可获得收益 S。

假设 2：若企业 1 和企业 2 之间正当竞争，市场竞争秩序良好，将会提高社会福利水平，此时企业正当竞争带来的社会效益记为 B；企业 1 正当竞争，企业 2 不正当竞争时，将会降低社会福利水平，此时企业 2 不正当竞争带来的社会损失记为 B_2；企业 2 正当竞争，企业 1 不正当竞争时，将会降低社会福利水平，此时企业 1 不正当竞争带来的社会损失记为 B_1；企业 1 和企业 2 都不正当竞争时，市场竞争秩序混乱，将会降低社会福利水平，此时企业不正当竞争带来的社会收益记为 $-B$。该收益和损失均由政府承担。

假设 3：企业 1 和企业 2 选择正当竞争时分别获得 R_1 和 R_2 的基础收益；企业 1 不正当竞争，企业 2 正当竞争时，企业 1 从企业 2 争夺 ΔR_1 的不正当竞争收益，但会付出 c_1 的不正当竞争成本；企业 2 不正当竞争，企业 1 正当竞争时，企业 2 从企业 1 争夺 ΔR_2 的不正当竞争收益，但会付出 c_2 的不正当竞争成本；企业 1 和企业 2 同时选择不正当竞争时，企业 1 从企业 2 争夺 ΔR_1 的不正当竞争收益，付出 c_1 的不正当竞争成本，企业 2 从企业 1 争夺 ΔR_2 的不正当竞争收益，付出 c_2 的不正当竞争成本，且不正当竞争时导致市场环境恶化严重，企业 1 和企业 2 都会产生损失，分别为 ΔR_3 和 ΔR_4。

假设 4：当互联网信息服务企业选择不正当竞争策略时，政府积极监管将对采取不正当竞争行为的企业进行惩罚，对企业 1 的惩罚为 g_1，对企业 2 的惩罚为 g_2；当互联网信息服务企业选择正当竞争策略时，政府积极监管将对采取正当竞争的企业给予一定的奖励，对企业 1 的奖励为 l_1，对企业 2 的奖励为 l_2。

假设 5：公众由于自身知识结构或受网上错误信息误导等原因，在参与多元协同治理过程中提供不实的不正当竞争信息，从而出现举报失真情况，给政府监管部门与互联网信息服务企业带来负面影响。公众举报失真时，采取正当竞争企业将会损失 $p(1-\varphi)T_i(i=1,2)$，T_i 代表企业声誉损失。政府积极监管时，对公众提供的信息反馈快速、高效处理，由此受公众举报失真带来的损失较小，可以忽略不计。政府消极监管，公众举报企业不正当竞争时，若企业之间选择正当竞争，政府损失为 $p(1-\varphi)n$；若企业一方选择不正当竞争或者企业 1 和企业 2 同时选择不正当竞争时，政府损失为 pn。p 为公众参与度，φ 为公众举报公正程度，$0<p,\varphi<1$，n 为政府消极监管时的声誉损失。

表 5-1 给出了系统演化博弈模型具体的参数含义。

表 5-1　系统演化博弈模型的参数含义

参数	含义
l_1	政府给予进行正当竞争企业 1 的奖励
l_2	政府给予进行正当竞争企业 2 的奖励
g_1	政府对进行不正当竞争企业 1 的惩罚
g_2	政府对进行不正当竞争企业 2 的惩罚

续表

参数	含义
R_1	企业 1 正当竞争时的自身收益
ΔR_1	企业 1 不正当竞争时从企业 2 争夺的收益
c_1	企业 1 不正当竞争时付出的成本
T_1	企业 1 不正当竞争时的声誉损失
R_2	企业 2 正当竞争时的自身收益
ΔR_2	企业 2 不正当竞争时从企业 1 争夺的收益
c_2	企业 2 不正当竞争时付出的成本
T_2	企业 2 不正当竞争时的声誉损失
S	政府积极监管时的预期收益
c_0	政府积极监管时的固定成本
k	政府监管边际成本转换系数
B	企业正当竞争带来的社会效益或不正当竞争带来的社会损失
B_1	企业 1 不正当竞争带来的社会损失
B_2	企业 2 不正当竞争带来的社会损失
p	公众参与度
φ	公众举报公正程度
q	行业协会参与度
ϖ	行业协会权力空间
n	政府消极监管时的声誉损失
ΔR_3	市场环境恶化给企业 1 带来的损失
ΔR_4	市场环境恶化给企业 2 带来的损失

二、收益模型

根据上述假设条件，可分别列出政府监管部门、互联网信息服务企业 1 和企业 2 在不同策略情形下的三方博弈收益矩阵，结果如表 5-2 和表 5-3 所示。

表 5-2　政府积极监管时(x)三方博弈收益矩阵

<table>
<tr><th rowspan="2">互联网信息服务企业 1</th><th colspan="2">互联网信息服务企业 2</th></tr>
<tr><th>正当竞争 (z)</th><th>不正当竞争 ($1-z$)</th></tr>
<tr><td>正当竞争 (y)</td><td>$B+S-C-l_1-l_2$
$R_1+l_1-p(1-\varphi)T_1$
$R_2+l_2-p(1-\varphi)T_2$</td><td>$S-C-l_1+g_2-B_2$
$R_1+l_1-p(1-\varphi)T_1-\Delta R_2$
$R_2+\Delta R_2-c_2-g_2-T_2$</td></tr>
<tr><td>不正当竞争 ($1-y$)</td><td>$S-C-l_2+g_1-B_1$
$R_1+\Delta R_1-c_1-g_1-T_1$
$R_2+l_2-\Delta R_1-p(1-\varphi)T_2$</td><td>$S-C+g_1+g_2-B$
$R_1+\Delta R_1-\Delta R_2-c_1-g_1-T_1-\Delta R_3$
$R_2+\Delta R_2-\Delta R_1-c_2-g_2-T_2-\Delta R_4$</td></tr>
</table>

表 5-3　政府消极监管时($1-x$)三方博弈收益矩阵

<table>
<tr><th rowspan="2">互联网信息服务企业 1</th><th colspan="2">互联网信息服务企业 2</th></tr>
<tr><th>正当竞争 (z)</th><th>不正当竞争 ($1-z$)</th></tr>
<tr><td>正当竞争 (y)</td><td>$B-p(1-\varphi)n$
$R_1-p(1-\varphi)T_1$
$R_2-p(1-\varphi)T_2$</td><td>$-B_2-pn+p\varphi g_2$
$R_1-p(1-\varphi)T_1-\Delta R_2$
$R_2+\Delta R_2-c_2-p\varphi(g_2+T_2)$</td></tr>
<tr><td>不正当竞争 ($1-y$)</td><td>$-B_1-pn+p\varphi g_1$
$R_1+\Delta R_1-c_1-p\varphi(g_1+T_1)$
$R_2-\Delta R_1-p(1-\varphi)T_2$</td><td>$-B-pn+p\varphi g_2+p\varphi g_1$
$R_1+\Delta R_1-\Delta R_2-c_1-p\varphi(g_1+T_1)-\Delta R_3$
$R_2+\Delta R_2-\Delta R_1-c_2-p\varphi(g_2+T_2)-\Delta R_4$</td></tr>
</table>

三、模型分析

当时间趋于无穷大时，对于博弈主体而言，如果采取的某一博弈策略在长期内是趋于稳定的，其应对微小的扰动也具有持续稳定的性质，即如果x^*点为演化稳定点，那么该点x^*使得其他博弈主体即使选择了不相同的博弈策略，最终的稳定点也会回到该点。可表述为：当$F(x)=0$，$F'(x)<0$时，x^*为演化稳定策略，其中$F(x)$为复制动态方程。根据这一性质，下面对互联网信息服务企业 1 和企业 2 与政府监管部门的演化稳定策略进行讨论。

假设互联网信息服务企业 1 选择正当竞争的期望收益为E_{11}，选择不正当竞争的期望收益为E_{12}，则有

$$\begin{aligned}E_{11} &= xz[R_1 + l_1 - p(1-\varphi)T_1] + (1-z)x[R_1 + l_1 - p(1-\varphi)T_1 - \Delta R_2] \\ &\quad + z(1-x)[R_1 - p(1-\varphi)T_1] + (1-x)(1-z)[R_1 - p(1-\varphi)T_1 - \Delta R_2]\end{aligned} \tag{5-1}$$

$$\begin{aligned}E_{12} &= xz(R_1 + \Delta R_1 - c_1 - g_1 - T_1) + (1-x)(1-z)[R_1 + \Delta R_1 - \Delta R_2 - c_1 \\ &\quad - p\varphi(g_1 + T_1) - \Delta R_3] + z(1-x)[R_1 + \Delta R_1 - c_1 - p\varphi(g_1 + T_1)] \\ &\quad + (1-z)x(R_1 + \Delta R_1 - c_1 - g_1 - T_1 - \Delta R_2 - \Delta R_3)\end{aligned} \tag{5-2}$$

则企业 1 的平均期望收益为

$$\overline{E}_1 = yE_{11} + (1-y)E_{12} \tag{5-3}$$

可得到互联网信息服务企业 1 行为策略的复制动态方程为

$$\begin{aligned}F(y) &= \mathrm{d}y/\mathrm{d}t = y(1-y)(E_{11} - E_{12}) \\ &= y(1-y)[x(l_1 + g_1 + T_1 - p\varphi g_1 - p\varphi T_1) + \\ &\quad 2p\varphi T_1 + p\varphi g_1 + c_1 - \Delta R_1 - pT_1 - z\Delta R_3 + \Delta R_3]\end{aligned} \tag{5-4}$$

（1） $x = x^* = \dfrac{\Delta R_1 + pT_1 - 2p\varphi T_1 - p\varphi g_1 - c_1 + z\Delta R_3 - \Delta R_3}{l_1 + g_1 + T_1 - p\varphi g_1 - p\varphi T_1}$ 时， y 在水平方向上都处于稳定状态，互联网信息服务企业 1 一直坚持博弈初期的策略，不存在策略变化。

（2） $x \neq x^*$， $x^* = \dfrac{\Delta R_1 + pT_1 - 2p\varphi T_1 - p\varphi g_1 - c_1 + z\Delta R_3 - \Delta R_3}{l_1 + g_1 + T_1 - p\varphi g_1 - p\varphi T_1}$ 时，分以下两种情况讨论。

其一，若 $x > x^*$，则 $\mathrm{d}F(y)_{y=1} < 0$，$\mathrm{d}F(y)_{y=0} > 0$， $y=1$ 是互联网信息服务企业 1 的最优稳定策略，此时企业 1 采取正当竞争。

其二，若 $x < x^*$，则 $\mathrm{d}F(y)_{y=1} > 0$，$\mathrm{d}F(y)_{y=0} < 0$， $y=0$ 是互联网信息服务企业 1 的最优稳定策略，此时企业 1 采取不正当竞争。

以上结论表明政府监管部门的监管态度影响互联网信息服务企业 1 的策略选择，具体而言，当政府积极监管概率较高时， $x > x^*$ 条件更易满足，此时互联网信息服务企业 1 最优策略选择是正当竞争；当政府消极监管概率较高时， $x < x^*$ 条件更易满足，此时互联网信息服务企业 1 最优策略选择是不正当竞争。

假设互联网信息服务企业 2 选择正当竞争的期望收益为 E_{21}，选择不正当竞争的期望收益为 E_{22}，则有

$$\begin{aligned}E_{21}&=xy[R_2+l_2-p(1-\varphi)T_2]+(1-y)x[R_2+l_2-p(1-\varphi)T_2-\Delta R_1]\\&\quad+y(1-x)[R_2-p(1-\varphi)T_2]+(1-x)(1-y)[R_2-p(1-\varphi)T_2-\Delta R_1]\end{aligned} \tag{5-5}$$

$$\begin{aligned}E_{22}&=xy(R_2-c_2-g_2-T_2+\Delta R_2)+(1-x)(1-y)[R_2+\Delta R_2-\Delta R_1-c_2\\&\quad-p\varphi(g_2+T_2)-\Delta R_4]+y(1-x)[R_2+\Delta R_2-c_2-p\varphi(g_2+T_2)]\\&\quad+(1-y)x[R_2-c_2-g_2-T_2+\Delta R_2-\Delta R_1-\Delta R_4]\end{aligned} \tag{5-6}$$

则企业 2 的平均期望收益为

$$\bar{E}_2=zE_{21}+(1-z)E_{22} \tag{5-7}$$

由此可得到互联网信息服务企业 2 行为策略的复制动态方程为

$$\begin{aligned}F(z)&=\mathrm{d}z/\mathrm{d}t=z(1-z)(E_{21}-E_{22})\\&=z(1-z)[x(l_2+g_2+T_2-p\varphi g_2-p\varphi T_2)+2p\varphi T_2\\&\quad+p\varphi g_2+c_2-\Delta R_2-pT_2-y\Delta R_4+\Delta R_4]\end{aligned} \tag{5-8}$$

（1）$x=x^*=\dfrac{\Delta R_2+pT_2-2p\varphi T_2-p\varphi g_2-c_2+y\Delta R_4-\Delta R_4}{l_2+g_2+T_2-p\varphi g_2-p\varphi T_2}$时，$z$在水平方向上一直处于稳定状态。此时，互联网信息服务企业 2 的博弈策略不会随着时间变化而变化，始终采取博弈初期策略。

（2）$x\neq x^*$，$x^*=\dfrac{\Delta R_2+pT_2-2p\varphi T_2-p\varphi g_2-c_2+y\Delta R_4-\Delta R_4}{l_2+g_2+T_2-p\varphi g_2-p\varphi T_2}$时，分以下几种情况讨论。

其一，若$x>x^*$，则$\mathrm{d}F(z)_{z=1}<0$，$\mathrm{d}F(z)_{z=0}>0$，$z=1$是互联网信息服务企业 2 的最优稳定策略，企业 2 选择正当竞争。

其二，若$x<x^*$，则$\mathrm{d}F(z)_{z=1}>0$，$\mathrm{d}F(z)_{z=0}<0$，$z=0$是互联网信息服务企业 2 的最优稳定策略，企业 2 选择不正当竞争。

以上结论表明政府监管部门的监管态度影响互联网信息服务企业 2 的策略选择，具体而言，当政府积极监管概率较高时，$x>x^*$条件更易满足，此时互联网信息服务企业 2 的最优策略选择是正当竞争；当政府消极监管概率较高时，$x<x^*$条件更易满足，此时互联网信息服务企业 2 的最优策略选择是不正当竞争。

同理，假设政府监管部门选择积极监管的期望收益为E_{31}，选择消极监管的期望收益为E_{32}，则有

$$E_{31}=yz[B+S-C-l_1-l_2]+y(1-z)(S-C-l_1+g_2-B_2)\\+z(1-y)(S-C-l_2-B_1+g_1)+(1-y)(1-z)(S-C-B+g_1+g_2) \tag{5-9}$$

$$E_{32}=yz[B-p(1-\varphi)n]+y(1-z)(p\varphi g_2-B_2-pn)\\+z(1-y)(-B_1-pn+p\varphi g_1)+(1-y)(1-z)(-B-pn+p\varphi g_1+p\varphi g_2) \tag{5-10}$$

则政府监管部门的平均期望收益为

$$\overline{E}_3=xE_{31}+(1-x)E_{32} \tag{5-11}$$

由此可得政府监管部门的复制动态方程为

$$F(x)=\mathrm{d}x/\mathrm{d}t=x(1-x)(E_{31}-E_{32})\\=x(1-x)[S-C+g_1+g_2+pn+y(p\varphi g_1-l_1-g_1)\\+z(p\varphi g_2-l_2-g_2)-p\varphi g_1-p\varphi g_2-yzp\varphi n] \tag{5-12}$$

（1）$y=y^*=\dfrac{S-C+g_1+g_2+pn+z(p\varphi g_2-l_2-g_2)-p\varphi g_1-p\varphi g_2}{l_1+g_1-p\varphi g_1+zp\varphi n}$时，$x$在水平方向上一直处于稳定状态，政府监管部门一直坚持博弈初期的策略，不存在策略变化。

（2）$y\neq y^*$，$y^*=\dfrac{S-C+g_1+g_2+pn+z(p\varphi g_2-l_2-g_2)-p\varphi g_1-p\varphi g_2}{l_1+g_1-p\varphi g_1+zp\varphi n}$时，分以下两种情况讨论。

其一，若$y>y^*$，则$\mathrm{d}F(x)_{x=1}>0$，$\mathrm{d}F(x)_{x=0}<0$，$x=0$是政府监管部门的最优稳定策略，政府监管部门选择消极监管。

其二，若$y<y^*$，则$\mathrm{d}F(x)_{x=1}<0$，$\mathrm{d}F(x)_{x=0}>0$，$x=1$是政府监管部门的最优稳定策略，政府监管部门选择积极监管。

以上结论表明互联网信息服务企业竞争方式影响政府监管策略的选择，具体而言，当互联网信息服务企业选择正当竞争的概率较高时，$y>y^*$条件更易满足，此时政府倾向于消极监管；当互联网信息服务企业选择正当竞争的概率较低时，$y<y^*$条件更易满足，此时政府倾向于积极监管。

通过对单个博弈主体演化策略的分析可知，政府监管部门、互联网信息服务企业 1 和互联网信息服务企业 2 并不是只凭借自身的各项收益与成本做出策略选择，同时还需考虑其他博弈主体的策略，博弈三方的决策行为相互影响。

下面分析三方演化博弈的均衡点及稳定性。

据 Ritzberger 和 Weibull（1995）的研究可知，政府监管部门、互联网信息服务企业 1 和互联网信息服务企业 2 三方共同作用的演化博弈，只需分析 $E_1(0,0,0)$，$E_2(0,1,0)$，$E_3(0,0,1)$，$E_4(0,1,1)$，$E_5(1,0,0)$，$E_6(1,1,0)$，$E_7(1,0,1)$，$E_8(1,1,1)$ 的渐进稳定性。而根据 Friedman（1991）的结论，可以通过复制动态方程雅可比矩阵分析稳定性。三方博弈下的复制动态方程的雅可比矩阵为

$$\boldsymbol{J}=\begin{bmatrix} \dfrac{\partial F_1}{\partial x} & \dfrac{\partial F_1}{\partial y} & \dfrac{\partial F_1}{\partial z} \\ \dfrac{\partial F_2}{\partial x} & \dfrac{\partial F_2}{\partial y} & \dfrac{\partial F_2}{\partial z} \\ \dfrac{\partial F_3}{\partial x} & \dfrac{\partial F_3}{\partial y} & \dfrac{\partial F_3}{\partial z} \end{bmatrix}$$

由李雅普诺夫第一方法，通过特征值的正负性可以判断稳定性。当雅可比矩阵的三个特征值同时小于零时，该点为系统演化稳定点，因此每个均衡点对应的稳定条件如表 5-4 所示。

表 5-4　均衡点的稳定条件

均衡点	需要满足的条件	稳定性
(0,0,0)	$S-C+pn+(g_1+g_2)(1-p\varphi)<0$，$pT_1(2\varphi-1)+p\varphi g_1+c_1-\Delta R_1+\Delta R_3<0$，$pT_2(2\varphi-1)+p\varphi g_2+c_2-\Delta R_2+\Delta R_4<0$	*ESS*
(0,0,1)	$S-C+pn+g_1(1-p\varphi)-l_2<0$，$pT_1(2\varphi-1)+p\varphi g_1+c_1-\Delta R_1<0$，$pT_2(2\varphi-1)+p\varphi g_2+c_2-\Delta R_2+\Delta R_4>0$	*ESS*
(0,1,0)	$S-C+pn+g_2(1-p\varphi)-l_1<0$，$pT_1(2\varphi-1)+p\varphi g_1+c_1-\Delta R_1+\Delta R_3>0$，$pT_2(2\varphi-1)+p\varphi g_2+c_2-\Delta R_2<0$	*ESS*
(0,1,1)	$S-C+pn(1-p\varphi)-l_1-l_2<0$，$pT_1(2\varphi-1)+p\varphi g_1+c_1-\Delta R_1>0$，$pT_2(2\varphi-1)+p\varphi g_2+c_2-\Delta R_2>0$	*ESS*
(1,0,0)	$S-C+pn+(g_1+g_2)(1-p\varphi)>0$，$pT_1(\varphi-1)+T_1+l_1+g_1+c_1-\Delta R_1+\Delta R_3<0$，$pT_2(\varphi-1)+T_2+l_2+g_2+c_2-\Delta R_2+\Delta R_4<0$	*ESS*
(1,0,1)	$S-C+pn+g_1(1-p\varphi)-l_2>0$，$pT_1(\varphi-1)+T_1+l_1+g_1+c_1-\Delta R_1<0$，$pT_2(\varphi-1)+T_2+l_2+g_2+c_2-\Delta R_2+\Delta R_4>0$	*ESS*
(1,1,0)	$S-C+pn+g_2(1-p\varphi)-l_1>0$，$pT_1(\varphi-1)+T_1+l_1+g_1+c_1-\Delta R_1+\Delta R_3>0$，$pT_2(\varphi-1)+T_2+l_2+g_2+c_2-\Delta R_2<0$	*ESS*
(1,1,1)	$S-C+pn(1-\varphi)-l_1-l_2>0$，$pT_1(\varphi-1)+T_1+l_1+g_1+c_1-\Delta R_1>0$，$pT_2(\varphi-1)+T_2+l_2+g_2+c_2-\Delta R_2>0$	*ESS*

近年来，我国政府积极寻找能够有效治理互联网行业的路径，不断优化中

国互联网治理政策，因此政府对互联网信息服务企业的不正当竞争监管呈积极态度。而 $E_1(0,0,0)$，$E_2(0,1,0)$，$E_3(0,0,1)$，$E_4(0,1,1)$ 代表的是政府消极监管下互联网信息服务业竞争秩序变化，$E_5(1,0,0)$，$E_6(1,1,0)$，$E_7(1,0,1)$ 代表政府积极监管下互联网信息服务业竞争秩序变化，但未达到协同监管的预期效果；$E_8(1,1,1)$ 代表政府积极监管，互联网信息服务企业正当竞争，互联网市场竞争秩序良好。因此对点 $E_8(1,1,1)$ 进行具体分析，对促进多元协同治理发挥有效作用具有重要现实意义。

1）稳定条件

当 $\lambda_1=S-C+pn(1-\varphi)-l_1-l_2>0$，$\lambda_2=pT_1(\varphi-1)+T_1+l_1+g_1+c_1-\Delta R_1>0$，$\lambda_3=pT_2(\varphi-1)+T_2+l_2+g_2+c_2-\Delta R_2>0$ 时，$E_8(1,1,1)$ 为稳定点。互联网信息服务企业 1 不正当竞争从互联网信息服务企业 2 获得的收益与不正当竞争成本之差小于得到政府监管部门的奖励、监管惩罚与公众参与举报失真带来的声誉损失之和；同理，互联网信息服务企业 2 不正当竞争从互联网信息服务企业 1 获得的收益与不正当竞争成本之差小于得到政府监管部门的奖励、监管惩罚与公众参与举报失真带来的声誉损失之和；政府监管部门预期监管收益与监管成本之差减去对互联网信息服务企业 1 正当竞争的奖励与对企业 2 正当竞争的奖励之和大于政府消极监管时公众参与举报失真带来的名誉损失时，系统朝 $E_8(1,1,1)$ 演化。此时，政府选择积极监管，互联网信息服务企业 1 选择正当竞争，互联网信息服务企业 2 选择正当竞争。

2）参数分析

$\frac{\partial \lambda_1}{\partial q}>0$，表明行业协会参与度 q 是关于 $\lambda_1(q)$ 函数的增函数，随着 q 值的变大，$\lambda_1(q)$ 函数值变大，$\lambda_1>0$ 条件满足得更好，政府更倾向于积极监管。

$\frac{\partial \lambda_1}{\partial \varpi}>0$，表明行业协会权力空间 ϖ 是关于 $\lambda_1(\varpi)$ 函数的增函数，随着 ϖ 值的变大，$\lambda_1(\varpi)$ 函数值变大，$\lambda_1>0$ 条件满足得更好，政府更倾向于积极监管。

$\frac{\partial \lambda_1}{\partial p}>0$，表明公众参与度 p 是关于 $\lambda_1(p)$ 函数的增函数，随着 p 值的变大，$\lambda_1(p)$ 函数值变大，$\lambda_1>0$ 条件满足得更好，政府更倾向于积极监管。

$\frac{\partial \lambda_1}{\partial \varphi}<0$，表明公众举报公正程度 φ 是关于 $\lambda_1(\varphi)$ 函数的减函数，随着 φ 值的变大，$\lambda_1(\varphi)$ 函数值变小，$\lambda_1>0$ 条件满足得更差，政府积极监管的积极性降低。

$\frac{\partial \lambda_2}{\partial p}<0$，表明公众参与度 p 是关于 $\lambda_2(p)$ 函数的减函数，随着 p 值的变大，$\lambda_2(p)$ 函数值变小，$\lambda_2>0$ 条件满足得更差，互联网信息服务企业 1 正当竞争的积极性降低。

$\frac{\partial \lambda_2}{\partial \varphi}>0$，表明公众举报公正程度 φ 是关于 $\lambda_2(\varphi)$ 函数的增函数，随着 φ 值的变大，$\lambda_2(\varphi)$ 函数值变大，$\lambda_2>0$ 条件满足得更好，互联网信息服务企业 1 更倾向于正当竞争。

$\frac{\partial \lambda_3}{\partial p}<0$，表明公众参与度 p 是关于 $\lambda_3(p)$ 函数的减函数，随着 p 值的变大，$\lambda_3(p)$ 函数值变小，$\lambda_3>0$ 条件满足得更差，互联网信息服务企业 2 正当竞争的积极性降低。

$\frac{\partial \lambda_3}{\partial \varphi}>0$，表明公众举报公正程度 φ 是关于 $\lambda_3(\varphi)$ 函数的增函数，随着 φ 值的变大，$\lambda_3(\varphi)$ 函数值变大，$\lambda_3>0$ 条件满足得更好，互联网信息服务企业 2 更倾向于正当竞争。

同一参数对不同主体的策略影响略有不同，因此政府监管部门在多元协同治理过程中只有准确把握行业协会和公众参数的阈值，才能更好地发挥多元协同治理的有效作用。

第三节　多元协同治理模式有效作用分析

本节以现实中可能存在的稳定点为基础，通过仿真分析行业协会、公众发挥作用的条件参数——权力空间与公众举报公正程度以及政府奖惩力度对治理效果的影响，为多元协同治理模式发挥有效作用提供理论依据。

一、行业协会、公众参数变化对系统的影响

（1）取 $S=6$、$c_0=4$、$k=0.5$、$c_1=2$、$c_2=3$、$l_1=2$、$l_2=3$、$g_1=2$、$g_2=4$、$T_1=8$、$T_2=10$、$n=20$、$\Delta R_1=10$、$\Delta R_2=16$、$\Delta R_3=0.1$、$\Delta R_4=0.5$、$q=0.5$、$\varpi=0.5$、$\varphi=0.2$、$p=0.65$，使其满足 $E_5(1,0,0)$ 为稳定点时的条件，并以此为基础对其进行分析。稳定点 $E_5(1,0,0)$ 演化仿真图如图 5-1 所示。

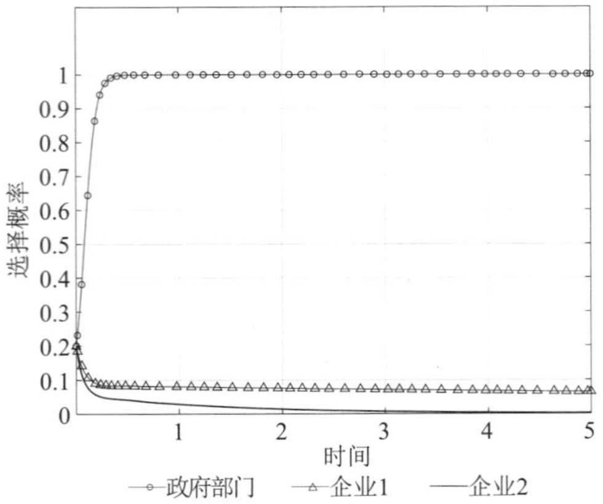

图 5-1　稳定点 $E_5(1,0,0)$ 演化仿真图

该状态下政府积极监管、互联网信息服务企业之间进行不正当竞争，互联网信息服务业竞争秩序混乱。这说明在这种情况下，对互联网信息服务企业 1 和企业 2 进行监管是无效状态。近年来，我国政府积极修改《中华人民共和国反不正当竞争法》等有关法律法规，维护和指导互联网行业健康稳定发展，并对实施不正当竞争行为的企业进行惩罚，但仍会出现一些“二选一”等恶性竞争事件，严重阻碍了市场竞争秩序的健康发展。追根溯源，一方面，互联网信息服务企业不正当竞争行为极具隐蔽性与技术性，被政府监管部门发现的概率较小，企业采取不正当竞争策略的外在风险较低；另一方面，政府主导的多元协同治理体系尚未成熟，政府缺少足够的协同治理经验，与各治理主体间的协同效果不佳，未能发挥出多元协同治理模式的预期效果。

由图 5-2 可知，随着公众参与度的提高，互联网信息服务企业 1 和企业 2 到达稳定状态的时间明显缩短，系统朝点 $(1,0,0)$ 演化的速度加快。公众参与社会治理是社会主义制度下人民当家作主的重要体现，公众参与互联网治理已成为必然趋势。互联网信息服务企业不正当竞争行为通常极具技术性，这种技术性的操作导致不正当竞争行为更为隐蔽；且由于公众知识结构不全面、自身素质参差不齐或者受网上错误信息干扰等原因，往往无法准确鉴别互联网信息服务企业的不正当竞争行为，从而出现举报失真的情况，给互联网信息服务业的有序竞争带来负面影响，若政府过于追求公众的高参与度，可能会给正当竞争的互联网信息服务企业带来更大的负面影响，此时企业采取正当竞争策略的预期收益小于采取不正当竞争策略的预期收益，企业 1 和企业 2 采取不正当竞争是最优策略，进一步扰乱互联网信息服务业竞争秩序。

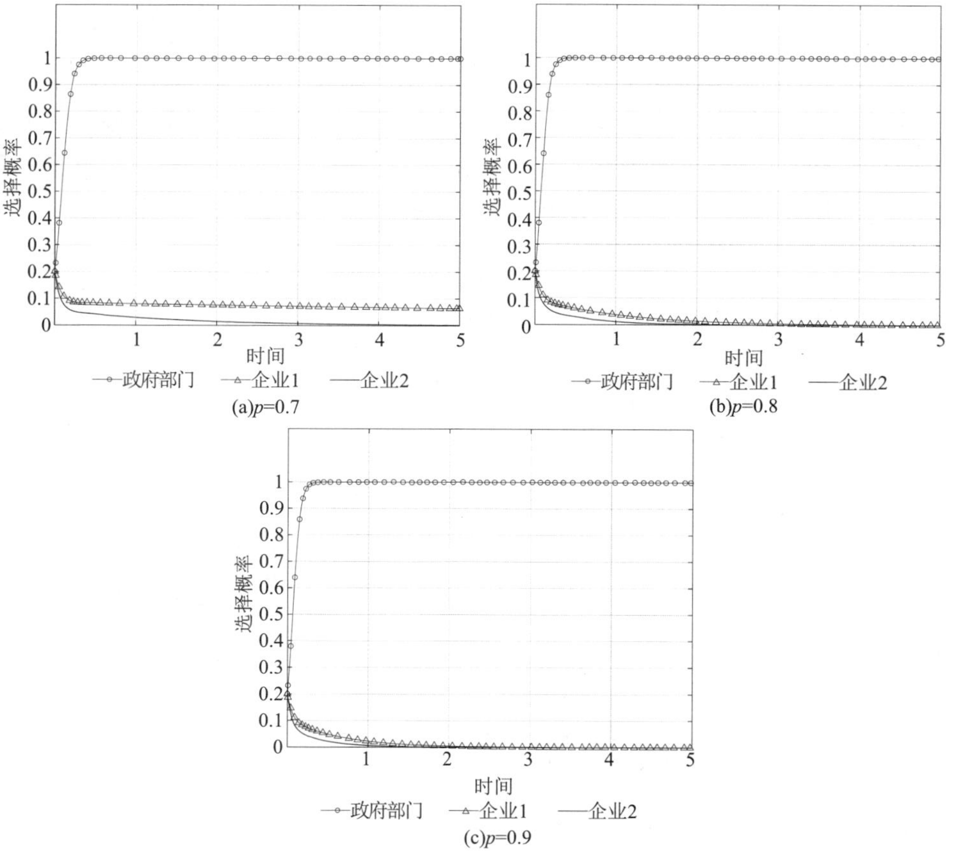

图 5-2 公众举报失真率较高、公众参与度提高时系统仿真图

由图 5-3 可知，随着公众参与度的降低，系统演化稳定点由 (1,0,0) 向 (1,1,0) 转变。当公众举报失真率较高时，随着公众参与度降低，举报失真对采取正当竞争的互联网信息服务企业声誉带来的负面影响也随之减少；但随着公众参与度持续降低使得不等式 $\frac{c_2+l_2+T_2+g_2-\Delta R_2}{T_2}<p(1-\varphi)<\frac{c_1+l_1+T_1+g_1-\Delta R_1+\Delta R_3}{T_1}$ 成立，此时点 (1,0,0) 不等式成立条件不再满足，点 (1,1,0) 不等式成立条件得以满足，因此系统由点 (1,0,0) 向点 (1,1,0) 演化。对互联网信息服务企业 1 而言，由于受自身收益、技术、企业社会声誉等影响，对政府主导下的多元协同治理模式更为重视，随着公众参与度降低，公众参与举报带来的声誉损失与政府奖励、政府惩罚之和大于不正当竞争收益与不正当竞争成本之差。但对企业 2 而言，随着公众参与度降低，公众参与举报带来的声誉损失与政府奖励、政府惩罚之

和仍小于不正当竞争收益与不正当竞争成本之差。公众参与度的降低虽然使不等式的可选阈值范围减小，但政府监管部门预期监管收益与监管成本之差加上对互联网信息服务企业 1 正当竞争奖励再减去对企业 2 不正当竞争惩罚仍大于政府消极监管时公众参与带来的形象与公信力损失。此时，政府积极监管，互联网信息服务企业 1 正当竞争，互联网信息服务企业 2 不正当竞争。

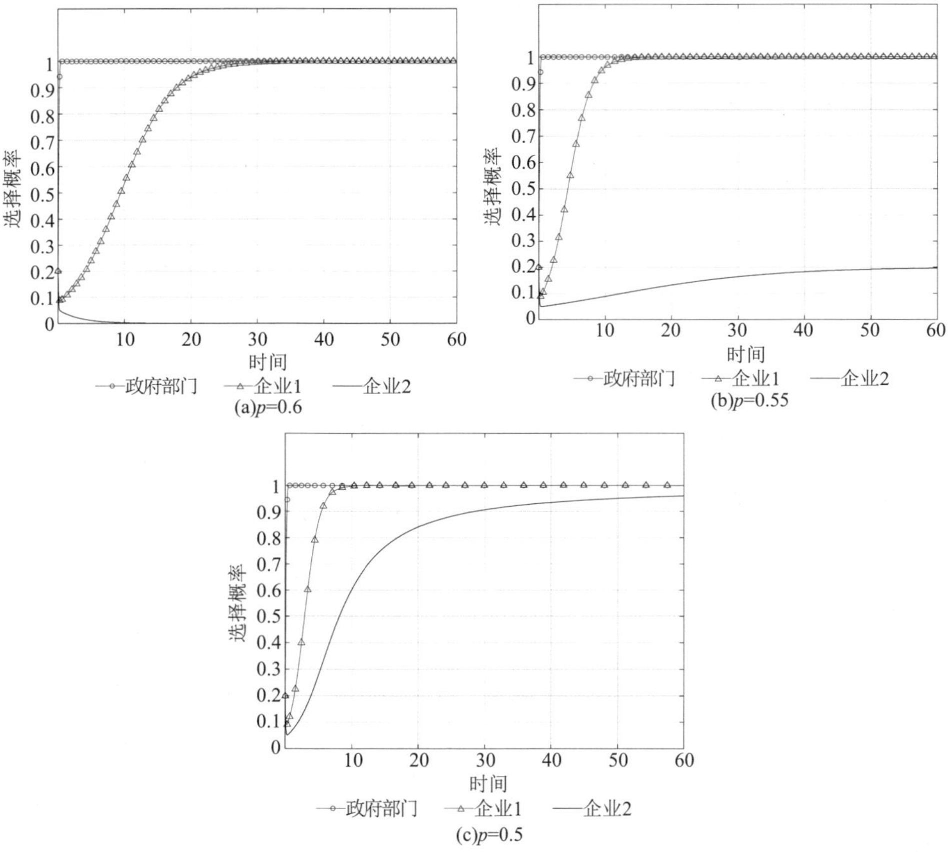

图 5-3　公众举报失真率较高、公众参与度降低时系统仿真图（1）

综合图 5-2、图 5-3、图 5-4 可知，随着公众参与度的持续降低，系统演化稳定点由 (1,0,0) 变为 (1,1,0)，最终变为 (1,1,1)。当公众举报失真率较高时，随着公众参与度降低，举报失真对互联网信息服务企业声誉带来的负面影响也随之减少；公众参与度降低使得不等式 $\frac{c_2 + l_2 + T_2 + g_2 - \Delta R_2}{T_2} < p(1-\varphi) <$

$\frac{c_1+l_1+T_1+g_1-\Delta R_1+\Delta R_3}{T_1}$ 成立，系统演化稳定点由 (1,0,0) 演化为 (1,1,0)，但随着公众参与度的持续降低 $\frac{C-S+l_1+l_2}{n}<p(1-\varphi)<\min\left\{\frac{c_1+l_1+T_1+g_1-\Delta R_1}{T_1},\frac{c_2+l_2+T_2+g_2-\Delta R_2}{T_2}\right\}$ 得以满足，因此系统演化稳定点由 (1,1,0) 向 (1,1,1) 演化。笔者同时发现，互联网信息服务企业 1 和互联网信息服务企业 2 总体演化趋势相同，但策略改变的阈值不同。在实际中，对于社会声誉、成本和收益两家互联网信息服务企业因其自身规模与自身用户基数不可能完全相同，因此在数值模拟时，各参数取值略有差异，导致策略变化阈值不同。

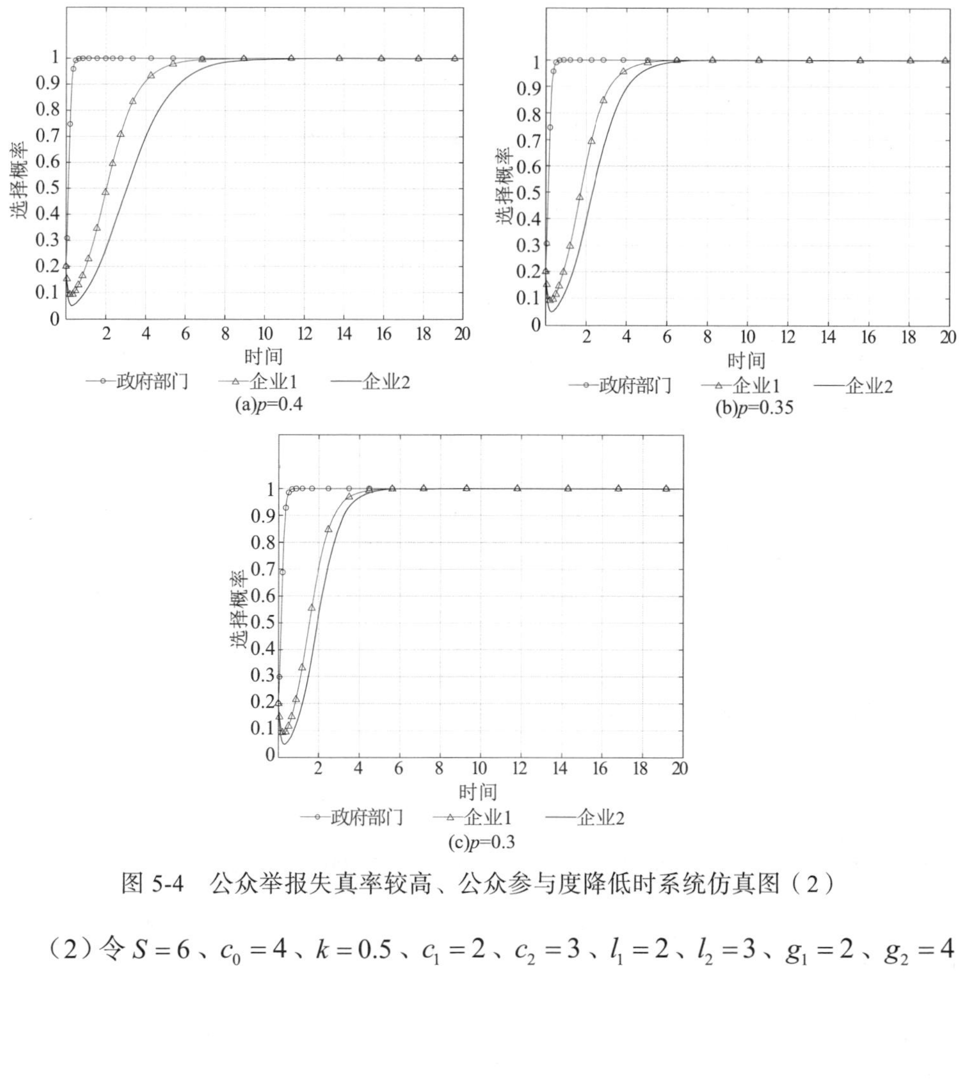

图 5-4　公众举报失真率较高、公众参与度降低时系统仿真图（2）

（2）令 $S=6$、$c_0=4$、$k=0.5$、$c_1=2$、$c_2=3$、$l_1=2$、$l_2=3$、$g_1=2$、$g_2=4$、

$T_1 = 8$、$T_2 = 10$、$n = 20$、$\Delta R_1 = 10$、$\Delta R_2 = 16$、$\Delta R_3 = 0.5$、$\Delta R_4 = 0.5$、$q = 0.5$、$\varpi = 0.5$、$\varphi = 0.7$，公众举报公正程度较高、公众参与度变化时系统仿真图如图 5-5 所示。

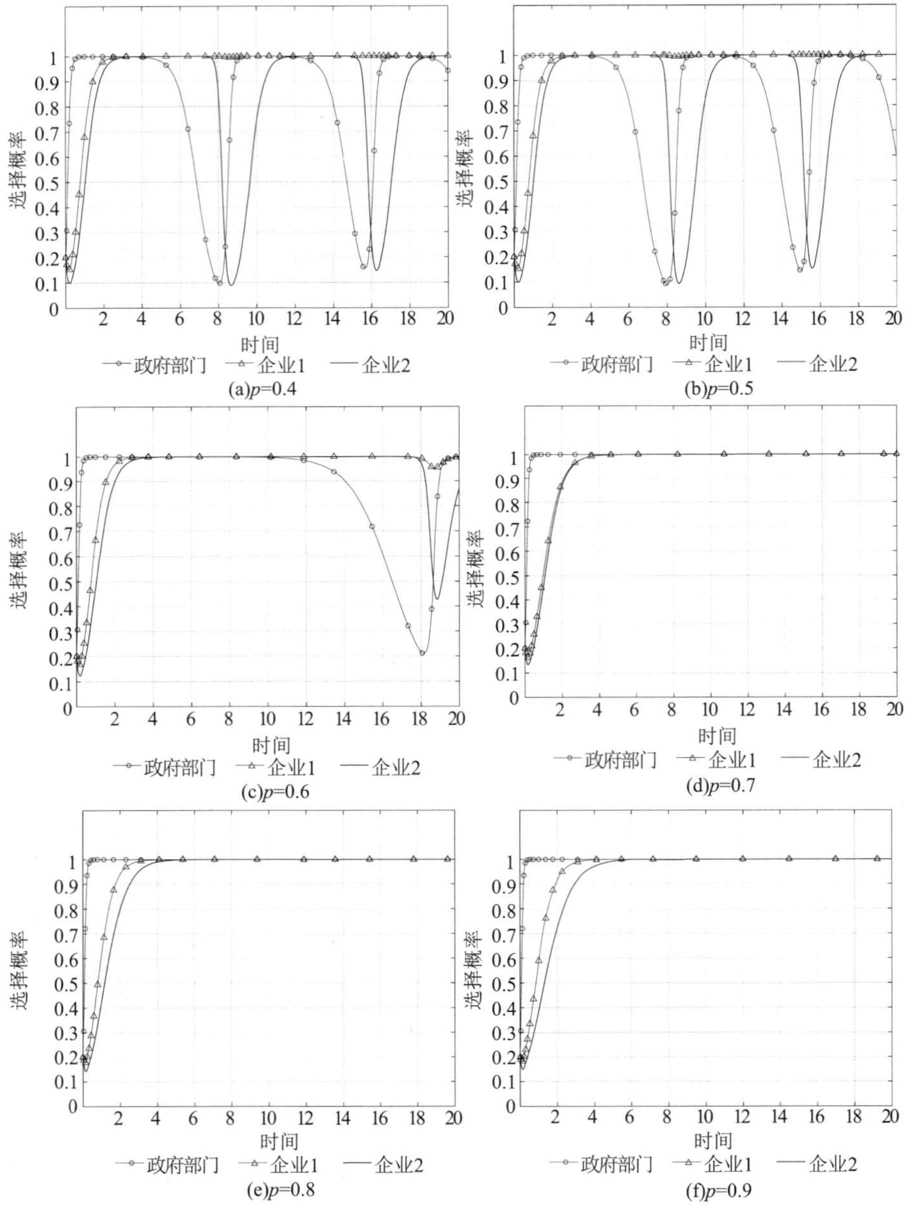

图 5-5　公众举报公正程度较高、公众参与度变化时系统仿真图

由图 5-5 可知，随着公众参与度的提高，系统变化幅度越来越小，最终朝理想点(1,1,1)演化，但演化速度变慢，到达稳定点的时间变长。当公众举报公正程度较高时，随着公众参与度的提高，公众为政府监管部门提供更多有关互联网信息服务企业 1 和企业 2 之间的不正当竞争信息，企业采取不正当竞争行为被查处的概率较大，此时企业采取不正当竞争行为的风险大于采取正当竞争行为的预期收益，企业采取正当竞争是最优策略，系统朝(1,1,1)演化。从仿真图可以直观看到，互联网信息服务企业 1 和企业 2 到达稳定点的速度变慢，因为此时公众仍有举报失真的情况，随着公众参与度的提高，举报失真给企业 1 和企业 2 带来的负面影响较大，$p(1-\varphi)$ 变大，$p(1-\varphi)<\min\left\{\dfrac{c_1+l_1+T_1+g_1-\Delta R_1}{T_1},\dfrac{c_2+l_2+T_2+g_2-\Delta R_2}{T_2}\right\}$ 的可选阈值范围变小，条件满足得更差，因此系统到达(1,1,1)稳定点的时间变长。通过对比图 5-5 与图 5-2 可知，当公众参与度较高时，需要更高的公众举报公正程度才能使系统达到最优状态，从而实现多元协同治理的预期效果。

通过对公众参与度、公众举报公正程度参数仿真分析可知：政府引导公众参与到互联网信息服务业不正当竞争治理过程中，若公众由于自身知识结构、专业技能或受网上错误信息干扰等因素无法准确鉴别不正当竞争行为而造成举报失真率较高，此时政府不应片面追求公众的高参与度。当公众举报公正程度较低时，公众参与互联网信息服务业监管，使采取正当竞争行为的互联网信息服务企业面临举报失真而带来声誉损失，且随着公众参与度的提高采取正当竞争行为的互联网信息服务企业遭受的声誉损失也越大，企业最终会选择不正当竞争策略，多元协同治理模式的有效性未能发挥。当公众举报公正程度较高时，公众参与互联网信息服务业不正当竞争秩序治理的知识壁垒较低，此时政府合理引导公众参与能取得较好的预期效果。当公众参与举报失真率较低时，一方面提高了互联网信息服务企业不正当竞争的外在发现概率，另一方面降低了互联网信息服务企业采取正当竞争遭频繁错误举报造成的负面影响，所以政府积极监管，互联网信息服务企业之间正当竞争，互联网市场竞争秩序良好。但此时仍然会出现公众举报失真情况，公众的高参与度会给正当竞争企业带来更大的负面影响，从而使互联网信息服务企业 1 和企业 2 选择正当竞争的积极性降低。

（3）令 $S=6$、$c_0=4$、$k=0.5$、$c_1=2$、$c_2=3$、$l_1=2$、$l_2=3$、$g_1=2$、$g_2=4$、$T_1=8$、$T_2=10$、$n=20$、$\Delta R_1=10$、$\Delta R_2=16$、$\Delta R_3=0.5$、$\Delta R_4=0.5$、$p=0.8$、$\varphi=0.8$，探讨行业协会参与度、权力空间参数对系统最优稳定的影响。

由图 5-6 可知，当行业协会权力空间处于某一水平，提高行业协会参与度，系统偏离最优稳定点的时间变长，但未达到稳定状态。该状态下提高行业协会参与度对治理有积极影响，但行业协会发挥的作用较小。近年来，政府十分重视互联网行业发展，陆续成立了有关行业协会并发布公约对行业市场竞争秩序健康发展进行规范指导，行业协会作为一个社会团体组织，日常管理活动中需要法律、政府赋予其自主处理本行业事务的权力。但在实践中，互联网行业协会参与互联网信息服务企业不正当竞争治理面临法律制度与机制不健全，以及政府有关部门出于对权力“失控”的考虑，往往对行业协会予以严格的限制，致使行业协会参与治理空间受限，获取资源较少，优势难以发挥的处境。

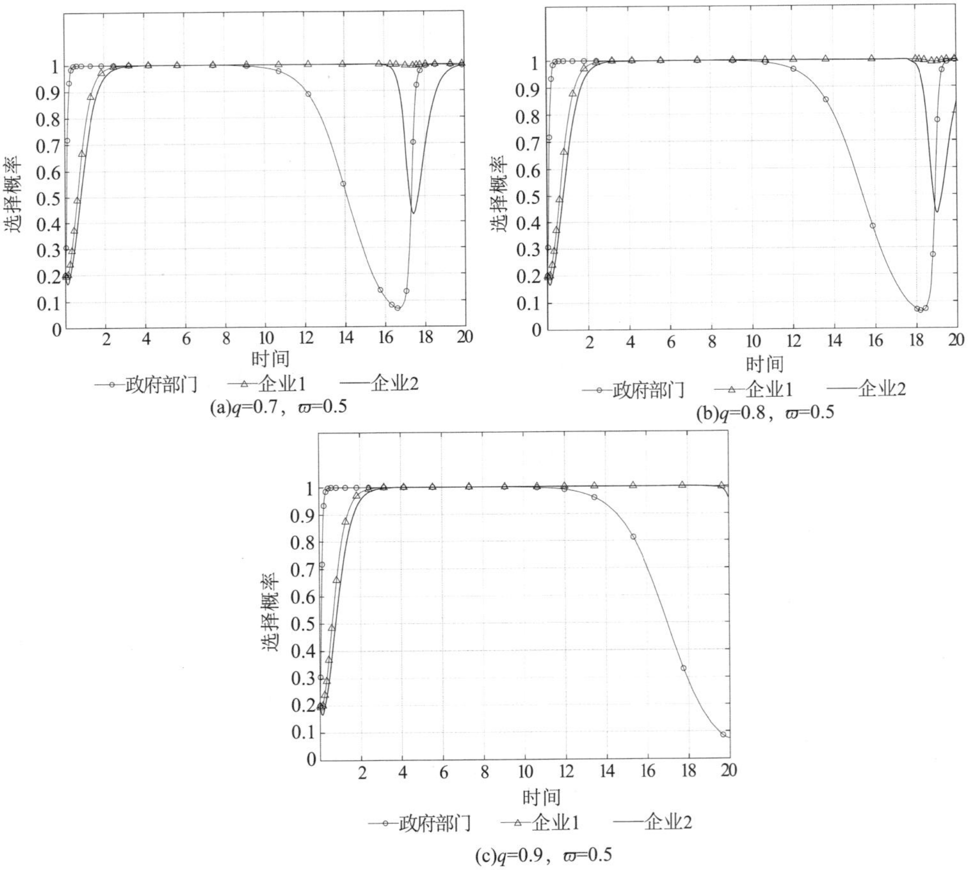

(a)q=0.7，ϖ=0.5　　(b)q=0.8，ϖ=0.5

(c)q=0.9，ϖ=0.5

图 5-6　行业协会参与度变化时系统仿真图

由图 5-7 可知，当行业协会参与度处于某一水平，扩大行业协会权力空间，系统偏离最优稳定点的时间延长，但最终均未达到稳定状态。该状态下扩大行业协会权力空间对治理有积极影响，但行业协会作用并未充分发挥。边界模糊、主体缺位是行业协会监管过程中的常见现象，近年来政府简政放权，赋予行业协会更多的权力空间处理本行业事务，但权责边界的模糊使得行业协会监管出现缺位，致使多元协同治理效果不佳。政府下放权力，与行业协会协同治理互联网信息服务企业市场竞争秩序，但实施效果在“应然”与“实然”之间存在极大落差而未达到政府放权的预期效果，从而造成现实生活中政府基于一定程度的忧虑，而对行业协会权力予以严格限制。

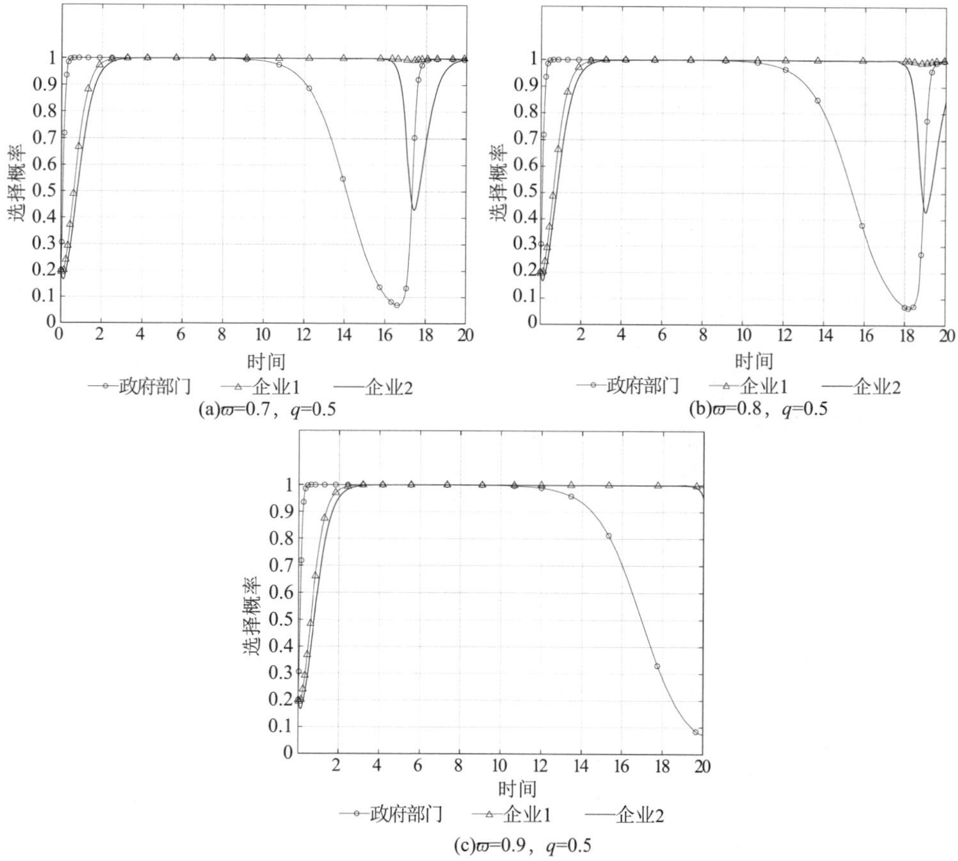

图 5-7　行业协会权力空间变化时系统仿真图

由图 5-8 可知，同时显著提高行业协会参与度与权力空间时，系统演化轨迹逐渐向理想稳定点 (1,1,1) 演化，且到达稳定点的时间缩短。近年来，政府部门愈发重视行业协会在多元协同治理互联网信息服务企业不正当竞争过程中的作用，逐渐放权给行业协会并督促行业协会要充分发挥自律作用，促进行业健康发展。此时行业协会积极参与监管过程，依据自身专业知识与技能制定行业自律条约和开展企业信用评价，降低政府与企业之间的信息不对称程度，从而降低政府积极监管成本，因此积极监管是政府最优策略；互联网信息服务企业 1 和企业 2 在博弈过程中认识到政府积极监管时能充分调动多方力量查处不正当竞争行为，从而提高了互联网信息服务企业之间采取不正当竞争行为的外在风险，采取不正当竞争行为的预期收益小于采取正当竞争行为的预期收益，因此采取正当竞争行为是企业 1 和企业 2 的最优策略。此时互联网信息服务企业市场竞争秩序良好，多元协同治理模式的有效性得以发挥。

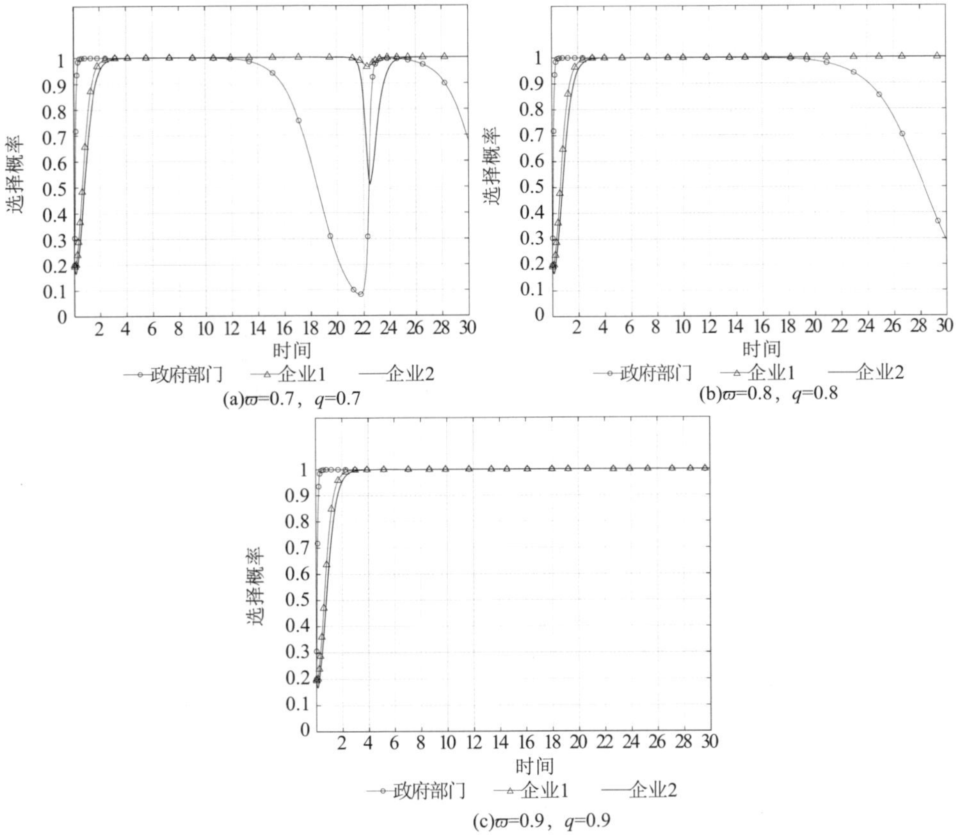

图 5-8　行业协会参数变化时系统仿真图

通过对行业协会参与度、权力空间参数仿真分析可知：行业协会参与度、行业协会权力空间对于提升互联网信息服务企业不正当竞争治理效果都具有重要作用。片面追求行业协会的高参与度或片面授予行业协会更多的权力空间时，其实施效果不佳。政府应把握行业协会发挥作用的条件，引导行业协会参与治理并赋予行业协会权力空间，同时明确行业协会权责，使其有效发挥多元协同治理互联网信息服务业不正当竞争过程中的协同作用。行业协会相较于政府在人才和技术上更具优势，能掌握企业日常行为信息和动态，若政府赋予行业协会一定的权力空间，拥有自主权的行业协会通过推进行业自律，开展行业企业信用评价参与治理，减少政府与企业之间的信息不对称，进而降低政府积极监管的边际成本，政府积极监管的预期收益高于消极监管的预期收益，因此政府积极监管是最优策略。政府积极监管时能充分发挥多方主体作用对企业进行监督，从而提高了企业不正当竞争的外在风险。企业进行不正当竞争若被政府查处不仅会面临罚款，而且还会遭受被政府通报批评带来的声誉损失，此时企业1和企业2采取不正当竞争行为的期望收益小于正当竞争的期望收益，因此企业1和企业2均采取正当竞争行为，系统朝着理想点(1,1,1)演化，整个互联网信息服务市场竞争秩序良好，多元协同治理模式效果显著。

（4）令$S=6$、$c_0=4$、$k=0.5$、$c_1=2$、$c_2=3$、$l_1=2$、$l_2=3$、$g_1=2$、$g_2=4$、$T_1=8$、$T_2=10$、$n=20$、$\Delta R_1=10$、$\Delta R_2=16$、$\Delta R_3=0.5$、$\Delta R_4=0.5$，探讨行业协会、公众作用条件参数对系统最优稳定的影响。

如图5-9、图5-10所示，同时明确行业协会、公众作用条件——行业协会权力空间与公众举报公正程度，多元协同治理互联网信息服务业竞争秩序实施效果更佳。当公众参与度$p=0.8$，公众举报公正程度$\varphi=0.8$时，参数取值不满足(1,1,1)稳定点成立的条件，因此系统偏离最优稳定点(1,1,1)，但此时通过提高行业协会参与度与权力空间参数，系统朝(1,1,1)点演化，多元协同治理发挥协同作用。当系统处于(1,1,1)点时，公众作用条件参数概率满足不等式$\frac{C-S+l_1+l_2}{n}<p(1-\varphi)<\min\left\{\frac{c_1+l_1+T_1+g_1-\Delta R_1}{T_1},\frac{c_2+l_2+T_2+g_2-\Delta R_2}{T_2}\right\}$，但随着公众举报公正程度的提高或公众参与度的降低，$\frac{C-S+l_1+l_2}{n}<p(1-\varphi)$将不再满足，因此系统偏离最优稳定点(1,1,1)，此时提高行业协会参与度与扩大行业协会权力空间，从而降低政府积极监管成本，使得$\frac{C-S+l_1+l_2}{n}$的值变小，$\frac{C-S+l_1+l_2}{n}<p(1-\varphi)$继续成立，系统朝(1,1,1)演化。行业协会参与度$q=0.8$、权力空间$\varpi=0.8$时，参数取值同样不满足(1,1,1)稳定点成立的条件，因此系统偏离最优稳定点(1,1,1)，但此时通过改变公众参与度与举报公正程度参数，系

统朝 (1,1,1) 点演化，多元协同治理模式的作用得以有效发挥。当公众参与度与举报公正程度处于某一水平时，$\frac{C-S+l_1+l_2}{n}<p(1-\varphi)$ 将不再满足，系统偏离最优稳定点 (1,1,1)，此时通过改变公众参与度与举报公正程度参数使得 $p(1-\varphi)$ 变大，$\frac{C-S+l_1+l_2}{n}<p(1-\varphi)<\min\left\{\frac{c_1+l_1+T_1+g_1-\Delta R_1}{T_1},\frac{c_2+l_2+T_2+g_2-\Delta R_2}{T_2}\right\}$ 继续成立，系统演化到 (1,1,1) 点。

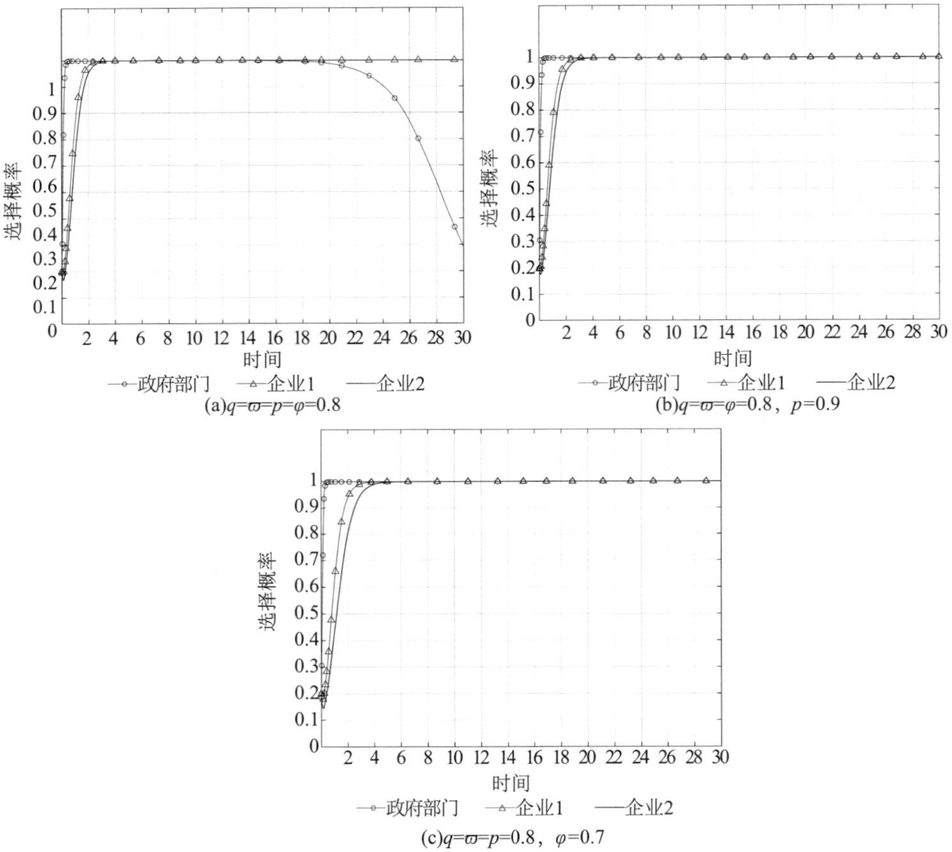

图 5-9　公众作用条件参数变化时系统仿真图

通过上述对行业协会与公众仿真分析可知，在治理互联网信息服务业不正当竞争过程中，行业协会与公众之间的作用可以相互促进，实现“1+1>2”的协同效果。当公众监督的作用较大时，在一定程度上替代了政府的监管职能，政府易依赖公众实施监管而不愿付出积极监管的成本，导致系统偏离最优稳定

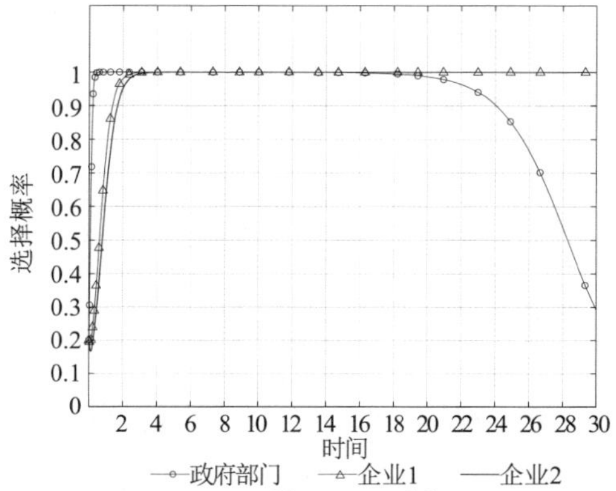

(a)$q=\varpi=p=\varphi=0.8$

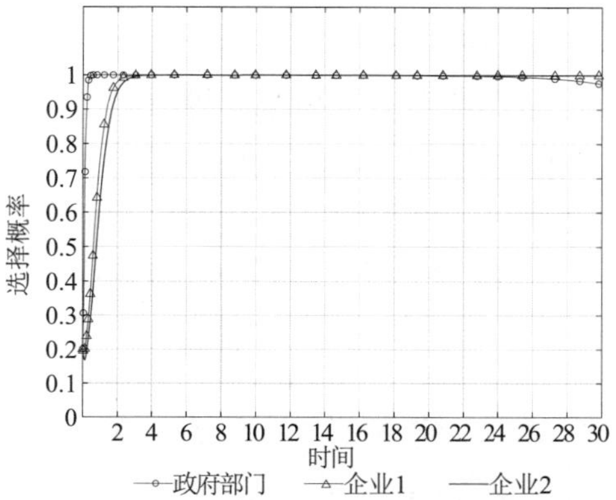

(b)$\varpi=p=\varphi=0.8$，$q=0.9$

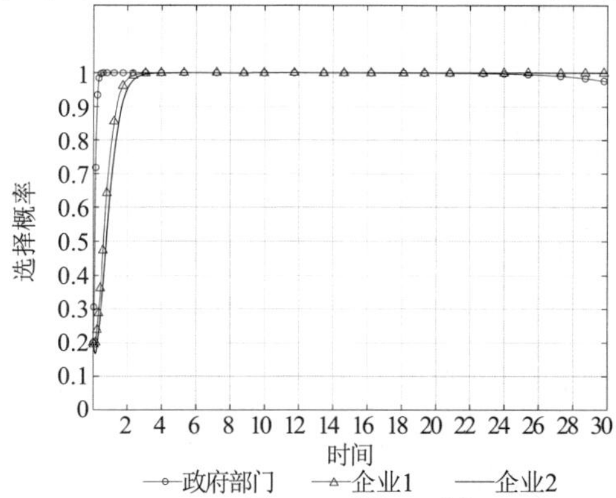

(c)$q=p=\varphi=0.8$，$\varpi=0.9$

图 5-10　行业协会作用条件参数变化时系统仿真图

状态。此时行业协会的有效参与可以降低政府积极监管时的成本，促进政府积极监管，互联网信息服务企业正当竞争，市场竞争秩序良好，多元协同治理效果显著。政府放权于互联网行业协会并积极引导行业协会管理行业日常事务，参与互联网信息服务业不正当竞争治理，但放权于行业协会取得的效果在“应然”与“实然”之间存在较大落差，引发了政府对权力下放的忧虑。此时公众的有效参与一方面可以为政府提供互联网企业不正当竞争的可靠信息，另一方面公众有效参与对行业协会具有监督作用，有助于行业协会作用的发挥，从而打消政府对于授权的忧虑，最终政府积极监管，互联网信息服务企业 1 和企业 2 选择正当竞争，互联网信息服务业竞争秩序健康发展，多元协同治理达到预期效果。

二、政府奖惩力度对系统的影响

政府通过多元协同治理模式对互联网信息服务业竞争秩序进行治理，预期实现市场竞争秩序健康发展。在构建多元协同治理模式时，政府不仅会考虑各参与主体作用条件对多元协同共治的影响，而且也会考虑在现有作用条件下奖惩机制对多元协同共治的影响。

（1）由上节稳定性分析可知，当不等式$S-C+pn(1-\varphi)-l_1-l_2>0$、$pT_1(\varphi-1)+T_1+l_1+g_1+c_1-\Delta R_1>0$、$pT_2(\varphi-1)+T_2+l_2+g_2+c_2-\Delta R_2>0$时，$E_8(1,1,1)$为稳定点。$\dfrac{\partial(T_1-pT_1(1-\varphi)+l_1+g_1+c_1-\Delta R_1)}{\partial g_1}>0$，$\dfrac{\partial(T_2+l_2+g_2-pT_2(1-\varphi)-\Delta R_2+c_2)}{\partial g_2}>0$，即不等式是关于惩罚系数的增函数，当政府对不正当竞争企业的惩罚力度较高时，不等式的可选阈值范围变小，不等式$T_1-pT_1(1-\varphi)+l_1+g_1>\Delta R_1-c_1$，$T_2+l_2+g_2-pT_2(1-\varphi)>\Delta R_2-c_2$满足得更好，此时企业选择正当竞争。

令$S=6$、$c_0=4$、$k=0.5$、$c_1=2$、$c_2=3$、$l_1=2$、$l_2=3$、$T_1=8$、$T_2=10$、$n=20$、$\Delta R_1=10$、$\Delta R_2=16$、$\Delta R_3=0.5$、$\Delta R_4=0.5$、$q=0.5$、$\varpi=0.5$、$\varphi=0.2$，$p=0.7$，分析政府加大对不正当竞争企业的惩罚力度对系统的影响。

如图 5-11 所示，当提高对不正当竞争企业的惩罚力度时，互联网信息服务企业策略由不正当竞争转为正当竞争。当政府监管部门加大对不正当竞争的处罚力度时，不等式右边的范围变小而取值变大，此时不等式$\dfrac{C-S+l_1+l_2}{n}<p(1-\varphi)<\min\left\{\dfrac{c_1+l_1+T_1+g_1-\Delta R_1}{T_1},\dfrac{c_2+l_2+T_2+g_2-\Delta R_2}{T_2}\right\}$满足得更好，系统朝(1,1,1)点演化。此时互联网信息服务企业采取不正当竞争行为的处罚成本明显增加，企业为获得ΔR的不正当竞争收益需要付出更大的风险，企业正当竞争的预期收益大于不正当竞争的预期收益，企业选择正当竞争，政府积极监管。

（2）$\dfrac{\partial(T_1-pT_1(1-\varphi)+l_1+g_1+c_1-\Delta R_1)}{\partial l_1}>0$，$\dfrac{\partial(T_2+l_2+g_2-pT_2(1-\varphi)-\Delta R_2+c_2)}{\partial l_2}>0$，即不等式是关于奖励系数的增函数，当政府对企业的奖励较高时，不等式的可选阈值范围变大，不等式$T_1-pT_1(1-\varphi)+l_1+g_1>\Delta R_1-c_1$，$T_2+l_2+g_2-pT_2(1-\varphi)>\Delta R_2-c_2$满足得更好。$\dfrac{\partial(S-C+pn(1-\varphi)-l_1-l_2)}{\partial l}<0$，即不等式是关于奖励系数的减函数，当政府对企业的奖励较高时，不等式的范围变小，不等式$S-C+pn(1-\varphi)-l_1-l_2>0$满足得更差。当其他条件保持不变，政府加大对正当竞争企业的奖励时，企业更倾向于选择正当竞争，但政府选择积极监管的积极性降低。

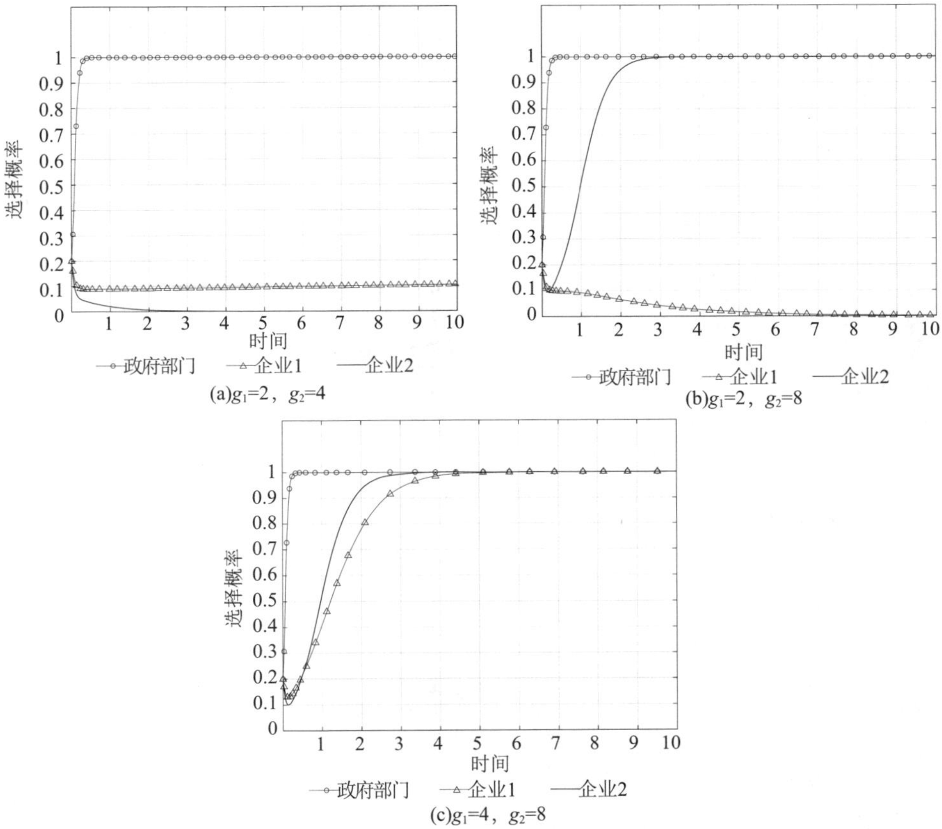

图 5-11　政府惩罚力度变化时系统仿真图

令 $S=6$、$c_0=4$、$k=0.5$、$c_1=2$、$c_2=3$、$g_1=2$、$g_2=4$、$T_1=8$、$T_2=10$、$n=20$、$\Delta R_1=10$、$\Delta R_2=16$、$\Delta R_3=0.5$、$\Delta R_4=0.5$、$q=0.5$、$\varpi=0.5$、$\varphi=0.2$，$p=0.7$，分析政府加大对正当竞争企业的奖励对系统的影响。

如图 5-12 所示，当提高对正当竞争企业的奖励时，互联网信息服务企业到达稳定点的时间缩短，系统朝 (1,1,1) 点演化。当政府监管部门提高对正当竞争的奖励时，不等式右边的范围变小而取值变大，不等式左边的范围变小而取值变大，此时不等式右边满足得更好，左边满足范围变小，但仍然满足 $\dfrac{C-S+l_1+l_2}{n}<p(1-\varphi)<\min\left\{\dfrac{c_1+l_1+T_1+g_1-\Delta R_1}{T_1},\dfrac{c_2+l_2+T_2+g_2-\Delta R_2}{T_2}\right\}$，系统朝 (1,1,1) 点演化。政府监管部门作为一个利益主体在做出策略选择时是基于一定的利益比较的，当提高对正当竞争企业的奖励时，相当于增加政府积极监管的成本支出，政府基于自身收益的考量其积极监管的积极性降低，到达稳定点的时间变长。

而对于互联网信息服务企业而言，政府监管部门提高对正当竞争企业的奖励时，企业为获得 ΔR 的不正当竞争收益会失去政府的奖励，提高了企业不正当竞争的损失，此时企业正当竞争的预期收益大于不正当竞争的预期收益，企业选择正当竞争。

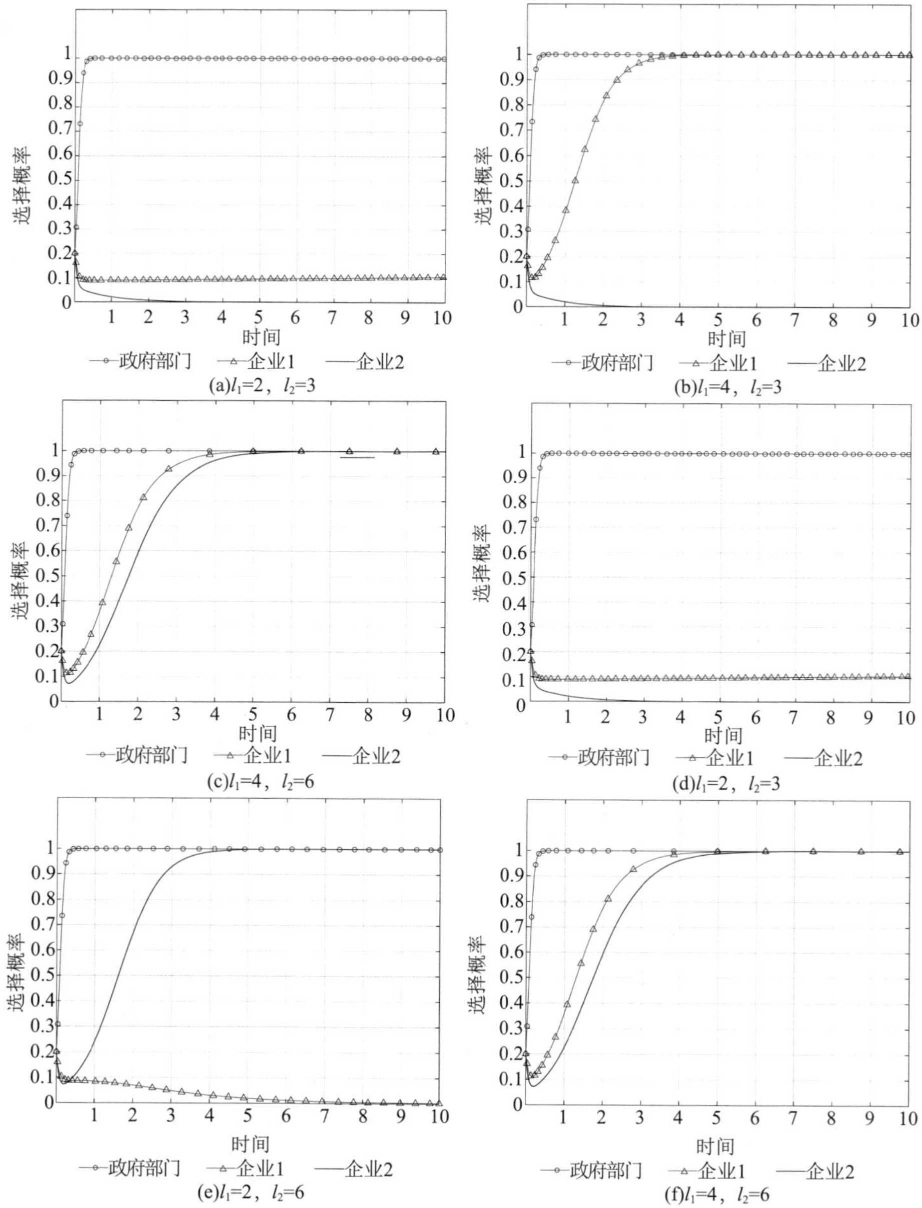

(a)l_1=2，l_2=3　(b)l_1=4，l_2=3　(c)l_1=4，l_2=6　(d)l_1=2，l_2=3　(e)l_1=2，l_2=6　(f)l_1=4，l_2=6

图 5-12　奖励力度变化时系统仿真图

（a）、（b）、（c）为一组变化图；（d）、（e）、（f）为一组变化图

通过对政府奖惩力度的参数分析可知：在多元协同治理互联网信息服务业市场竞争秩序过程中，行业协会与公众在现有条件下未能有效发挥其治理作用，但政府对行业协会、公众等治理主体作用发挥的条件把握较为准确时，在行业协会与公众的协同作用下，政府通过改变对互联网信息服务企业的奖惩力度，可使点(1,1,1)成为系统演化稳定点，此时政府积极监管，互联网信息服务企业正当竞争，市场竞争秩序健康发展。

本章小结

本章主要分析了行业协会和公众作用发挥的条件参数——行业协会权力空间、公众举报公正程度对多元协同治理互联网信息服务业不正当竞争有效性的影响。首先，阐明了行业协会参与互联网信息服务业不正当竞争治理发挥的作用受权力空间大小影响，公众参与互联网信息服务业不正当竞争治理发挥的作用受举报公正程度影响。其次，构建了行业协会作用受权力空间、公众作用受举报公正程度影响现实情境下的竞争秩序治理演化博弈模型，对模型假设参数做出具体说明，根据模型假设构建政府监管部门、企业 1、企业 2 三方收益矩阵，得出政府监管部门、企业 1、企业 2 三方的复制动态方程，结合方程解，对最优稳定点进行分析。最后，运用仿真软件探讨了行业协会参与度、行业协会权力空间、公众参与度、公众举报公正程度对多元协同治理模式发挥有效作用的影响。

第六章　大数据在互联网信息服务业竞争秩序多元协同治理中的应用

在现实情景下，由于治理信息的真实性、全面性以及时效性难以把握，信息不对称问题在互联网信息服务业竞争秩序多元协同治理过程中时有发生，影响多元协同治理主体间的有效协同和互联网信息服务业竞争秩序多元协同治理的效果。当前，信息技术快速发展，在推进国家治理体系和治理能力现代化的背景下，大数据技术为政府部门提升治理能力提供了重要的技术手段，通过大数据技术，可实现数据信息的归集整合、高效处理，促进多元主体间信息共享，大数据技术的运用必将引发政府治理的革命性变革。基于此，本章拟将大数据技术应用于互联网信息服务业竞争秩序多元协同治理中，设计互联网信息服务业竞争秩序多元协同治理信息连接框架，并以此为基础构建基于大数据的协同治理信息交互平台，并对平台数据层、技术层、应用层三层次组成部分、数据流转情况、运行机制进行详细分析，阐明平台运行机理，助力多元协同治理主体间的有效协同，实现互联网信息服务业多元协同高效治理。

第一节　大数据概述

一、大数据的概念

大数据是一个比较抽象的概念，到目前为止大数据的定义尚未统一。在学术界已有不少关于大数据的定义，以下几种定义被学者们普遍接受。第一种是属性定义，大数据技术描绘了一个技术和体系的新时代，大数据技术开启了一个全新的时代，它通过高速捕捉、洞察和分析技术，从海量、多样的数据中挖掘出有价值的信息。该定义刻画了大数据的 4 个显著特点：容量（volume）、多样性（variety）、速度（velocity）和价值（value），而“4V”定义的使用也较为广泛（李学龙和龚海刚，2015）。第二种是比较定义，大数据被定义为“无法用传统数据库软硬件在一定时间内进行采集、存储、管理和分析的数据集合”（石峻峰等，2015）。该定义没有对与大数据有关的度量机制进行描述，但它包含一种演化视角，表明哪些数据集可以被视为大数据。第三种是体系定义，大数据是指运用传统关系方法对数据进行处理分析的能力，受到数据容量、获取数据的速度、数据表示方式的制约，因此必须采用水平扩展的机制来提升数据的处理效率。本质上，大数据不仅意味着数据的大容量，还体现了一些区别于“海量数据”和“非常大的数据”的特点。

二、大数据的特征

大数据具有数据规模庞大、数据类型多样、数据处理高效等特征。这些特征不仅增强了数据统计的全面性、高效性，而且还提升了其挖掘事物背后真实情况的能力，同时其能够通过数据的关联组织挖掘出潜在的价值。

（一）数据规模庞大

“海量”是大数据区别于传统数据的首要特征。在数字经济时代的背景下，伴随着数据收集、存储、分析和应用的成本大幅下降，数据正在以前所未有的速度增长和积累，数据存储单位由传统的 KB、MB、GB 发展为 TB、PB、EB、ZB。Google 每天要处理 24PB 的数据，美国国家图书馆所有的纸质出版物所含的数据量也不过它的千分之一；YouTube 每月访客数量多达 8 亿，每秒钟就有一个超过 1 小时的视频被上传。据互联网数据中心（Internet Data Center，IDC）预测，2025 年，全球数据量将达到 175ZB，而互联网数据中心存储量占比将超过 70%。由此可见，这样庞大的数据量是传统数据无法比拟的，是大数据的首要标志特征。

（二）数据类型多样

在大数据时代，随着数据总量不断增长，数据来源也更加多样，可以是传感器、全球定位系统（global positioning system，GPS），也可以是社交网络和搜索引擎等，伴随着数据来源的多样化，数据性质也发生了改变。传统意义上的数据是指以数字和测量单位联合表示的结构化的“数+据”，而如今，数据结构类型不再局限于结构化数据，呈现多元化的趋势（张瑞敏，2020），各种文档、视频、音频等非结构化数据、半结构化数据应运而生，且占比越来越大。

可见，数据来源的多样和数据类型的多元正是大数据“多样”的体现。

（三）数据处理高效

大数据与传统数据的一大明显差别就是大数据具有时效性，这意味着数据的价值可能随着时间的推移不断流逝，与传统数据收集、传输、处理的滞后性相比，大数据在数据采集、存储、传输和处理等各个方面呈现出时效性、高速性等高效特征（袁波，2019），数据收集、传输、处理速度突飞猛进，满足人们实时应用的需求，极大地改善了传统数据集上的时效性问题。

（四）数据价值丰富

大数据的价值主要源自两个方面：第一方面是随着数据挖掘和分析技术的迭代升级，我们可以利用这些技术手段，高效采集、存储、处理海量数据，窥探数据背后的真实信息，充分挖掘数据的“价值”，满足现实需求。第二方面则是与前三个特征的紧密相连。大数据的“大量”“多样”能够帮助我们从“总体”的角度对事物进行观察分析，利用海量多样的数据进行统计分析，能够全面、系统、深入地把握事物的特征和发展规律，从而迅速得到准确、高质量的信息，而大数据的“高效”则能够在短时间内采集大量数据的同时实现数据的及时挖掘和分析，充分保证数据信息的时效性。

三、大数据系统

大数据系统能够为数据生命周期中不同阶段的数据提供处理功能（李学龙和龚海刚，2015），根据不同的应用，大数据系统涉及的阶段也有所不同。典型的大数据系统通常分为数据产生与采集、数据存储、数据处理、数据分析 4 个连续的阶段。

（一）数据产生与采集

在数据爆炸时代，大数据意味着从多样的纵向或分布式数据源产生的海量、多样、复杂的数据集，主要来源于商业领域、网络领域、科学领域，这些数据集和领域相关的不同级别的价值相联系。数据采集指的是将来源广泛的数据进行集中收集的过程，由于数据来源广泛，需要有能够针对不同数据产生环境的专用数据采集技术进行原始数据的采集。

（二）数据存储

数据存储系统可分为硬件基础设施、数据管理软件两个部分（李学龙和龚海刚，2015）。硬件基础设施由以弹性方式组织而成的 ICT（information and communication technology，信息与通信技术）资源组成，以应对不同应用的即时需求。为适用于不同类型的应用环境，硬件基础设施可以进行动态配置，能够横向和纵向扩展。数据管理软件用于大规模数据集的管理维护，其部署在硬件基础设施之上。常见的大数据存储系统有分布式文件系统、内存 KV（key-value，键-值）数据库、列式存储数据库，不同的大数据存储系统功能侧重也不相同，用户可根据自身需求选择相应的大数据存储系统。

（三）数据处理

数据处理主要包括数据预处理和作为计算任务的处理。由于数据集来源广泛，数据质量参差不齐、结构多样，可能存在一些无意义的数据，这就需要通过预处理对这些数据进行净化，将其转化为可以利用的干净数据。作为计算任务的处理包括批量数据处理、流式数据处理、交互式数据处理、图像数据处理（程学旗等，2014）等，每种处理方式的应用场景都不同，例如批量数据处理适用于海量的静态数据处理，流式数据处理则适用于大量在线数据的实时处理（崔星灿等，2015）。

（四）数据分析

数据分析是指利用分析方法或工具从大数据集中抽取有价值信息的过程，可以将抽象的数据转化为具有现实价值的信息，是至关重要的环节。决策者可以利用数据分析结果辅助决策或者进行预测，帮助决策者做出更加科学、可靠的决策。常见的数据分析方法有：统计分析、数据挖掘、数据融合、机器学习等。

第二节　大数据应用于竞争秩序多元协同治理的契合分析

一、多元协同治理存在的主要问题

数据信息传播的“扁平化”和“多中心化”，使得有关社会公共问题的治理走向多主体参与，虽然现阶段各界都在提倡多元协同治理，但是实现互联网信息服务业竞争秩序多元协同治理格局的过程中，依然存在较多问题，由于各参与治理的主体不同程度地掌握互联网信息服务业治理的相关数据信息，而这些质量参差不齐的分散、多源、多元的数据信息，若不能有效地处理和利用，则易导致政府在治理中出现偏差，无法做出科学的决策。同时，互联网信息服务业和各治理主体产生的数据信息实时变化，对各治理主体而言，如果不能及时进行数据信息的传递共享，将影响多元协同治理协同效应的发挥，对主导者政府而言，如果不能及时进行数据信息的收集与更新，很可能收集到无效数据，错过最佳治理时机。信息是监管的基础，数据是信息的载体，当前互联网信息服务企业及相关治理主体产生的数据呈现出规模性、多样性、实时变动、结构复杂等特点，信息不对称问题时有发生，互联网信息服务业竞争秩序多元协同治理面临的数据问题，具体表现为数据的质量不高、数据传递的时效性较差。

（一）数据的质量问题

数据的质量主要体现在两个方面。第一是数据信息的数量，即信息规模，是对信息多少的度量，强调信息对某个事物或现象的描述是完整的；信息规模越大，监管者对监管对象的了解就越多、越深、越系统，对监管对象的“越轨”行为的把握就越准确，越容易作出科学的决策和判断；相反，信息规模越小，监管者对监管对象的了解就越片面有限，对监管对象“越轨”行为的把握就越模糊。面对互联网信息服务业竞争日益复杂的问题，单一数据源已不能满足政府的治理需求，且易受不确定因素的影响，导致数据准确性不高等问题，影响政府监管部门治理政策的制定与执行。互联网信息服务业竞争秩序多元协同治理涉及多个治理主体，治理对象多，数据信息来源广，数据结构也会随着数据来源变化。对多元协同治理的主导者政府监管部门来说，短时间内有效整合不同来源的大量数据信息并加以分析是一个巨大的挑战。第二是数据信息的真实性，表现为信息的可靠性、准确性等。在互联网信息服务业竞争秩序多元协同治理中，信息的可靠性、准确性可以理解为监管者收集到的数据信息与监管对象自身所掌握信息的差异程度，二者差异越小，则说明收集到的信息的可靠性、准确性越高，越有利于多元治理主体作出合理科学的决策，反之，二者差异越大，则说明治理主体对治理对象的信息掌握得越模糊、片面，不利于政府监管部门治理措施的制定和后续的执行。由于各参与主体掌握的信息和资源不尽相同，各主体因自身概念化、辨别、分析、推理等方面的能力也存在不同程度的差异（梁正，2021），加之互联网信息服务企业不正当竞争涉及知识面广，覆盖领域多，易产出良莠不齐的数据信息，所以治理主体收集的数据信息的真实程度无法保证，例如对作为多元协同治理主体之一的公众来说，积极公正的言论是其在多元协同治理中有效发挥自身作用的前提，而公众投诉、举报、反馈等的内容易受其自身文化背景和信息素养能力的影响，具有一定的主观性，对不正当竞争行为的认识和辨别能力有限，导致公众提供的数据信息质量参差不齐。同样，对媒体而言，由于其对舆情是否属实的辨别能力有限，不实报道不仅不能助力多元协同治理，反而会给政府治理带来消极影响，例如数据挖掘成本的增加、相关决策的失误等。

（二）数据传递的时效性问题

数据信息的时效是指信息在一定时间范围内的效力。在互联网信息服务业竞争秩序多元协同治理中，其治理的实际效果很大程度上受到收集的数据信息时效性的影响。传统的监管模式偏向静态监管，执法实践层面按部就班，缺乏灵活性，具体表现为监管对象的相对稳定、执法程序的循规蹈矩（刘建义，2019），无法做到对多元协同治理主体、互联网信息服务企业产生的数据信息进行实时收集、处理、分析，对不正当竞争行为及时鉴别和采取应对措施。究其本质，就是各主体治理信息传递与处理的滞后。通常情况下，信息是否有用是由其反映实际情况的时间决定的，政府监管部门收集治理所需数据的时间间隔越短，处理这些数据越快，则该数据信息的价值和作用就越大，反之就越小。治理过程中存在的数据信息的层级式传递会削弱政府监管部门及时治理的能力，为企业不正当竞争行为提供时间“窗口”，不利于政府监管部门高效、及时地治理企业，难以满足治理实践需求，亟须创新监管模式，提高信息收集和传递的时效性。

同时，信息传递的时效性也会影响多元治理主体之间沟通的及时性，进而影响多元治理主体间的协同效果。信息的有效沟通是多元协同治理模式最主要的基础，多元治理主体的良好互动、有序协同离不开信息的有效沟通（丁日佳和张亦冰，2016）。尽管学者和政府都提倡将多元协同治理模式运用于互联网信息服务业竞争秩序的治理当中，决策机制趋向多元化，但各治理主体协同意识不够强，无效、不及时的沟通在各治理主体间时有发生，无法在反映实际情况的时间内发挥自身的优势能力和承担治理责任（陈之常，2015）。对公众来说，若公众利益受到侵害而无法及时通过相应渠道进行投诉举报，政府部门就无法及时采取措施维护公众利益，查办企业的不正当竞争行为。这个过程的时间间隔越长，公众面临的损失可能就会越大，企业不正当竞争带来的社会负面影响可能越严重。由此可见，信息传递的时效性尤为重要。

二、大数据技术应用于互联网信息服务业治理的优势分析

当前，互联网信息服务业竞争激烈化、违规行为隐蔽化、竞争方式现代化日益凸显，市场监管的长期性、复杂性、艰巨性不断增加。治理面临信息数量少、质量较低、时效性较差等信息不对称问题，将直接影响互联网信息服务业的治理水平，亟须创新治理模式。技术是沟通治理主体与治理信息的媒介，是克服信息不对称的重要路径。随着大数据技术的发展和应用，其为政府部门解决棘手问题、提升治理能力、应对外部挑战提供了新思路，为互联网行业的监管与治理模式带来了深刻变革，大数据能够为行业治理提供海量高品质信息，监管者基于大数据、云计算等技术的应用，利用挖掘技术、数据可视化技术等对数据信息进行感知和智能分析，建立虚拟的决策模型，寻找规律并验证假设，帮助监管者精准预测并决策，避免监管信息传递的滞后和统计数据下的主观判断，有效提高监管者决策的科学性、规范性和可操作性（王曙光和宋佳瑶，2023）。同时，大数据技术有助于推进信息共享平台的构建，促进多元协同治理模式中各主体之间的信息共享与沟通合作。将大数据技术运用到互联网信息服务业竞争秩序多元协同治理模式中，对增强政府治理能力和多元协同必然发挥重要作用，具体包括以下几个方面。

1. 大数据技术可以提高治理信息的规模、准确性、时效性，提升政府治理效能

监管效能与信息的数量、质量、时效性显著相关，所获得信息越多、质量越高、时效性越好，监管效能越大（刘建义，2019）。政府在治理过程中收集的数据主要来源于政府、企业和各种组织上报的经过处理的非原始数据，这些数据往往存在局限性，在使用这些数据做出决策时会出现时间滞后和不准确的情况。在大数据时代，政府可以利用大数据技术，通过门户网站、各种社交媒体、网络、智能终端、传统数据等多个渠道，不受干扰地收集治理所需的相关数据，最大限度地减少治理对象的抵触情绪，使得治理数据从“抽样”转向“总体”，且获取数据不会受到时空及成本的限制，利于全面掌握互联网信息服务业竞争的特点和规律，使政府决策最大程度贴近预期效果。

由于收集的相关治理数据种类繁多、数量庞大、质量参差不齐，可能无法

通过人脑进行分析，因此需要将收集的数据转换成易于多元治理主体理解的信息。大数据技术能够处理多种类型的数据（结构化数据、半结构化数据、非结构化数据），能对海量低价值密度的碎片化数据进行分析、筛选与整合，从中得出利于行业治理的有用信息，为多元治理主体提供针对性的治理依据。同时，借助大数据技术，政府监管部门能实现输入的数据即时分析、挖掘和可视化，使得对治理对象的动态治理成为可能（苏玉娟，2016）；如果治理主体无法及时、有效掌握互联网信息服务业竞争风险的发生和发展，也就无法及时有效地进行预防和控制。治理中机械、刻板的执法实践，易导致相关治理信息传递与处理的滞后，难以满足实践需求。利用大数据技术，运用多维多源的数据对生产或服务要素进行全视域监控，及时发现并标记风险信息，跟踪评估风险水平，借助实时流动的数据进行同步分析和计算，实时对互联网信息服务企业日常经营、管理情况进行监管，将企业交易行为等一切行为纳入监管范围之中，避免因信息不对称造成治理困难。再者，大数据技术能够将数据和实体相连接匹配，对不同的互联网信息服务企业采用不同的评判标准，进而为企业提供“定制化”的监管服务，有效避免“一刀切”治理模式的弊端。可见，大数据技术能够创新政府行业治理的具体方式，通过信息的规模、质量和时效的提升，进而达到预期的治理效能。

2. 大数据技术可以促进多元治理主体之间的信息交互，促进多元协同治理格局的实现

在网络时代，互联网信息服务业竞争行为具有强隐蔽性、跨领域性、高技术性等特征，单纯依靠单一治理主体已经很难有效对其进行治理，因此多元协同治理模式应运而生。多元协同治理模式并不是多个治理主体行为的简单相加，而是多元主体围绕共同的目标进行资源整合与协同行动（王曙光和宋佳瑶，2023），该治理模式强调治理主体之间的配合、协作，只有充分发挥各个治理主体的协同性，产生协同效应，才能达到最优治理效果（熊光清，2019）。而大数据技术等网络信息技术能够强有力地推动多元协同治理模式的构建。前文指出，各主体之间的充分交流、信息的有效沟通是有效发挥多元协同治理作用的前提，信息的流动与共享将消除“数据烟囱”“数据孤岛”等问题，促成多元协同治理格局形成。信息的有效沟通离不开信息共享平台的构建，信息共享平台的构建可以为不同主体之间的沟通提供丰富的信息和数据，而信息共享平台的搭建需要大数据技术的支撑，通过构建统一的信息共享平台和数据库，融合政府、企业、公众、行业协会、媒体五大主体间的治理相关数据，拓展信息

共享的深度和广度，促进政府各部门以及多元治理主体之间的信息流动，便捷地实现各主体之间的沟通协作，消除“各自为政”的现象。同时，通过引入大数据技术，治理主体的管理幅度、工作效率都将随着沟通效率的提升得到进一步提高，有助于监管资源的高效利用和配置优化。

在大数据时代，各个治理主体可以更好地参与到政府工作之中，与政府分享信息，形成政府和多元主体共同参与的政务决策机制。政府监管部门可以根据不同治理主体的动态需求，提供可供企业、公众、媒体、行业协会决策的动态性预测建议，实现多元治理主体动态参与政府治理的进程（苏玉娟，2016）。可见，将大数据技术引入多元协同治理模式中，能够充分发挥不同治理主体的智慧和能力，充分利用不同治理主体掌握的治理资源和信息，使各主体高度参与和交互，提高多元治理主体的协同效果。

第三节　竞争秩序多元协同治理信息连接框架设计

互联网信息服务业竞争秩序的治理并非政府的“一家之事”，而是关乎互联网信息服务业能否健康发展、社会公众利益能否提升的公共事务。互联网信息服务业竞争秩序的治理需要政府监管部门、行业协会、企业、媒体、公众等多元主体的共同参与，这种共同参与并不是多元主体行为的简单相加，更多强调的是主体间协同效应的发挥（胡玉桃，2021），多元主体围绕共同的治理目标，整合资源、协同行动，在平等的基础上进行沟通、合作、协商，才能发挥各自的能力优势，促进互联网信息服务业多元协同有效治理格局的实现。

互联网信息服务业竞争秩序多元协同治理中主体间信息的交互共享、有效沟通有助于主体间协同效应的发挥，进而提升多元协同治理效能。多元协同治理的本质在于治理主体间的互动性、协同性、有序性，而这些都是以主体间信息交互共享、有效沟通作为前提的，提升主体间信息交互共享、有效沟通水平是提高协同效率的关键（黄璜等，2022），缺乏充分信息的多元协同治理效果可能不够理想。多元主体通过信息的交互共享对互联网信息服务业治理达成共识，通过沟通促进主体间有效协同，从而保持协调一致的行动。各主体在信息传递与交互中不断打破信息屏障，治理的破碎化样态不断得以消除，多元治理主体的目标才能不断集中到互联网信息服务业治理的整体目标中去。对企业而言，政府公布的不正当竞争行为等信息能对企业起到警示督促作用。若企业信用评价好，将会受到政府表扬，企业为了维持现状并获得政府激励，就需要不断督促自我，维护行业良好竞争秩序；若企业受到政府警告，政府可加大对该企业的监管惩罚力度。同时，信息共享将会影响公众对互联网信息服务企业的口碑，并进一步影响企业收益，例如政府公示的是企业负面信息时，企业在公众和媒体中的口碑可能会变差，企业声誉受损进而减少企业的潜在收益。对相关政府部门而言，数据共享将有效减少信息孤岛问题，实现信息的高效利用。行业协会通过获得的数据可对互联网信息服务行业的发展进行深入研究，进而有利于行业健康发展。可见，对互联网信息服务业竞争秩序多元协同治理而言，主体间信息交互共享的重要性不言而喻。

为实现信息数据在多元主体间的有效传递、交互共享，提高多元协同治理的效能，促进互联网信息服务业竞争秩序多元协同治理格局的实现，本书设计互联网信息服务业竞争秩序多元协同治理信息连接框架，如图 6-1 所示。该框架连接政府监管部门、互联网信息服务企业、互联网行业协会、媒体、公众五大多元协同治理参与主体，在大数据技术等工具的支撑下，从信息归集整合、信息统一处理、信息交互共享三个方面提升多元主体间的信息传递、有效沟通的水平，消除治理中各自为政、信息孤岛的现象，从而实现治理主体间有效协同，联合高效治理互联网信息服务业竞争秩序的目标。具体包括以下三个方面。

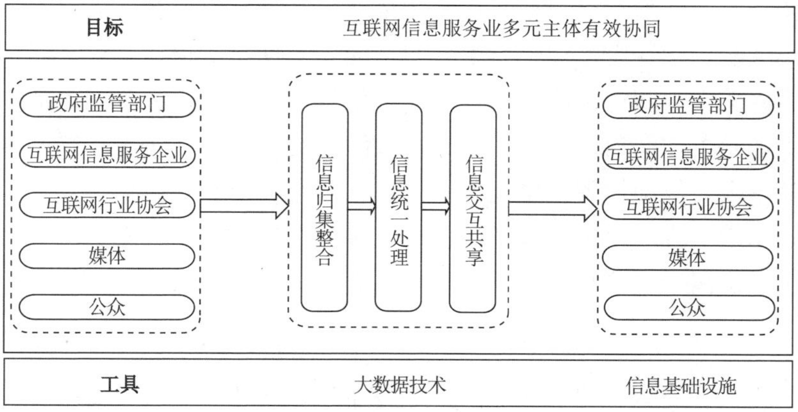

图 6-1　互联网信息服务业竞争秩序多元协同治理信息连接框架

（1）各主体信息归集整合。信息归集整合是各主体间信息连接的起点，也是信息处理和共享的基础。在互联网信息服务业竞争秩序多元协同治理中，信息的归集整合主要包括政府监管部门、互联网信息服务企业、互联网行业协会、媒体、公众五大主体的数据信息，各主体及时提供自身掌握的信息数据，利用大数据技术进行归集整合，形成全面、海量的治理相关信息，全面准确地掌握互联网信息服务业治理相关的基础信息，为后续数据处理、信息共享奠定数据基础，确保后续多元协同治理工作的有效推进。

（2）数据信息的统一处理。治理相关数据信息的处理是信息连接的关键环节。归集整合的数据信息质量难以保证，往往存在数据质量参差不齐、数据类型不统一等问题，此外，海量的数据信息无法通过传统的数据处理技术发掘出有价值的信息。利用大数据技术，构建统一的数据仓库进行存储，便于各主体对数据信息的再利用。同时，对收集的信息数据进行统一处理、挖掘和分析、可视化，将抽象、复杂的信息数据转化为易于理解、可靠的治理相关信息，为多元主体协同治理提供可靠、准确的信息支持，为多元主体间信息的交互共享、有效沟通提供科学依据。

（3）数据信息的交互共享。将全面、可靠、及时的数据信息在各主体间进行共享，尤其是治理过程信息、治理结果信息、治理措施信息等，实现主体间信息的自由流转，加强多元主体间的沟通交流，有效实施协同治理工作。借助大数据技术构建统一的信息交互平台，对信息进行合理共享，将所收集到的治理结果、治理过程、治理措施等信息数据按照不同权限资格开放共享给实名认证的互联网企业、相关政府部门、媒体、互联网行业协会、公众等多元主体，多元主体基于共享的信息数据进行互相沟通协商、互相监督，弱化多元主体间的边界，激发多元协同治理主体参与治理的主动性和积极性。主体间信息的共享、沟通将实现内部协同的整体运作，降低协同成本，提升治理效能。

明确多元主体间信息交互共享、有效沟通的重要性，设计互联网信息服务业竞争秩序多元协同治理信息连接框架，从信息归集整合、信息统一处理、信息交互共享三个方面阐述该框架如何提升多元主体间信息的有效沟通、共享，为构建多元协同治理信息交互平台奠定基础。

第四节　基于大数据的多元协同治理信息交互平台构建

在互联网信息服务业竞争秩序多元协同治理信息连接框架中，多元主体间的有效协同需要以基于大数据的协同治理信息交互平台作为技术支撑。为实现政府监管部门、行业协会、媒体、公众、互联网信息服务企业多元主体间信息的归集整合、统一处理、交互共享，提高协同治理效果，本节依据大数据理论和技术，在多元协同治理信息连接框架的基础上，构建基于大数据的多元协同治理信息交互平台，如图 6-2 所示。该平台由数据层、技术层、应用层三个层次组成。该信息交互平台的构建旨在促进互联网信息服务业治理中多元协同治理主体间的信息交互，提升多元协同治理效能，协助政府对互联网信息服务企业的不正当竞争行为进行高效精准的监管，实现对互联网信息服务业竞争秩序的高效协同治理。

该多元协同治理信息交互平台的构建理念为：通过大数据技术收集来自政府、行业协会、公众、媒体、企业五大多元协同治理参与主体的各项数据，筛选与互联网信息服务业治理相关的数据信息，并对数据信息进行及时处理、存储、分析传输，提高监管的及时性、准确性、可靠性，政府部门内部可利用整合的数据资源，实现跨部门、跨地区的集成监管，降低治理成本；各治理主体充分发挥自身优势，积极配合协助政府进行监管与治理。同时，按各主体需求将大数据技术处理过后的数据信息进行共享，弱化信息孤岛等信息不对称问题，促进多元协同治理格局的实现。该平台从数据层、技术层及应用层三个层次进行构建，三个层次既是相互独立又是相辅相成的，既要考虑三个层次内部运行情况，又要关注三个层次间数据流动情况。

一、数据层

为确保监管治理工作的有效性，首先需要明确治理数据来源。由图 6-2 可见，基于大数据的多元协同治理信息交互平台的数据来源为五大主体：政府、企业、公众、行业协会、媒体。①企业作为不正当竞争行为的直接实施者，其行为数据较为核心，主要从两方面收集其数据：登记注册信息、专利认证信息、产品信息等静态信息数据；经营活动、交易行为等动态信息数据。②公众作为利益相关者，其对企业及其产品的评价信息具有较高挖掘价值，公众数据主要集中于微博、论坛、短视频平台以及各大网站页面中，主要包括评价信息、搜索信息、投诉举报信息、调研信息等。③行业协会由各企业共同发起成立，其目的是促进产品创新、维护行业秩序，所包含的数据主要有行业规则信息、相关标准信息、研究报告信息以及企业监管信息等。④媒体作为信息传播的媒介，社会影响力大，所掌握的信息具有时效性，故媒体信息具有较高参考价值。⑤政府作为监管部门，其数据存在于各部门中，较为分散，因此需统一汇总处理，便于部门之间后续协作监管。

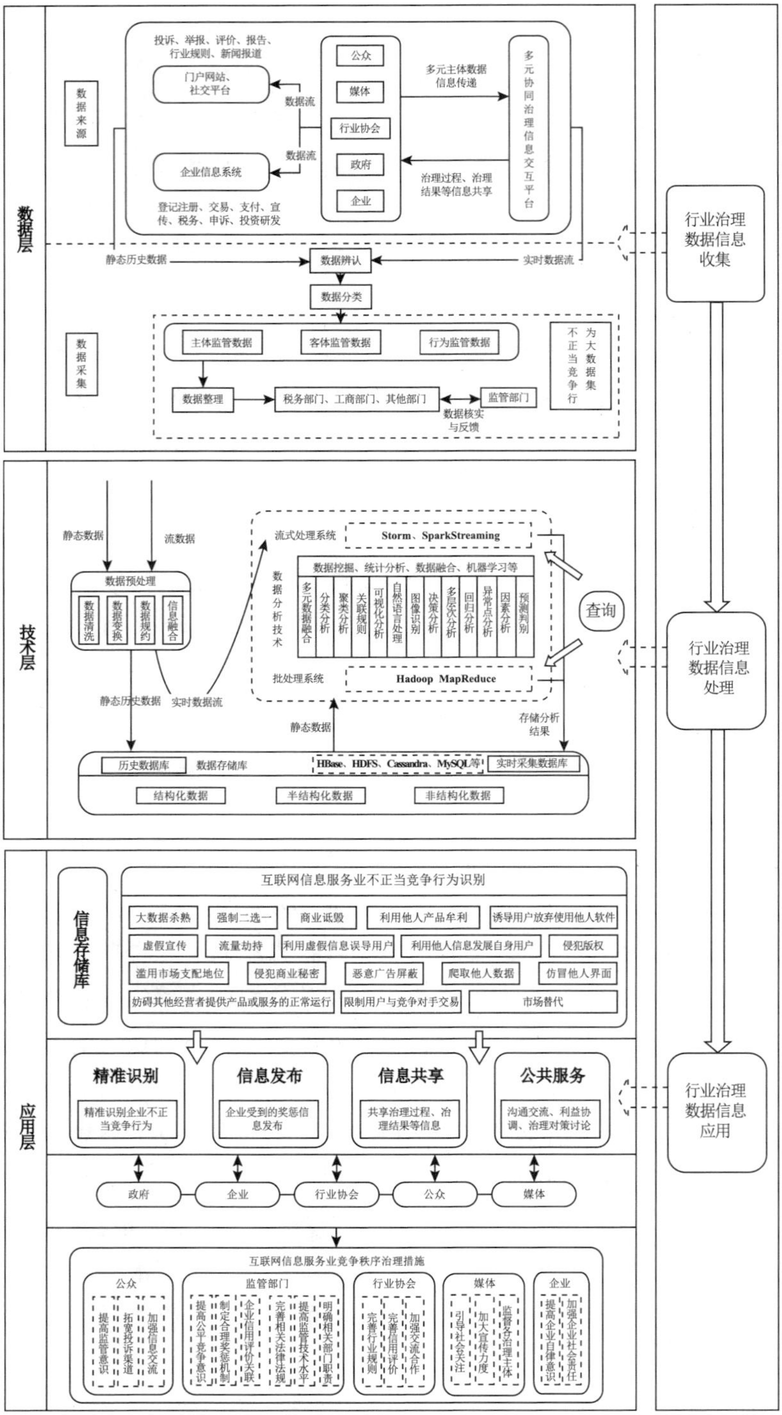

图 6-2　基于大数据的多元协同治理信息交互平台

数据层的运行机制：首先收集来源于五大主体的治理相关大数据集，包括批量采集的静态历史数据和实时动态采集的流数据，然后通过数据辨认、数据分类、关联数据集整理等一系列流程后，由监管部门审核并将审核无误的信息数据进行汇总，为后续的数据存储、挖掘和分析做准备。该层次的作用为接收来源于五大主体的数据信息，并对数据信息进行上述流程运作，最后转化为关联数据集。

（1）数据采集。数据的采集工作是后续数据处理和分析的基础，只有收集全面、系统、可靠、及时的数据才能有效把握互联网信息服务业竞争情况，为多元主体有效协同提供充分的数据信息保障。数据采集阶段需采集五大主体的海量数据，需要保证实时性、低延迟与稳定可靠。常见的大数据采集方法有三种：系统日志采集，如 Flume；网络数据采集；特定接口数据采集；以 Hadoop 的分布式日志采集系统（Flume）为例，其可满足每秒数百兆的数据采集和传输需求，确保数据采集的速度和数量。

（2）数据辨认。数据辨认的主要作用是从多元协同治理信息交互平台的数据库中筛选出治理所需的数据，然后明确每项治理数据的来源，提高技术层对治理数据的挖掘和分析效率。其中，治理数据来源主要为五大治理主体，分别是政府、互联网信息服务企业、行业协会、公众以及媒体，要明确筛选出的每项治理数据在信息交互平台中具体属于哪个治理主体，方便后续监管部门对异常数据的溯源、审查核实及修正工作。

（3）数据分类。为了将互联网信息服务业竞争秩序多元协同治理主体产生的各种基本数据与行为数据都纳入监管范围中，更高效准确地识别出不正当竞争行为并采取合理的治理措施，需对治理数据进行分类，主要分为主体监管数据、客体监管数据、行为监管数据。主体监管数据：互联网企业主体资质认定相关的数据，包括经营网站或平台及相关服务提供商的市场准入、消费者身份认证以及主体信誉评价等数据；客体监管数据：互联网信息服务企业与客户进行交易涉及的产品或服务的主要数据，包括商品及服务准入、商品品质、知识产权以及商品价格等数据；行为监管数据：通过对交易产品、服务的特性和实际作用的识别、分析，分析它们与顾客需求的差异，调整和规范提供相关产品和服务行为的互联网信息服务企业，从而达到保护消费者利益的目的，包括交易、税收、宣传、物流、支付、投诉等行为的数据。

（4）关联组织。由于收集的数据的来源和类型多样，可以将这些数据按照业务需求进行关联组织，并将其合并成具有一定逻辑关系的数据集合，将这些独立的数据组织起来，形成一个完整的、无缝隙的数据集，可以有效地提升技术层和应用层的运行效率，并且关联后的数据集也更便于与其他数据集进行比较，从中发现异常的信息，然后提交给监管部门进行审查，及时反馈给其他相关部门。

（5）政府监管部门反馈机制。政府监管部门在数据层中主要起到辅助审查的作用，即政府监管部门不需要实时监管每条关联数据集，而是实时接收来自数据层中政府部门的异常数据报错，再根据具体的异常数据与相关部门（如工商部门、税务部门、审计部门等）进行数据核实，并将审查结果反馈给信息交互平台，再将新的核实数据替代之前的旧数据由信息交互平台传递到数据层中。

二、技术层

庞大数据集的处理离不开云计算等技术的支持，包括海量数据存储技术、挖掘和分析技术等，因此，技术层在多元协同治理信息交互平台中占据核心位置。该层次的作用是通过对互联网信息服务业竞争秩序治理相关的大数据集进行处理、存储以及挖掘和分析等操作，将其转化为便于各参与主体理解和利用的信息，为政府监管部门决策提供科学、合理、及时的信息支持，为各主体之间的有效协同提供信息保障。在多元协同治理信息交互平台中，技术层主要涉及数据清洗与预处理、数据存储与管理、数据挖掘和分析、大数据可视化解释几个方面。

（1）数据清洗与预处理。高质量的数据信息是高品质决策的前提，而最初采集到的数据常常不一致、不完整、含噪声，因此需要对数据层传递来的关联数据集进行预处理操作，为后续数据存储和数据挖掘与分析等操作提供格式统一的高质量数据集，该过程主要用到数据变换、集成、规约、清洗等方法。首先是对数据进行清洗处理，反复筛选，去除噪声和不相关的治理数据，然后集成合并来自数据存储库的静态数据、实时采集的数据，通过数据变换将数据变成适合挖掘的统一形式，最后通过数据规约，在最大限度保持数据原貌的前提下，精简数据量，降低存储数据的空间。

（2）数据存储与管理。经过预处理后的静态数据需要存放在数据仓库中，利用 ETL 工具加载到数据仓库中，从而方便后续技术人员通过数据挖掘和分析技术，发现有价值的治理信息。而实时的动态数据则通过后续的数据处理系统，一部分进入数据库作为静态数据保存，其他部分则被丢弃。要做好大数据存储系统，需要解决以下三个问题：存储规模大，一般为PB乃至EB级；存储系统的管理复杂，必须兼顾不同类型的数据；数据服务的类型和水平都很高。SQL数据库即关系型数据库，常见的有Oracle、MySQL等，它适用于结构化数据的存储；NoSQL数据库即非关系型数据库，常见的有HBase、Cassandra等，它适用于非结构化数据的存储；同时不同的数据库可以存储的数据量也有差异，其中HBase支持PB级数据量的存储。因此，为更好地解决上述三个问题，提高数据转化为信息的应用价值，对于不同类型的数据，可选择采用相应的数据库进行储存，这样不仅能有效减少数据存储空间，也方便对同类数据进行处理和分析。

（3）数据挖掘和分析。预处理过后的海量数据并不能直接为互联网信息服务业竞争秩序多元协同治理提供决策，必须利用相关大数据技术对其进行分析和挖掘，以保证数据信息的准确性和可靠性。只有进行数据统计与分析、关联与建模，从互联网信息服务业竞争秩序治理大数据集中分析、挖掘变量之间的关联与规律，将数据转化为有效的治理信息，有效提炼出数据的价值，才能为互联网信息服务业多元协同高效治理提供信息支持。首先，预处理过后的治理相关的数据包括各参与主体的静态历史数据和实时产生的动态数据，静态历史数据适合采用批处理方式，技术人员可以在宽裕的时间内对海量数据进行批处理，得到有价值的治理信息，Hadoop就是批处理模型，由MapReduce执行数据的批量计算；动态流数据则通过流式处理系统进行实时计算分析，并反馈实时结果，例如Storm框架，该框架具有可扩展、高容错性、能可靠处理数据等特点，已广泛应用于流计算中。经过流式处理系统处理的数据可根据需求进行存储，以便之后再次分析计算和查询。

（4）大数据可视化解释。人类大脑无法从庞大的治理相关的数据中快速发现核心问题，因此需要数据可视化来刻画和呈现治理相关数据所反映的本质。可视化技术将海量的数据以简洁、清晰的图表呈现，可以快速、高效地对数据进行精简和精炼，并协助多元主体对海量数据进行交互过滤，使多元主体更容易、更快、更准确地理解复杂治理数据背后的深层含义。

三、应用层

应用层的重点是如何将基于大数据的多元协同治理信息交互平台落实到实际协同治理过程中，发挥多元协同治理主体间的协同效应，提升互联网信息服务业竞争秩序治理效能。应用层由精准识别模块、信息发布模块、信息共享模块、公共服务模块构成，各模块的作用机制如下。

（1）精准识别模块。政府监管部门根据多元协同治理信息交互平台收集处理的数据信息，精准识别互联网信息服务企业的不正当竞争行为。根据前文相关案件梳理的互联网信息服务企业不正当竞争行为，可通过大数据技术的处理挖掘，然后对比已有案件判决书和相关不正当竞争法律法规，采取适宜的治理措施予以治理。若存在异常数据，无法归纳于上述不正当竞争行为种类中，则交由监管部门，进行针对性的审查核实，并采取其他有效方式进行不正当竞争行为认定，根据认定结果对不正当竞争行为数据标准进行更新，该更新机制有利于完善不正当竞争行为认定标准，提高不正当竞争行为识别的全面性。

（2）信息发布模块。信息发布模块主要用于对互联网信息服务企业获得的奖惩信息进行发布。首先，基于技术层的数据处理分析、可视化，精准识别不正当竞争行为，再将识别结果信息交由监管部门，监管部门基于识别结果对相应的互联网信息服务企业进行查处，并将执法处置信息及时发布到多元协同治理信息交互平台上，为后续协同治理提供依据。同时，行业协会可运用制度工具对相应的违规企业进行进一步监督治理，约束其行为，公众、媒体则可通过增加违规企业声誉损失追加相应的惩罚。

（3）信息共享模块。信息共享模块主要提供各主体间相关治理信息共享服务。一方面，政府相关部门可在多元协同治理信息交互平台查看治理对象、治理事项、治理措施、治理时间、执法机构及人员等治理中涉及的信息，便于政府各部门之间协同合作开展治理行动，制定治理措施，避免因信息不对称造成对违规企业的重复治理，影响企业正常经营活动的同时增加治理成本。另一方面，政府监管部门可将一些重要的治理过程、治理结果、治理措施信息向行业协会、公众、媒体、企业等多元主体进行开放，便于多元主体及时了解相关治理的进度，对互联网信息服务企业的市场经营活动、政府监管部门依法依规的治理过程起到一定的监督作用。

（4）公共服务模块。公共服务模块主要为公众、行业协会、媒体等多元主体提供交流、投诉举报、协商等服务。一方面可实现“一对一”“一对多”“多对多”的沟通模式的同步运行，拓展多元主体沟通交流的渠道，充分调动各主体治理的积极性，发挥各主体在互联网信息服务业竞争秩序治理中的主观能动性。另一方面，各主体可通过沟通协商等方式采取联合一致的治理行动，例如，针对采取不正当竞争行为破坏行业竞争秩序的企业，政府监管部门对该企业进行处罚，与此同时，行业协会可对该企业发出警告，必要时实行集体抵制、开除该企业的会籍等惩罚，媒体可对该企业进行舆论批评和监督，公众则减少对该企业产品或服务的消费。

在基于大数据的多元协同治理信息交互平台中，数据层通过对海量、碎片化的数据信息进行采集，为互联网信息服务业竞争秩序治理提供充分、全面的数据支持；技术层通过对数据进行净化、处理、挖掘和分析、可视化，将质量参差不齐、海量的抽象数据转化为便于理解的治理相关信息，为多元协同治理提供科学的决策依据；应用层通过精准识别模块、信息发布模块、信息共享模块、公共服务模块的协同运作，实现多元主体间有效沟通、信息交互共享，提升互联网信息服务业竞争秩序多元协同治理效能。各主体在多元协同治理信息交互平台的帮助下，不断提高协同效率、治理效能的同时，还应做好自身建设工作，明确自身权责，共同打造多元协同共治的新形态、新格局。

对政府监管部门而言，应充分利用大数据技术分析出的结果，制定合理的奖惩措施，提高企业公平竞争意识，完善互联网信息服务行业相关法律法规，明确政府各部门职责，确保各部门之间有效协调配合，提高监管和治理技术水平，不断向实现现代化治理的目标迈进；对企业而言，应知晓盈利并不是唯一目标，要注重企业的可持续健康发展，注重行业的健康发展，应担负起自主治理的责任，承担社会责任，充分认识互联网信息服务业竞争秩序治理的重要意义；对公众而言，需要提高治理意识，以高昂的热情广泛参与到治理当中，加强与各个治理主体之间的沟通交流，在参与中学习相关治理知识，更好地识别企业不正当竞争行为，维护自身合法权益，积极配合政府相关部门的治理工作；对行业协会而言，要充分发挥自身监管灵活性高、成本低、专业性强的优势，承担对互联网信息服务业产品和服务质量、竞争方式、经营作风进行严格监督的责任和义务，要不断完善行业规则，完善企业信用评价制度，协助政府监管部门参与治理，为公众、媒体提供更多的服务和信息，弱化主体之间的信息不对称问题；对媒体而言，其作为信息公开和政府与社会沟通的中介，要加大对不正当竞争等侵害社会利益的行为的报道，发挥自身监督跨时空、信息传播快、号召力强等优势，引导舆论走向、建言献策，提高社会对互联网信息服务行业治理的意识，让更多的主体加入到行业治理当中，促进多元协同治理格局的实现。

本章小结

本章首先通过对大数据应用于互联网信息服务业竞争秩序多元协同治理的契合性进行分析，阐明大数据技术能够提升信息收集的全面性、信息传递的时效性以及信息的质量等问题，有效化解多元协同治理中存在的困境。其次，设计互联网信息服务业竞争秩序多元协同治理信息连接框架，利用大数据技术等工具，从信息归集整合、信息统一处理、信息交互共享三个方面提升多元主体间信息沟通能力、信息质量、信息传递时效性，实现多元主体间信息的有效连接。最后，在信息连接框架思想的指导下，依据大数据思维和技术，构建基于大数据的多元协同治理信息交互平台，回应信息连接框架中实际层面的需求，该平台由数据层、技术层、应用层三层次组成，通过对三层次的参与主体种类、信息处理方式、层级连接关系进行具体详细阐述，详细描述该平台的运作机理，旨在助力多元主体对互联网信息服务业进行高效协同治理，维护行业良好竞争秩序，促进行业健康发展。

第七章　互联网信息服务业竞争秩序多元协同治理对策建议

互联网信息服务业频繁发生诸如大数据杀熟、平台强制二选一等不正当竞争事件，不仅损害各方利益，还扰乱市场公平竞争秩序，而多元协同治理能够有效减少不正当竞争行为发生，维护良好的行业竞争秩序。本章在前文主体明确、权责明晰、信息畅通的基础上，首先厘清多元协同治理模式的构建逻辑，进而构建基于大数据的互联网信息服务业竞争秩序多元协同治理模式，并从多元协同、有效作用、数据流通等角度出发，提出优化互联网信息服务业竞争秩序多元协同治理效果的对策建议，为监管部门制定政策提供依据，更好促进行业竞争秩序健康有序发展。

第一节　竞争秩序多元协同治理模式构建

互联网信息服务业竞争秩序治理参与主体多元，治理行为牵扯面大，相关治理信息海量多样，需要通过构建由政府主导，企业自律，行业协会、媒体、公众协助参与，运用大数据技术的治理模式，来实现多元主体协同有效治理竞争秩序的目标。因此，本书在明确多元协同治理模式构建逻辑的基础上，构建基于大数据的互联网信息服务业竞争秩序多元协同治理模式，提升治理效率，维护行业良好竞争秩序。

一、多元协同治理模式构建逻辑

治理过程中主体不明确、权责不明晰、信息不对称等难题都会影响多元协同治理的效果，为构建行之有效的多元协同治理模式，需全面把握参与主体明确、主体权责明晰、主体间信息畅通三个方面的作用，厘清多元协同治理模式的构建逻辑，更好发挥多元协同治理的优势，下面将从这三个方面分析模式的构建逻辑。

（一）竞争秩序多元协同治理的主体明确

互联网信息服务业竞争秩序治理首先需要解决治理主体界定模糊问题。在实际治理过程中，治理主体模糊导致主体间责任界限不清晰，可能出现责任推诿等问题，降低多元协同治理效果，增大治理难度。互联网信息服务业竞争秩序涉及多元主体的利益，在利用协同理论和利益相关者理论对参与者进行分析的基础上，将参与主体划分为政府、互联网信息服务企业、行业协会、公众与媒体。

政府部门内部包括上下级部门，上级部门履行对下级部门的引导及监督职责，下级部门服从上级部门的安排，并进行积极的反馈，有效推进治理过程；行业协会、公众、媒体三者共同作为协助治理主体，结合自身信息资源及职能，依法协助政府部门参与治理过程，行业协会主动提供行业规范，媒体承担好信息传播的责任，公众发挥自身优势，向其他主体进行真实有效的信息反馈；互联网信息服务企业是治理的对象，需要配合政府部门的治理工作和协助治理主体的监督工作，企业间依法合作与竞争。因此，政府部门、协助治理主体和互联网信息服务企业相互协作，保障竞争秩序治理的关联性与协调性，共同推进治理政策的执行。

（二）竞争秩序多元协同治理的权责明晰

互联网信息服务业竞争秩序多元协同治理模式需要政府部门积极引导各主体协同参与治理过程，若各参与主体的权责不明确，则不利于政府部门把握各参与主体的作用，影响多元协同治理效果。

在明确多元协同治理模式参与主体的基础上，分析参与主体作用发挥的条件，有利于明晰各参与主体的权力和责任，为进一步明晰模式构建中主体间的相互连接提供基础。多元主体之间，为实现协同合作，也会依据自身作用条件及权力责任而产生相互联系，多元协同治理模式的有效运转离不开政府、企业与协助治理主体之间的有效协同。政府部门作为多元协同治理的主导者，既要认真监管企业竞争行为，也应积极引导协助治理主体参与竞争秩序治理；企业作为治理对象，应积极配合其他参与主体的治理工作；协助治理主体需积极监督企业竞争行为，高效协助政府部门的治理工作。明确参与主体作用发挥的条件，有助于明晰参与主体的权力和责任，进而使各参与主体不再是孤立的个体，而是构成一个相互联系、相互作用的系统、动态的整体。

（三）竞争秩序多元协同治理信息畅通

在政府监管部门、企业、协助治理主体参与互联网信息服务行业竞争秩序治理过程中，政府监管部门若想达到对互联网信息服务企业不正当竞争行为的准确把握，及时做出科学合理的治理决策，需要海量高质量治理相关信息作为数据支撑；政府监管部门与其他治理主体协同合作，发挥协同治理效能，离不开多元主体间信息的有效沟通、传递。然而，现行治理过程中存在治理相关数据信息质量参差不齐、多元主体间信息传递不畅和时效性较低等信息不对称问题，影响多元协同治理效果。

因此，在明确多元协同治理主体，明晰主体权责的同时，应注重多元主体间信息的有效沟通、交互共享，提升协同效能。技术是沟通治理主体与治理信息的媒介，是克服信息不对称问题的重要路径。大数据技术能够为行业治理提供海量高品质信息，促进多元主体之间信息共享与沟通合作。为此，政府监管部门应重视大数据技术在多元协同治理模式中的应用，利用大数据技术构建多元协同治理信息交互平台，一方面要实现政府监管部门、企业、协助治理主体所拥有的相关治理信息的全面采集、高效处理、挖掘和分析，为决策者制定治理政策提供足量、可靠的信息支持，另一方面要实现政府监管部门、企业、协助治理主体三者之间信息的互联互通，按需共享相关治理信息，并基于治理信息开展协同治理，有效发挥协同效能。

总之，为构建基于大数据的互联网信息服务业竞争秩序多元协同治理模式，更好地实现多元协同、高效治理互联网信息服务业竞争秩序，应充分引导多元主体参与行业治理，并协调好多元主体之间的关系，充分了解各治理主体自身的特点，明晰其治理作用发挥的条件，同时，应重视主体间信息的有效传递，有效发挥多元协同效能。

二、多元协同治理模式构建内容

在厘清模式构建逻辑的基础上，本书构建基于大数据的互联网信息服务业竞争秩序多元协同治理模式（图 7-1）。该模式包括基于大数据的多元协同治理信息交互平台以及政府部门、互联网信息服务企业、协助治理主体三大子系统。通过信息交互平台实现政府部门、互联网行业协会、互联网信息服务企业、媒体及公众多元主体间信息的归集整合、统一处理、交互共享；政府部门、互联网信息服务企业、协助治理主体三大子系统在信息交互平台的作用下，分别发挥自身优势，共同参与互联网信息服务业竞争秩序的治理，多元治理主体之间相互配合、协作，治理信息以数据形式在信息交互平台中流通并传递给相应主体，通过信息流转及传递实现多元主体协同治理过程。该模式有利于互联网信息服务业竞争秩序的高效治理，维护公平的竞争秩序、营造良好的行业发展环境。

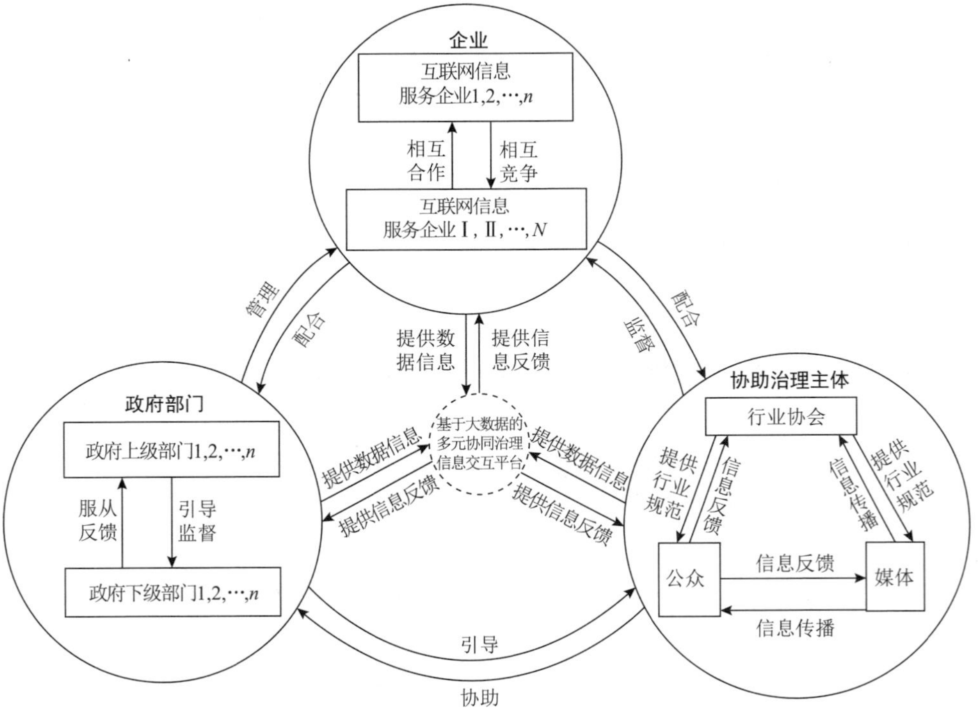

图 7-1　基于大数据的互联网信息服务业竞争秩序多元协同治理模式

通过基于大数据的互联网信息服务业竞争秩序多元协同治理模式，更好发挥政府部门主导治理及互联网行业协会、公众和媒体的协助作用，明确各个参与主体间的功能作用及其相互联系。

（1）政府部门在治理过程中起主导作用并引导多元主体协同参与治理。协同治理得以形成和持续离不开强有力的领导，一方面，政府强有力的领导可以有效协调多方利益关系、强化治理规范的权威性，维护稳定的治理秩序；另一方面，有效领导作为重要的能动性力量，能够动态地平衡各方的权利关系、能动地处理各类突发和棘手问题，并不断修订目标，引领各方达成协同共赢的共同目标。在管控治理体系中，政府上级部门在宏观层面对下级部门就行业中扰乱竞争秩序的行为进行引导，下级部门则受到上级部门的管理并接受其考察和监督。同时，政府部门起着引导协助治理主体参与治理的作用，可以赋予行业协会权力空间并督促行业协会及时制定行业规章制度；提升公众的不正当竞争行为识别度和法律意识，引导公众发挥自身监督作用并主动参与竞争秩序的多元协同治理；鼓励媒体积极传播相关治理信息，为多元主体参与治理提供媒介作用。各主体在政府引导下通过多元协同治理信息交互平台实现信息公开、交流、互通，主体积极有效参与，对互联网信息服务企业中的不正当竞争行为进行监督、治理，依据政策、法律等手段处置扰乱行业竞争秩序的企业，推动互联网信息服务业竞争秩序治理进程。

（2）互联网行业协会、公众及媒体作为协助治理主体，各主体之间相互作用，起到提供治理信息、监督反馈以及协助政府部门参与治理的作用。其中，利用信息资源的优势，互联网行业协会提供行业规范，鼓励社会成员理性参与，同时行业协会可以制定相关行业章程，自主协调行业有关事宜，监督互联网信息服务企业自觉遵守法律法规；媒体发挥信息传播作用，利用网络等媒介引导各主体参与治理，营造良好的社会环境；公众不断提升自身法律意识及维权意识，维护自身利益，同时加强社会责任，积极配合政府部门的治理工作，监督其他参与主体行为，有效参与行业竞争秩序治理。协助治理主体在发挥各自作用的基础上协同配合，监督互联网信息服务企业的经营活动、竞争行为，为政府部门的治理工作提供支持，协助政府开展竞争秩序多元协同治理。

（3）互联网信息服务企业在促进行业良好竞争秩序方面发挥重要作用。一方面，企业通过加强自律、自我监督，营造健康有序的行业氛围；另一方面，企业更了解同行企业的竞争策略和行为，可发挥监督其他企业竞争行为的作用。同时，企业积极主动配合政府部门以及协助治理主体的监督，与各方协同合作，积极响应政府号召，努力配合并落实政府部门治理工作，树立企业的良好社会形象。

（4）多元协同治理信息交互平台利用大数据等相关技术，对海量数据进行分析汇总与深入挖掘，对互联网信息服务企业的不正当竞争行为进行精准鉴别，全面了解和准确掌握市场信息，以提升治理数据采集的全面性和真实性。多元治理主体在信息交互平台支撑下，协同开展互联网信息服务业竞争秩序治理工作，信息交互平台充分发挥信息甄别、处理、传递和反馈的作用，为多元主体间的治理数据信息传递、信息交互提供保障，促进主体间协同治理，提升行业竞争秩序治理效果。

基于大数据的多元协同治理信息交互平台通过大数据技术收集来自治理主体的各项数据，甄别出与互联网信息服务业竞争秩序治理相关的数据信息，对其进行整合、处理，进而识别企业不正当竞争行为，同时，将重要的治理信息共享到多元协同治理信息交互平台上，促进参与主体间更好地协同。政府对互联网信息服务企业加以惩罚并提出整改要求，行业协会可通过相关治理信息获知企业违规行为从而制定行业标准，并对互联网信息服务企业采取惩罚措施，媒体可利用其信息公开的作用对企业进行舆论批评和监督，公众也可发挥自身的监督及举报作用。各治理主体充分发挥自身优势，积极配合协助政府进行监督与治理，增强互联网信息服务业竞争秩序多元协同治理的效率，共同为优化行业竞争秩序发挥作用。

第二节 竞争秩序多元协同治理对策建议

为治理企业不正当竞争行为，维护行业良好竞争秩序，本书构建基于大数据的互联网信息服务业竞争秩序多元协同治理模式，该治理模式注重多元主体协同合作、参与主体作用条件明晰、大数据技术与多元协同治理过程有效融合等方面。为将该模式体现的主要思想上升至实践层面，更好指导治理实践，本书从多元协同、有效作用和数据流通三个角度提出互联网信息服务业竞争秩序多元协同治理的相关对策建议，为政府监管部门制定治理策略提供参考，进一步促进多元协同治理模式落地实施，促进实现互联网信息服务业竞争秩序多元协同高效治理。

一、多元协同角度

当前互联网信息服务业竞争秩序治理面临诸多挑战，难以实现有效治理，多元主体之间的协同合作对治理效率的提升起到重要作用，有利于规制企业不正当竞争行为，更好维护良好竞争秩序。本书从多元协同的角度出发，探讨如何促进主体间更好协同合作，以期提高多元主体之间协同治理的凝聚力与向心力，推进多元主体间合作联动、达成协同治理合力，提升各主体协同治理效率，充分发挥多元协同治理的积极作用。

（一）激发主体利益表达，提升协同治理合力

受利益状况和信息因素影响，多元主体之间出现利益表达不畅、关系结构不稳定等问题，若忽视主体利益表达，将可能导致主体关系结构变动甚至影响协同效应。为此，首先应激发多元主体对利益、资源、目标等因素的表达，将利益诉求整合（胡卫卫等，2022），政府部门重视互联网行业协会的权力空间、保障社会公众的维权途径和监督渠道等，多元主体间应当开诚布公，尊重各方利益，将利益表达视为实现多元协同治理的先决条件而非阻碍。畅通多元主体的利益表达和诉求渠道，完善资源的优化配置和主体的利益协调，以便协调矛盾、解决问题，从而推动协同治理的持续进行。同时，应当激励多元主体在协同治理中共享信息资源，政府部门、企业、协助治理主体借助信息交互平台共享自身掌握的相关互联网行业治理信息，以此提升多元主体协同治理合力。

（二）建立治理规则体系，提供协同制度保障

互联网信息服务业竞争秩序多元协同治理涉及面广、利益相关者众多，需要在法律、行政管理及技术相结合的基础上制定科学、完善、有效的应对措施，以保障治理的有效协同。互联网信息服务业协同治理规则体系包括相关法律法规、政策文件、规划和标准等，首先，利用法律法规对互联网信息服务业不正当竞争行为进行管制，扩大社会公众及互联网行业协会的权力空间，提升社会约束力，更好发挥协同治理优势；其次，应建立健全关于扰乱互联网信息服务业竞争秩序处置方式的法律法规，为互联网信息服务业的良好竞争秩序提供法律保障，同时建立协同治理制度保障，为协调主体利益、促进协同治理提供政策支撑，对互联网行业协会、公众及媒体之间的协同行为进行有效的指导、规范和约束，增强多元主体间信任度，减少和化解合作中的矛盾并促进协同进程。

（三）多元主体协同联动，形成协同治理格局

互联网信息服务业竞争秩序治理需要充分发挥政府的主导作用，积极发挥互联网行业协会及公众、媒体的协助治理作用，有效实现互联网信息服务企业

的自律、合规经营，形成多元主体协同联动的效应，协同联动的思路直接体现协同治理的逻辑（方舒，2020），为主体之间沟通合作、提升治理效率提供基础。政府不同部门单向政策的制定和落实无法满足整个行业综合治理的需求，因此发挥政府行政职能时需要协调各部门间的关系，不同部门间协同合作、共同治理，同时作为互联网信息服务业竞争秩序治理的主导者，政府部门需鼓励企业合规经营、引导协助治理主体积极参与，牵头处理协同治理过程中出现的各种问题；企业作为治理对象，应加强自律，积极接受并配合多元主体的监督，及时整改破坏竞争秩序的行为；互联网行业协会、公众和媒体作为协助治理主体，在配合政府部门治理工作的基础上，应适时关注互联网行业信息，及时识别并规范行业内破坏竞争秩序的行为，发挥公众监督举报、媒体传输信息和建言献策、互联网行业协会制定行业规范等方面的积极作用。多元主体协同联动，形成互联网信息服务业竞争秩序的多方参与、协同治理格局。

二、有效作用角度

多元协同治理竞争秩序需准确把握参与主体的作用条件，不同参与主体发挥有效作用的条件不同。本书从有效作用的角度出发，分析应如何发挥各参与主体的自身作用，便于监管部门更好把握主体作用条件，并提出相应的政策法规、组织协调、监督管理等措施，以促进政府主导下互联网信息服务业竞争秩序的高效治理。

（一）明确政府部门职能管理与权责范围

政府拥有相对权威、充分的公共信息及权力，在治理过程中发挥重要作用。但政府部门职能与权责范围的不明晰易导致治理的效率低下，为了更有效地平衡、协调利益关系，增进政府部门间的相互信任、协同程度，政府可以着力协调职能管理范围与权责范围，建设权责明确的政府治理体系，全面实行政府权责清单制度，公布政府部门权力清单、责任清单，高效履职尽责（王敬波，2021）。现有管理体系中出现多头管理、职能交叉、权责脱节、效率低下等诸多问题，不同部门之间权责边界的不清晰，可能导致制度规定之间出现矛盾冲突，明确政府部门职能管理与权责范围，对于明晰治理中多元主体间的权责和职能、配置主体功能起着重要的作用。首先，政府上下级部门需要整合内部组织体系，使各部门间的信息流通并打破上下、横向边界，建立完善的协调机制，协调政府部门的职能，解决不同部门之间各自为政、缺乏统筹、行动不一致等问题，打破主体间的信息流通壁垒，实现信息共享（吕鲲等，2022）。其次，需明确各部门的基本组成与职能范围，根据其功能及所承担的职能，将其划分为不同职能类型，从信息管理、监督管控到政策制定等方面细化部门职责，覆盖互联网信息服务业竞争秩序多元协同治理的全过程，并从立法等方面对部门权力界限进行明确划分，降低权力界限的模糊性，化解权力冲突，确保政府相关部门及时发挥有效作用。

（二）授权行业协会自主治理

行业协会是连接政府和企业的桥梁与纽带，对市场监督和管理具有重要的作用。与政府、公众和媒体相比，互联网行业协会具有相对丰富的互联网领域专业信息和丰富的数据资源，其技术手段发展快速，与互联网信息服务企业内部的联系更加紧密，处于互联网治理前沿，有助于政府部门察觉到互联网信息服务业存在的突出问题，从而推动对行业竞争秩序的治理。因此，政府应当积极引导互联网行业协会参与互联网信息服务业竞争秩序治理，互联网行业协会可针对互联网行业发展的特点和存在的问题，制定行业标准，从而规范企业行为，促进行业健康发展。同时，在引导行业协会参与治理的同时，也应考虑行业协会权力空间对监管效果的影响。

行业协会参与度、行业协会权力空间对于提升政府治理互联网信息服务业竞争秩序效果均具有重要的作用，片面追求行业协会的高参与度，不利于提升行业治理效果。行业协会作为一个社会团体组织，在日常管理活动中需要法律、政府赋予其自主处理本行业事务的权力，因此，政府引导行业协会参与治理的同时需要赋予行业协会自主权力空间，使其有效发挥治理作用。一方面，行业协会应当制定行业内部企业的行为规范、行业相关自律公约、自律规范、倡议书等，提升行业协会的权威性；另一方面，行业协会通过开展对互联网信息服务企业信用评价，并建立其信用信息数据库，帮助各监管机构根据评估结果进行有针对性的监督。

行业协会参与度的提升，能够在一定程度上影响政府监管部门和互联网信息服务企业的行为，促使政府监管部门策略朝“积极监管”、互联网信息服务企业策略朝“正当竞争”方向演化。但为了使互联网信息服务企业自觉遵守互联网行业协会的自律公约、自律规范，使行业协会的治理权力得到充分保证，政府部门应赋予行业协会解决内部纠纷的权力，这既能缓解政府的行政压力，又能提高行业协会的参与积极性。

（三）提升公众维权意识与不正当竞争行为识别度

在互联网时代，企业吸引用户的数量成为衡量其市场价值的重要指标。公众是互联网信息服务的最终消费者，是受行业内不正当竞争直接影响的群体，对企业的不正当竞争行为有直观感受，有权对企业进行监督，因此监管部门在制定、实施政策过程中，应认真听取公众意见。当消费者的利益因企业的不正当竞争行为而遭受损害时，很少有人意识到主动争取维护自己的合法权益或者不清楚通过何种渠道投诉举报而不再追究，从而使不正当竞争企业免受监管部门的惩罚。所以，在政府引导下，对互联网信息服务业竞争秩序的监管和治理中，应完善公众权益保护的相关立法，落实监督投诉平台作用的发挥，确保政府监管部门及时、有效地接收公众意见；同时，应当充分调动公众参与互联网信息服务企业监管的积极性，从而更好地对企业进行治理；提升公众的自我维权意识，使得公众遭受不正当竞争企业侵害时，能够主动向有关部门投诉，并鼓励消费者从受众转变为参与者、监督者，协助政府及时对企业进行约束，防止企业不正当竞争带来的损害，从而维护良好市场竞争秩序。

在引导公众参与监管的同时，也应考虑公众举报公正程度对监管效果的影响。政府引导公众参与互联网信息服务业治理的过程中，公众由于自身知识水平或法律知识欠缺等因素无法准确鉴别不正当竞争行为而导致举报失真，这给合规经营的互联网信息服务企业造成较大的负面影响，反而不利于政府有效监管。因此需要适当对公众普及相关知识，提升其不正当竞争行为识别度，这一方面可以加大互联网信息服务企业不正当竞争行为被发现的可能性，另一方面可以降低互联网信息服务企业采取正当竞争行为却遭受举报失真的负面影响。

政府部门可以定期开展互联网信息服务业正当竞争专题宣传讲座，同时通过媒体报道等方式大力宣传《反不正当竞争法》等相关法律法规的基本内容与精神实质，围绕互联网信息服务业不正当竞争行为中的商业混淆行为、虚假宣传行为、侵犯商业秘密行为、商业贿赂行为、商业诋毁行为等方面进行重点宣传介绍，并结合案例分析，详细地对不正当竞争行为及其法律责任等进行介绍、解释。此外，可以开创互联网信息服务业治理专项栏目，定期推送互联网信息服务业治理的相关新闻及政策法规，邀请代表人物拍摄宣传短片，为社会公众参与协同治理提供参考，宣扬风清气正、积极向上的理想互联网信息服务环境。

（四）发挥媒体的媒介作用

在多元协同治理互联网信息服务业不正当竞争过程中，媒体是信息公开的渠道和政府与社会沟通的媒介，是互联网信息服务业竞争秩序多元协同治理中必不可少的主体，作为其他治理主体的信息媒介，各主体通过媒体获取信息或通过媒体反馈利益诉求，因此政府积极引导媒体参与治理，有助于提高互联网信息服务业竞争秩序多元协同治理效果。政府一方面可以积极鼓励媒体宣传和传播普及互联网不正当竞争行为的表现及危害等知识，并对遵守行业规范、履行社会责任、坚持正当竞争的互联网企业进行宣传，对蓄意不正当竞争，扰乱正当竞争秩序的互联网企业进行揭露，并在不正当竞争行为频发，损害网络环境时，对相关信息进行及时、准确的发布，正确引导舆论走向，引导社会各界关注和重视互联网行业的发展，同时通过电视、网络、广播、信息推送等方式将社会各界的看法、建议、态度传递出来；另一方面可以积极鼓励媒体监督各主体的参与治理行为，媒体既要遵守政府部门的相关规范要求，又要监督政府部门和行业协会在治理过程中的行为，使政府部门、行业协会更好地为互联网信息服务业的发展提供政策指导和决策助力。同时，媒体在为公众发声时，也要有效甄别公众言论及表现，避免发布公众错误言论、恶意攻击而给相关企业造成负面影响。

（五）激励互联网信息服务企业合规经营

互联网信息服务业竞争秩序的良好发展离不开企业的有效作用发挥。在竞争秩序多元协同治理模式中，互联网信息服务企业的自主治理及企业间的相互监督对治理效果起重要作用。政府可以激励与引导企业加强自我约束和合规经营、建立合规计划，并保证计划得到严格的执行和监督，鼓励企业将合规经营的理念作为长远发展目标，监督企业依法合规经营并加强合规管理，严格遵守互联网信息服务业相关法律法规，落实法律责任、承担社会责任，进一步完善合规体系，恪守社会公德和商业道德。同时，互联网信息服务企业之间更加了解对方的竞争策略与行为，可以相互监督、相互制约其扰乱行业竞争秩序的行为，有效利用法律所赋予的权利，维护企业自身合法权益，从而维护公平有序的市场秩序。此外，互联网信息服务企业应当配合政府部门的治理对策，接受社会公众的监督和举报、媒体的信息披露和传播，遵守互联网行业协会的公约规定，促进多元协同治理模式的有效运作。

（六）加大对互联网信息服务企业不正当竞争行为惩罚力度

政府的惩罚措施能够影响企业的行为，减少互联网信息服务企业不正当竞争行为的发生，维护行业良好竞争秩序。部分互联网企业为了追求自身商业利益，无视法律法规、忽视社会责任，采取不正当竞争行为，给其他企业或社会带来很大的负面影响。互联网信息服务业本身的特性，使得企业通过不正当竞争获得的利润很难精确衡量，少量的罚款和赔偿并不能给相关企业带来警示作用。在一些不正当竞争案件中，就处罚的相对数额而言，现行的法律法规对于不正当竞争行为的惩罚力度较轻，而企业通过不正当竞争获得的利益远远超过其所承担的罚款，难以使其自觉维护行业良好竞争秩序。当企业声誉损失、奖励和惩罚的总和超过竞争成本和不正当竞争产生的利润总和时，互联网信息服务企业会选择正当竞争策略，因此，政府相关监管执法部门在对不正当竞争案件涉事企业进行处罚时，应结合企业与行业的具体实际情况，在不降低行业发展活力的前提下，适当加大对不正当竞争企业的惩罚力度。

政府相关监管部门可考虑从宏观层面上强化政策和法律法规的约束，并采取惩罚与奖励相结合等多种政策手段。在制定惩罚措施时，一方面应结合互联网信息服务企业与互联网信息服务行业发展现状，综合考虑行业特征，以及企业声誉、规模、竞争成本和收益等因素确定惩罚力度。拥有资源优势的互联网信息服务企业往往规模大，获利能力强，少量的罚款、赔偿难以对涉事企业起到警示作用，无法从根本上减少当前互联网信息服务业的不正当竞争事件；而对规模小、获利能力弱的互联网信息服务企业而言，同等的罚款、赔偿易降低企业发展活力，不利于互联网信息服务行业健康发展。另一方面应实施多种奖惩方式并存制度，即除处以罚金外，还可以通过取缔或限制其相关业务活动等方式来规范其行为，并不定期开展整治不正当竞争行为专项行动，发布不正当竞争企业名单，对不正当竞争行为性质和次数进行留案存底、定期公示，从而有效减少互联网信息服务企业的不正当竞争行为。因此，从多维度综合考虑对企业的惩罚力度和方式，更有利于从根源上缓解当前不正当竞争案件频发的现象。

三、数据流通角度

互联网信息服务业竞争秩序多元协同治理面临数据流通问题，各参与主体不同程度地掌握行业竞争秩序治理的相关信息，数据信息呈现分散化、碎片化、多元化等特征，参与主体间数据信息传递流转的效率影响多元协同治理的效果。因此，本书从数据流通角度出发，探讨如何解决数据流通和主体信息交互共享问题，以实现互联网信息服务业竞争秩序多元协同治理模式的高效运作。

（一）利用大数据技术促进数据信息采集、流通

数据采集方面，政府部门应充分利用大数据技术采集五大主体的海量数据，有效把握互联网信息服务业竞争秩序多元协同治理情况，收集全面且高质量的数据。全面指汇聚整合数据信息的广度和覆盖面，保证政府部门相关治理信息及与之相关的公共数据和社会数据的足够涵盖性，尽可能将相关的数据汇聚整合在一起；高质量指所整合的数据和信息的有效性，要求数据真实、准确、完整和及时，且对数据进行科学、精细和精准的分类、分级。通过采集全面且高质量的数据，有利于多元协同治理信息交互平台的作用发挥，为监管提供海量高品质的信息，使监管者系统地实时观察、把握互联网信息服务企业的竞争行为。数据流通方面，政府部门需推进数据基础设施建设并落实专门制度修订，利用大数据技术促进多元协同治理模式中各主体的数据信息流通，完善软硬件等物理设施，保障数据在多元协同治理信息交互平台中的存储、传输等全流程的高效流通。优化数据信息传输渠道也有利于治理数据的有效流通，政府部门应通过完善开放和共享等途径促进治理相关数据信息的流动，完善数据传输设施技术建设，提高数据信息输送覆盖率，打破信息壁垒，以此为多元主体之间的协同合作提供支持。

（二）有效利用多元协同治理信息交互平台

将大数据技术运用到互联网信息服务业竞争秩序多元协同治理模式中，对增强政府治理能力和多元协同作用发挥至关重要。政府部门、行业协会、公众和媒体等多元主体之间各自掌握部分互联网信息服务业治理相关信息，存在缺乏流通分享、信息流通不畅等问题，部分数据信息需要各主体之间的互动及配合利用方可发挥其数据价值，多元协同治理信息交互平台的有效运作有利于为主体之间协同治理提供保障。政府部门应充分利用物联网、云计算、人工智能

和数据挖掘与分析等技术，健全多元协同治理信息交互平台并发挥其优势，促进数据信息在政府各部门之间的传递与流动，拓宽企业、行业协会、公众、媒体与政府间的沟通渠道，加快相关治理信息公开与共享。政府部门在利用大数据等技术推进信息交互平台构建的同时，还应完善并优化平台功能，制定平台运作的规范标准、管理方式，完善信息交互平台出现运行状况和其他问题时的解决方案，促进多元协同治理模式中各主体之间的信息共享与沟通合作。

（三）建立健全数据共享、监管政策制度

在基于大数据的互联网信息服务业竞争秩序多元协同治理模式中，数据信息发挥不可或缺的作用，而建立健全治理过程中数据的共享、监管政策制度是充分释放数据价值的保障，相应的政策制度能够促进竞争秩序治理目标的实现，使多元主体在制度保障下充分发挥治理作用，提升协同治理效果。在数据共享方面，要加强数据的流通与交换，建立政府部门与互联网信息服务企业以及协助治理主体间的数据信息共享机制，政府部门在多元协同治理中起主导作用，应充分发挥有序引导和规范发展的作用，明确治理模式中治理信息流通运作机制，建立健全治理数据流通交易、传输等过程中的法律法规，规范行业竞争秩序治理中数据所有方、使用方及经营方的主体责任，打造安全开放、畅通有序的治理数据信息流通环境；在数据监管方面，要加强对数据的反垄断和监管方面相关法规的完善，探索推动政府部门、行业协会、企业、公众及媒体等多元主体参与、协同治理的数据市场治理机制，加强和完善有关数据安全的法律法规，建立数据安全保障体系和评估体系、数据安全审查制度，并设立专业的数据安全保障机制，为多元主体参与协同治理提供数据安全制度保障。增强互联网信息服务企业的自律意识和责任意识，鼓励企业积极主动落实数据流通交易声明和相关规定要求，建立健全数据登记及披露机制，增强企业社会责任（赵正等，2022），在数据采集、加工处理、流通交易、共享利用等环节，企业应承担相应法律责任。

从多元协同、有效作用和数据流通等角度提出相应的对策建议，更好地推进多元主体间的合作，在实践层面明晰各治理主体的功能联系、权力责任，把握主体参与治理的作用条件，同时利用大数据等技术解决多元主体之间治理信息的处理、传递、共享问题，从多角度全面提升互联网信息服务业竞争秩序多元协同治理模式的效果，为行业竞争秩序多元协同治理提供参考。

本 章 小 结

本章从主体明确、权责明晰、信息畅通等方面综合分析了多元协同治理模式的构建逻辑，构建了基于大数据的互联网信息服务业竞争秩序多元协同治理模式，并从多元协同、有效作用和数据流通三个角度出发，提出互联网信息服务业竞争秩序多元协同治理对策建议，促进行业竞争秩序高效治理，维护自由公平的市场竞争秩序。

参 考 文 献

埃莉诺·奥斯特罗姆，2000. 公共事物的治理之道：集体行动制度的演进[M]. 余逊达，陈旭东译. 上海：上海译文出版社.

爱德华·弗里曼，2006. 战略管理：利益相关者方法[M]. 王彦华，梁豪译. 上海：上海译文出版社.

白列湖，2007. 协同论与管理协同理论[J]. 甘肃社会科学，(5)：228-230.

白让让，2021. 平台运营商的市场支配地位滥用与结构性救济：案例回顾、研究述评与新监管模式构想[J]. 财经问题研究，(6)：39-50.

鲍文涵，张明，2016. 从市场治理到自主治理：公共资源治理理论研究回顾与展望[J]. 吉首大学学报(社会科学版)，37(6)：58-66.

陈兵，2018. 大数据的竞争法属性及规制意义[J]. 法学，(8)：107-123.

陈凤娇，刘德海，2024. 重大传染病多渠道疫情信息发布模式的演化路径分析[J]. 中国管理科学：32(4)：237-249.

陈耿华，2017. 互联网新型不正当竞争行为规制理念的实证考察及比较分析[J]. 广东财经大学学报，32(5)：102-112.

陈润羊，2022. 多元互动型区域环境协同治理模式研究：以粤港环境合作为例[J]. 港澳研究，(2)：52-61，94-95.

陈潭，杨孟著，2016. "互联网+"与"大数据×"驱动下国家治理的权力嬗变[J]. 新疆师范大学学报(哲学社会科学版)，37(5)：105-111.

陈之常，2015. 应用大数据推进政府治理能力现代化：以北京市东城区为例[J]. 中国行政管理，(2)：38-42.

程学旗，靳小龙，王元卓，等，2014. 大数据系统和分析技术综述[J]. 软件学报，25(9)：1889-1908.

崔星灿，禹晓辉，刘洋，等，2015. 分布式流处理技术综述[J]. 计算机研究与发展，52(2)：318-332.

崔尧，2020. 多元协同治理在高校危机治理中的应用[J]. 智库时代，(11)：297-298.

邓三鸿，刘喜文，蒋勋，2015. 基于利益相关者理论的突发事件案例知识库构建研究[J]. 图书与情报，(3)：1-8.

邓小兵，刘晓思，2017. 中英网络治理的行业自律比较研究[J]. 甘肃行政学院学报，(5)：114-125，128.

丁日佳，张亦冰，2016. 大数据环境下多方协同的食品安全监管模式研究[J]. 企业经济，35(9)：70-73.

董淳锷，2021. 市场事前监管向事中事后监管转变的经济法阐释[J]. 当代法学，35(2)：69-81.

段盛华，于凤霞，关乐宁，2020. 数据时代的政府治理创新：基于数据开放共享的视角[J]. 电子政务(9)：74-83.
方国昌，何宇，田立新，2024. 碳交易驱动下的政企碳减排演化博弈分析[J]. 中国管理科学，32(5)：196-206.
方舒，2020. 协同治理视角下“三社联动”的实践反思与理论重构[J]. 甘肃社会科学，(2)：157-164.
傅瑜，隋广军，赵子乐，2014. 单寡头竞争性垄断：新型市场结构理论构建：基于互联网平台企业的考察[J]. 中国工业经济，(1)：140-152.
高贵武，2017. 新媒体环境下的主流媒体声誉管理刍议：基于利益相关者理论框架[J]. 国际新闻界，39(1)：142-156.
龚维斌，2020. 社会建设助推市场监管的逻辑和重点：基于国家、市场与社会关系的视角[J]. 中国行政管理，(10)：21-27.
郭传凯，2021. 市场力量分析下反垄断规制体系的完善[J]. 中国流通经济，35(5)：109-120.
郭鑫鑫，王海燕，2019. 大数据背景下基于数据众包的健康数据共享平台商业模式构建[J]. 管理评论，31(7)：56-64.
郭泽鹏，2021. 我国行业协会自律与市场监管体制改革关系论[J]. 政法学刊，38(5)：113-120.
何梅，2019. 大数据背景下企业决策管理的现实困境与应对策略探讨[J]. 海峡科技与产业，32(5)：163-164.
何奇龙，唐娟红，罗兴，2023. 多主体参与的中小制造企业污染治理策略演化分析[J]. 运筹与管理，32(4)：219-226.
贺奕静，杨智勇，2022. 角色、互动与运行机制：档案治理多元主体协同研究[J]. 档案管理，(4)：29-33.
洪银兴，2020. 实现要素市场化配置的改革[J]. 经济学家，(2)：5-14.
侯赟慧，杨琛珠，2015. 网络平台商务生态系统商业模式选择策略研究[J]. 软科学，29(11)：30-34.
胡滨，杨涛，程炼，等，2021. 大型互联网平台的特征与监管[J]. 金融评论，13(3)：101-122，126.
胡卫卫，张国磊，唐伟杰，2022. 乡村柔性治理能力的情境透视、培育机制与建构路径研究[J]. 农林经济管理学报，21(3)：352-359.
胡玉桃，2021. 数字化转型视野下的地方政府数据协同治理[J]. 学习与实践，(6)：69-77.
黄璜，谢思娴，姚清晨，等，2022. 数字化赋能治理协同：数字政府建设的“下一步行动”[J]. 电子政务，(4)：2-27.
黄少卿，郭洪宇，2017. 产业政策的目标：增强市场竞争秩序：基于政府与市场关系视角[J]. 学习与探索，(4)：105-111.
冀玮，2020. 市场监管中的“安全”监管与“秩序”监管：以食品安全为例[J]. 中国行政管理，(10)：14-20.
贾战晓，2020. 智慧农业背景下大数据在农业生产中的应用[J]. 现代农业科技，(13)：228，231.
江小涓，黄颖轩，2021. 数字时代的市场秩序、市场监管与平台治理[J]. 经济研究，56(12)：20-41.

姜琪，王璐，2019. 平台经济市场结构决定因素、最优形式与规制启示[J]. 上海经济研究，31(11)：18-29.
蒋悟真，李晟，2005. 社会整体利益的法律维度：经济法基石范畴解读[J]. 法律科学：西北政法学院学报，23(1)：45-53.
焦海涛，2017. 不正当竞争行为认定中的实用主义批判[J]. 中国法学，(1)：150-169.
金碚，2008. 关于社会主义市场经济竞争秩序的若干问题[J]. 经济与管理研究，29(9)：5-13.
荆文君，何毅，刘航，2020. 中国互联网经济与互联网经济学 20 年：1998—2018[J]. 山西财经大学学报，42(5)：46-60.
荆文君，刘航，鞠岩，2022. 互联网平台经济监管中的“威慑式治理”：引入逻辑、实现机理与保障措施[J]. 经济管理，44(2)：192-208.
郎平，2017. 从全球治理视角解读互联网治理“多利益相关方”框架[J]. 现代国际关系，(4)：47-53，62.
李宾，周向阳，2013. 自主治理：管理现代化的新方向[J]. 现代管理科学，(1)：94-96.
李忱，田杨萌，2001. 科学技术与管理的协同关联机制研究[J]. 中国软科学，(5)：70-73.
李锋，周舟，2021. 数据治理与平台型政府建设：大数据驱动的政府治理方式变革[J]. 南京大学学报（哲学·人文科学·社会科学），58(4)：53-61.
李建军，2013. 区域物流协同成长研究[D]. 南昌：江西财经大学.
李静，2013. 我国食品安全“多元协同”治理模式研究[D]. 南京：南京大学.
李平原，2014. 浅析奥斯特罗姆多中心治理理论的适用性及其局限性：基于政府、市场与社会多元共治的视角[J]. 学习论坛，30(5)：50-53.
李少波，2017. 制造大数据技术与应用[J]. 智能制造，(12)：56.
李武，姚婧雅，梁悦，2022. 问答社区平台与用户策略选择的创新路径演化博弈分析[J]. 图书馆论坛，42(5)：140-149.
李新建，杨红，曾玲，等，2022. 参与农产品区域公用品牌提升的三方演化博弈[J]. 中国管理科学，30(8)：196-209.
李学龙，龚海刚，2015. 大数据系统综述[J]. 中国科学：信息科学，45(1)：1-44.
李彦，2015. 透视中国互联网专项治理的困境和影响[J]. 新闻战线，(21)：122-125.
李彦，曾润喜，2019. 历史制度主义视角下的中国互联网治理制度变迁(1994—2019)[J]. 电子政务，(6)：32-40.
梁正，2021. 互联网平台协同治理体系构建：基于全景式治理框架的分析[J]. 人民论坛·学术前沿，(21)：26-36.
刘彩云，易承志，2020. 多元主体如何实现协同?：中国区域环境协同治理内在困境分析[J]. 新视野，(5)：67-72.
刘昊璇，赵华甫，齐瑞，2022. 多中心治理下高标准农田建设监督管理机制研究[J]. 中国农业资源与区划，43(3)：164-172.
刘家明，耿长娟，2020. 从分散监管到协同共治：平台经济规范健康发展的出路[J]. 商业研究，(8)：37-44.
刘建义，2019. 信息不对称条件下的监察失灵及其矫正[J]. 中国行政管理，(2)：35-40.
刘戒骄，2022. 数字平台反垄断监管：前沿问题、理论难点及策略[J]. 财经问题研究，(7)：38-47.

刘泾，2018. 新媒体时代政府网络舆情治理模式创新研究[J]. 情报科学，36(12)：66-70，89.
刘俊英，2021. 区块链技术之于社会治理创新的影响分析：基于多中心治理理论的视角[J]. 社会科学战线，(6)：209-216.
刘乃梁，吕豪杰，2022. 平台经济互联互通：规制源流、进路与中国方案[J]. 中国特色社会主义研究，13(4)：35-46.
刘鹏，刘嘉，2019. 非均衡治理模式：治理理论的西方流变及中国语境的本土化[J]. 中国行政管理，(1)：109-115.
卢安文，何洪阳，2020. 基于演化博弈的互联网信息服务业多元协同治理研究[J]. 运筹与管理，29(11)：53-59.
卢安文，何洪阳，2021. 互联网信息服务业多元共治模式的作用机制研究：基于多参数影响的演化博弈视角[J]. 中国管理科学，29(3)：210-218.
卢安文，荆文君，唐丹，2012. 互联网信息服务业管制文献综述及未来研究趋势[J]. 商业时代，(35)：42-44.
卢安文，孔德星，2018. 互联网信息服务业不正当竞争研究综述[J]. 重庆邮电大学学报(社会科学版)，30(1)：96-102.
卢安文，毛昕桐，2021. 互联网信息服务业多元协同治理参与主体界定：一种新的分析框架[J]. 图书馆学研究，(17)：68-81.
卢安文，王艳，2018. 互联网信息服务业竞争行为演化博弈及监管研究：基于产品附随扩散的视角[J]. 图书馆学研究，(18)：72-81，71.
卢超，2020. 事中事后监管改革：理论、实践及反思[J]. 中外法学，32(3)：783-800.
卢伟涛，孔露诗，杨嘉敏，等，2022. “多元协同”治理视角下基于“窗帘行动”的社区独居老人管理服务系统设计[J]. 中国公共卫生管理，38(6)：764-766.
陆杉，陈宇斌，2018. 供应链中大数据分析应用研究综述[J]. 商业经济与管理，(9)：27-35.
罗超平，胡猛，翟琼，2021. 竞争与反竞争：论互联网与市场势力的中国实践[J]. 中国软科学，(7)：21-30.
吕鲲，单娇侨，郭云彤，等，2022. 多元主体视角下突发公共卫生事件信息协同过程研究[J]. 情报探索，(9)：1-10.
马海韵，杨晶鸿，2018. 大数据驱动下的公共治理变革：基本逻辑和行动框架[J]. 中国行政管理，(12)：42-46.
毛基业，李高勇，2014. 案例研究的“术”与“道”的反思：中国企业管理案例与质性研究论坛(2013)综述[J]. 管理世界，30(2)：111-117.
毛寿龙，杨志云，2010. 无政府状态、合作的困境与农村灌溉制度分析：荆门市沙洋县高阳镇村组农业用水供给模式的个案研究[J]. 理论探讨，(2)：87-92.
母睿，王玉婷，2021. 大数据与政府治理能力提升：机遇、挑战与展望[J]. 沈阳工业大学学报(社会科学版)，14(1)：9-14.
聂百胜，吴若宇，焦宇琛，等，2022. “互联网”下的煤矿安全社会监督演化博弈分析与平台构建[J]. 煤炭技术，41(5)：238-242.
彭丽，2022. 大数据算法视域下意识形态话语权效能监测研究[J]. 河南社会科学，30(4)：17-24.
祁凯，杨志，张子墨，等，2017. 政府参与下网民舆论引导机制的演化博弈分析[J]. 情报科学，35(3)：47-52.
钱贵明，阳镇，陈劲，2022. 平台监管逻辑的反思与重构：兼对包容审慎监管理念的再反思[J]. 西安交通大学学报(社会科学版)，42(1)：131-140.
钱瑛，张恒山，2014. 论互联网的共同责任治理[J]. 华中科技大学学报（社会科学版），28(6)：28-32.
乔岳，杨锡，2021. 平台独家交易妨碍公平竞争吗？——以互联网外卖平台“二选一”为例[J]. 山东大学学报(哲学社会科学版)，(2)：98-109.
冉连，曾天飏，2023. “互联网+大数据”背景下的网络集群行为：生成机理与治理策略[J/OL]. 情报杂志：1-8. https://kns.cnki.net/kcms/detail//61.1167.g3.20230207.1347.002.html[2024-01-24].
沙勇忠，刘红芹，2009. 公共危机的利益相关者分析模型[J]. 科学·经济·社会，27(1)：58-61.
山少男，段霞，2022. 复杂性视角下公共危机多元主体协同治理行为的影响因素与行动路径：基于元分析与模糊集 QCA 的双重分析[J]. 公共管理与政策评论，11(1)：104-119.
单双，彭澎，肖斌卿，2020. 农村金融省联社模式改革路径研究：基于演化博弈模型[J]. 安徽师范大学学报(人文社会科学版)，48(3)：147-157.
邵志国，李梦笛，韩传峰，等，2022. 基于演化博弈的建筑垃圾处理协同机制及仿真[J/OL]. 中国管理科学：1-14. https://doi.org/10.16381/j.cnki.issn1003-207x.2021.1728[2024-01-24].
申聪，魏明侠，夏雨，等，2022. 多主体参与下的网络食品安全治理演化博弈分析[J]. 工业工程，25(2)：1-12.
石峻峰，周俐霞，樊泽恒，等，2015. 大数据时代高校数字档案资源管理研究[J]. 现代教育技术，25(1)：19-24.
史博，赵迎欢，2018. “互联网+”视阈下我国医药行业协会的定位与社会共治中的角色[J]. 中国管理信息化，21(23)：183-186.
帅旭，陈宏民，2003. 市场进入与网络外部效应[J]. 系统工程，21(3)：47-52.
苏玉娟，2016. 政府数据治理的五重系统特性探讨[J]. 理论探索，(2)：71-75.
孙高慧，2022. 基于多元协同的网络谣言治理体系构建与实践[J]. 科技传播，14(6)：108-110，121.
孙晋，2021. 数字平台的反垄断监管[J]. 中国社会科学，(5)：101-127，206-207.
孙锐，吴江，2020. 创新驱动背景下新时代人才发展治理体系构建问题研究[J]. 中国行政管理，(7)：35-40.
孙益武，2021. 论平台经济反垄断执法中的数据因素[J]. 法治研究，(2)：115-126.
孙莹，2022. 协同共治视角下的乡村治理现代化：以四川省 J 市的乡村振兴实践为例[J]. 理论学刊，(2)：128-136.
谭袁，2021. 互联网平台滥用市场支配地位行为规制的困境与出路[J]. 法治研究，(4)：110-123.
唐绪军，黄楚新，王丹，2021. 媒体深度融合：中国新媒体发展的新格局：2020—2021 年中国新媒体发展现状及展望[J]. 新闻与写作，(7)：97-102.
田贵良，李晓宇，印浩，等，2020. 跨界水资源冲突协调的产权路径、博弈模型与案例仿真[J]. 管理工程学报，34(6)：173-182.
汪旭晖，任晓雪，2021. 政府治理视角下平台电商信用监管的动态演化博弈研究[J]. 中国管理科学，29(12)：29-41.
王涵，马军，陈民，等，2022. 减污降碳协同多元共治体系需求及构建探析[J]. 环境科学研究，35(4)：936-944.
王锦程，2021. 市场治理中行业协会与政府机制的有效衔接[J]. 广西质量监督导报，(6)：260-262.
王敬波，2021. “放管服”改革与法治政府建设深度融合的路径分析[J]. 中国行政管理，(10)：18-21.
王磊，2020. 加快推进互联网平台竞争监管现代化[J]. 宏观经济管理，(11)：63-71.
王曙光，宋佳瑶，2023. 大数据时代政府治理创新研究[J]. 商业经济，(1)：152-155.
王伟进，2015. 一种强关系：自上而下型行业协会与政府关系探析[J]. 中国行政管理，(2)：59-64.
王兴伦，2005. 多中心治理：一种新的公共管理理论[J]. 江苏行政学院学报，(1)：96-100.
王勇，陈美瑛，2020. 平台经济治理中的私人监管和规制[J]. 经济社会体制比较，(4)：62-68.
王勇，刘航，冯骅，2020. 平台市场的公共监管、私人监管与协同监管：一个对比研究[J]. 经济研究，55(3)：148-162.
王勇，张玮艺，伍凌智，2022. 论平台企业“开放中立”的治理原则[J]. 改革，(4)：55-67.
韦彬，林丽玲，2020. 网络食品安全监管：碎片化样态、多维诱因和整体性治理[J]. 中国行政管理，(12)：27-32.
魏钦恭，2022. 数字时代的社会治理：从多元异质到协同共生[J]. 中央民族大学学报(哲学社会科学版)，49(2)：77-87.
魏小雨，2021. 互联网平台信息管理主体责任的生态化治理模式[J]. 电子政务，(10)：105-115.
文艳娇，戴昀弟，蔡永慧，2019. 基于大数据的吉林省农产品供应链决策与协调研究[J]. 现代营销(信息版)，(12)：70.
谢兰芳，黄细江，2018. 互联网不正当竞争行为的认定理念[J]. 知识产权，(5)：15-28.
熊光清，2019. 大数据技术的运用与政府治理能力的提升[J]. 当代世界与社会主义，(2)：173-179.
熊光清，熊健坤，2018. 多中心协同治理模式：一种具备操作性的治理方案[J]. 中国人民大学学报，32(3)：145-152.
熊艳，李常青，魏志华，2017. 恶性竞争的触发及约束机制研究：基于“3Q 大战”的案例[J]. 经济管理，39(8)：72-85.
许博，左莉琳，金珈伊，等，2023. 基于演化博弈的“双边–集中”电力市场交易机制研究[J]. 中国管理科学，31(8)：193-203.
许凤，戚湧，2017. 基于贝叶斯网络的互联网协同治理研究[J]. 管理学报，14(11)：1718-1727.
许欢，孟庆国，2017. 大数据推动的政府治理方式创新研究[J]. 情报理论与实践，40(12)：52-57.
许阳，王程程，2018. 大数据推进政府治理能力现代化：研究热点与发展趋势[J]. 电子政务，(11)：101-112.
薛澜，董秀海，2010. 基于委托代理模型的环境治理公众参与研究[J]. 中国人口 · 资源与环境，20(10)：48-54.
杨松，张言彩，王爱峰，2024. 多主体参与下食品安全社会共治演化博弈稳定性[J]. 中国管理科学, 32(4): 325-334.
杨学敏，梅宏，郑跃平，2023. 互联网平台协同监管模式构建：从单一化到整体性：基于复杂适应性系统理论[J]. 电子政务，(3)：19-31.
杨志军，2012. 内涵挖掘与外延拓展：多中心协同治理模式研究[J]. 甘肃行政学院学报，(4)：16-24，127.
叶明，贾海玲，2021. 双重身份下互联网平台自我监管的困境及对策：从互联网平台封禁事件切入[J]. 电子政务，(5)：12-20.
叶明，黎业明，2021. 互联网平台滥用杠杆优势行为的反垄断规制研究[J]. 管理学刊，34(2)：110-123.
尹航，刘佳欣，曾能民，2022. 创业投资引导基金作用下中小企业商业模式创新的策略演化研究[J]. 系统工程理论与实践，42(8)：2139-2159.
余力，左美云，2006. 协同管理模式理论框架研究[J]. 中国人民大学学报，20(3)：68-73.
余宇新，2021. 超级网络平台监管的难点与治理[J]. 探索与争鸣，(2)：30-32.
袁波，2019. 大数据领域的反垄断问题研究[D]. 上海：上海交通大学.
苑雪芳，2016. 我国政府综合财务报告主体界定问题探析[J]. 财务与会计，(4)：68-70.
张晨颖，2021. 比例原则视角下经营者集中反垄断执法的规则修正[J]. 当代法学，35(4)：104-115.
张瑞敏，2020. 大数据背景下高校思想政治教育创新研究[D]. 上海：华东师范大学.
张文魁，2022. 数字经济的内生特性与产业组织[J]. 管理世界，38(7)：79-90.
张兴刚，肖旭，2021. 平台市场监管的有效性：基于演化博弈的分析[J]. 商业研究，(3)：9-17.
张元钊，李鸿阶，2021. 我国互联网平台垄断现象、机理与治理思路[J]. 福建论坛(人文社会科学版)，(7)：72-84.
张兆国，梁志钢，尹开国，2012. 利益相关者视角下企业社会责任问题研究[J]. 中国软科学(2)：139-146.
赵正，郭明军，马骁，等，2022. 数据流通情景下数据要素治理体系及配套制度研究[J]. 电子政务，(2)：40-49.
郑翔，山茂峰，2021. 互联网平台经营者市场支配地位的认定：基于平台数据竞争的反思[J]. 北京交通大学学报(社会科学版)，20(3)：148-154.
周菲，鲍文涵，2016. 南极资源利用与中国参与：基于自主治理理论的分析[J]. 北京理工大学学报(社会科学版)，18(5)：91-97.
周建青，刘航，2021. 社会责任视域下互联网平台衍生地下产业链治理模式创新[J]. 中国行政管理，(9)：42-49.
周林兴，韩永继，2021. 大数据环境下个人信息治理研究[J]. 情报科学，39(3)：11-18.
周泽辉，张桂涛，尹晓娜，2023. 低碳背景下政府、企业与低碳服务提供商的演化博弈[J]. 运筹与管理，32(4)：35-40.
朱孔村，2019. 大数据发展现状与未来发展趋势研究[J]. 大众科技，21(1)：115-118.
朱战威，2016. 互联网平台的动态竞争及其规制新思路[J]. 安徽大学学报(哲学社会科学版)，40(4)：126-135.
Bauch C T, Bhattacharyya S. 2012. Evolutionary game theory and social learning can determine how vaccine scares unfold[J]. PLoS Computational Biology, 8(4): e1002452.

Castells M. 1997. The Power of Identity[M]. Malden: Blackwell.

Freeman R E. 1984. Strategic Management: A Stakeholder Approach[M]. Boston: Pitman Publishing.

Friedman D, Fung K C. 1996. International trade and the internal organization of firms: An evolutionary approach[J]. Journal of International Economics, 41(1/2):113-137.

Friedman D. 1991. A simple testable model of double auction markets[J]. Journal of Economic Behavior & Organization, 15(1): 47-70.

García-Victoria P, Cavaliere M, Gutiérrez-Naranjo M A, et al., 2022. Evolutionary game theory in a cell: A membrane computing approach[J]. Information Sciences, 589: 580-594.

George G, Prabhu G N. 2000. Developmental financial institutions as catalysts of entrepreneurship in emerging economies[J]. Academy of Management Review, 25(3): 620-629.

Haken H. 1997. Synergetics: An Introduction[M]. Berlin: Springer.

Hamavar R, Asl B M. 2021. Seizure onset detection based on detection of changes in brain activity quantified by evolutionary game theory model[J]. Computer Methods and Programs in Biomedicine, 199: 105899.

Han T A, Perret C, Powers S T. 2021. When to (or not to) trust intelligent machines: Insights from an evolutionary game theory analysis of trust in repeated games[J]. Cognitive Systems Research, 68: 111-124.

Hopp W J, Li J, Wang G H. 2018. Big data and the precision medicine revolution[J]. Production and Operations Management, 27(9): 1647-1664.

Huxham C, Vangen S, Huxham C, et al., 2000. The challenge of collaborative governance[J]. Public Management Review, 2(3): 337-358.

Jones T M, Wicks A C, Freeman R E. 2010. Stakeholder Theory: The State of the Art[M]. New York: Cambrige University Press.

Kumar S. 2002. Does "participation" in common pool resource management help the poor? A social cost-benefit analysis of joint forest management in Jharkhand, India[J]. World Development, 30(5): 763-782.

Makui A, Seyedhosseini S, Sadjadi S,et al. 2020., Analysis of labor strike based on evolutionary game and catastrophe theory[J]. EURO Journal on Decision Processes, 8 (1/2): 79-88.

Mitchell R K, Agle B R, Wood D J. 1997. Toward a theory of stakeholder identification and salience: Defining the principle of who and what really counts[J]. Academy of Management Review, 22(4): 853-886.

Mueller M L. 2010. Networks and States: The Global Politics of Internet Governance[M]. Cambridge: MIT Press.

Nonnecke B M. 2016. The transformative effects of multistakeholderism in internet governance: A case study of the East Africa Internet Governance Forum[J]. Telecommunications Policy, 40(4): 343-352.

Ostrom E. 1999. Polycentricity, complexity, and the commons[J]. The Good Society, 9(2): 37-41.

Ozkan-Canbolat E, Beraha A, Bas A. 2016. Application of evolutionary game theory to strategic innovation[J]. Procedia-Social and Behavioral Sciences, 235: 685-693.

Requejo R J, Camacho J. 2011. Evolution of cooperation mediated by limiting resources: Connecting resource based models and evolutionary game theory[J]. Journal of Theoretical Biology, 272(1): 35-41.

Ritzberger K, Weibull J W. 1995. Evolutionary selection in normal-form games[J]. Econometrica, 63(6): 1371.

Smith J M, Price G R. 1973. The logic of animal conflict[J]. Nature, 246: 15-18.

Stern P C. 2011. Design principles for global commons: Natural resources and emerging technologies[J]. International Journal of the Commons, 5(2): 213-232.

Taylor P D, Jonker L B. 1978. Evolutionary stable strategies and game dynamics[J]. Mathematical Biosciences, 40(1/2):145-156.

Teece D J. 2010. Business models, business strategy and innovation[J]. Long Range Planning, 43(2/3): 172-194.

Tuyls K, Nowé A. 2005. Evolutionary game theory and multi-agent reinforcement learning[J]. The Knowledge Engineering Review, 20(1): 63-90.

Tuyls K, Nowé A. 2005. Evolutionary game theory and multi-agent reinforcement learning[J]. The Knowledge Engineering Review, 20(1): 63-90.

Wheeler D, Sillanpaa M. 1997. The Stakeholder Corporation: A Blueprint for Maximizing Stakeholder Value[M]. London: FT Press.

Willems S M, Abeln S, Feenstra K A, et al. 2019. The potential use of big data in oncology[J]. Oral Oncology, 98: 8-12.

Willig R D. 1987. Corporate governance and market structure[M]//Economic Policy in Theory and Practice. London: Palgrave Macmillan: 481-503.

附录　模型仿真中 Matlab 相关代码

（1）第四章仿真程序，以图 4-1 为例，图 4-2～图 4-19 部分的编程与图 4-1 类似。

```
function dy=cheese001(t,y)
dy=zeros(3,1);
dy(1,1)=y(1)*(1-y(1))*(-7-3*y(2)+12.4*y(3));
dy(2,1)=y(2)*(1-y(2))*(0.5-7*y(1)+9.6*y(3));
dy(3,1)=y(3)*(1-y(3))*(-12.4*y(1)-9.6*y(2)+23);
end

for i=0.2:0.2:0.8
for j=0.2:0.2:0.8
for k=0.2:0.2:0.8
〔T,Y〕=ode45('cheese001',〔0 5〕,〔i j k〕);
figure(1)
grid on
plot(T,Y(:,1), 'k');
set(gca,'ytick',0:0.1:1)
set(gca,'xtick',0:0.5:5)
legend('dx/dt ')
xlabel('时间 t')
ylabel('选择概率')
hold on
end
end
end
```

（2）第五章仿真程序，以图 5-1 为例，图 5-2～图 5-12 部分的编程与图 5-1 类似。

```
function dy= spy022(t,y)
a=6;b=4;c=2;d=4;e=2;f=8;g=10;m=3;p=0.65;n=20;r=16.5;l=10.5;q=0.5;w=0.5;
k=0.5;s=0.2;
dy=zeros(3,1);
dy(1,1)=y(1)*(1-y(1))*(a-b-(1-q*w)/k-y(3)*y(2)*s*p*n+c+d+(y(2)-1)*p*s*c+(
y(3)-1)*p*s*d-2*y(2)-3*y(3)-c*y(2)-d*y(3)+p*n);
dy(2,1)=y(2)*(1-y(2))*(y(1)*(2+c+f)-y(1)*p*s*(f+c)+p*s*(2*f+c)-p*f+e-l-0.5
*y(3)+0.5);
dy(3,1)=y(3)*(1-y(3))*(y(1)*(3+d+g)-y(1)*p*s*(d+g)+p*s*(2*g+d)-p*g+m-r-
0.5*y(2)+0.5);
end

for i=0.2
for j=0.2
for h=0.2
〔T,Y〕 = ode45('spy022',〔0 10〕,〔i j h〕);
figure(1)
grid on
plot(T,Y(:,1), '-o' , T,Y(:,2), '-*',T,Y(:,3), '-');
xlabel('时间  Time')
ylabel('比例  proportion');
legend('政府','企业 A','企业 B')
hold on
end
end
end
```

后　记

互联网信息服务业发展态势迅猛，迅速与社会深度融合，给企业带来机遇、给消费者带来便利，打破了传统交易过程的束缚，给社会带来了巨大福祉；然而，在互联网人口红利日渐削弱的情形下，不少互联网信息服务企业为了巩固已有市场并拓展新的市场，采取不正当竞争方式以获取更多的用户与流量。如大数据杀熟、强制二选一、爬取他人数据、仿冒他人界面、侵犯版权、流量劫持等。这些不正当竞争行为不仅损害经营者利益、侵害消费者合法权益，而且扰乱市场公平竞争秩序、阻碍行业健康发展。由此可见，加强对互联网信息服务业竞争秩序的治理至关重要，但通过相关政策与文献梳理发现，对于该行业的治理还存在参与主体界定不清、协同效应不佳、信息流通效率低等问题，因此，需要优化互联网信息服务业竞争秩序治理措施。

目前，对于大数据背景下互联网信息服务业竞争秩序多元协同治理模式的研究尚不多见，为此，本书的研究从两方面进行：①厘清互联网信息服务业竞争秩序多元协同治理模式的构建基础，分析多元协同治理模式的形成路径与作用条件，深化对多元协同治理模式的研究；②探讨大数据在多元协同治理过程中的应用，设计互联网信息服务业竞争秩序多元协同治理信息连接框架，搭建多元协同治理信息交互平台，在此基础上，构建基于大数据的互联网信息服务业竞争秩序多元协同治理模式，助力多元主体对行业竞争秩序进行高效协同治理，促进行业健康发展。本书的研究丰富和完善了该领域的研究内容，为互联网信息服务业竞争秩序治理提供了新思路。

本书取得的成果主要有以下五点。

（1）概括了互联网信息服务业不正当竞争行为的类型，分析不正当竞争行为对竞争秩序的影响，梳理互联网信息服务业竞争秩序治理演进历程。运用多案例研究方法分析互联网信息服务业不正当竞争行为案例，明晰不正当竞争行为对竞争秩序的消极影响；以典型不正当竞争行为作为分界点，梳理互联网信息服务业竞争秩序治理演进历程，指出现阶段治理效果不佳的症结所在。

（2）分析了互联网信息服务业竞争秩序多元协同治理模式的构建基础。在厘清行业竞争秩序多元协同治理的内在逻辑和外在驱动因素之后，以协同理论、利益相关者理论等为研究工具，界定出互联网信息服务业竞争秩序治理的参与主体，包括政府、企业、行业协会、公众和媒体，并分析各主体的权力责任和参与方式。

（3）明确了互联网信息服务业竞争秩序多元协同治理模式的形成路径。根据演化博弈理论，构建政府监管部门与两个互联网信息服务企业间的演化博弈模型，在此基础上对参与主体的作用机理以及对治理效果的影响进行研究，为政府部门设定各参与主体的职责权限提供参考，确定了多元协同治理模式的形成路径。

（4）将行业协会、公众作用条件——行业协会权力空间、公众举报公正程度加入演化博弈模型中，对有效多元协同治理模式的作用条件进行分析，得出政府在积极引导行业协会与公众参与治理过程时，适度放权于行业协会，提高公众对不正当竞争行为的认知，有助于有效发挥多元协同治理模式作用。

（5）将大数据与互联网信息服务业竞争秩序多元协同治理融合起来。设计互联网信息服务业竞争秩序多元协同治理信息连接框架，在信息连接框架的思想指导下，依据大数据思维和技术，搭建多元协同治理信息交互平台，助力多元主体间的有效协同，构建基于大数据的互联网信息服务业竞争秩序多元协同治理模式，实现竞争秩序多元协同高效治理。

本书对大数据背景下互联网信息服务业竞争秩序多元协同治理模式的研究，虽然取得了一定的成果，但因时间、精力及篇幅等影响，就研究的深度和广度而言，还有很多工作要做。主要有以下四点。

（1）本书关于不正当竞争案例采用了文献、法院裁决书、新闻报道三种渠道收集信息，尽管所选的案例在近十年内发生，近三年被相关媒体报道且法院目前已公布相关不正当竞争纠纷判决书，但仍不够详尽，数据收集渠道有待进一步完善。

（2）对于互联网信息服务业不正当竞争行为，本书重点研究这些行为对竞争秩序的影响，针对互联网信息服务业不正当竞争行为对行业其他方面的影响，同样也值得进一步研究。

（3）在运用演化博弈理论分析的过程中，虽然证实了作用条件参数对模型演化稳定均衡的影响，但是由于现实中企业竞争状态的复杂多变，也可以尝试使用更多的模型和方法进行研究，为政府部门引导其他主体参与治理提供更多更有力的理论基础。

（4）本书将大数据应用于互联网信息服务业竞争秩序多元协同治理模式中，可以促进主体间有效协同，但随着技术的更新迭代，后续可尝试将更多的新兴技术应用于互联网信息服务业竞争秩序多元协同治理模式中。

此外，随着互联网信息服务业的快速发展，一些新型的不正当竞争行为也在不断涌现，因此，互联网信息服务业不正当竞争治理的相关研究值得长期关注。